나도 가끔은 커튼콜을 꿈꾼다

김수현 기자의
나도 가끔은
커튼콜을 꿈꾼다

[음악세계]

김수현 기자의
나도 가끔은 커튼콜을 꿈꾼다

지은이　｜ 김수현

초판 제2쇄 발행 2010년 09월 14일

펴낸곳	｜ 도서출판 음악세계
펴낸이	｜ 전재국
대표	｜ 김동일
이사	｜ 김용진
기획	｜ 신동욱
제작	｜ 음악세계 제작부

등록번호	｜ 제406-2007-000055호
주소	｜ 경기도 파주시 교하읍 문발리 출판문화정보산업단지 521-1
편집부	｜ 전화 031-955-6971~4 　팩스 031-955-6979
영업부	｜ 전화 031-955-6980 　　 팩스 031-955-6988
홈페이지	｜ www.eumse.com 　　www.kms4u.co.kr

값 15,000원
ISBN 978-89-8105-903-3(03810)

이 책의 모든 글과 그림, 사진, 디자인을 무단으로 복사, 복제, 전재하는 것은
저작권법에 의해 금지되어 있습니다.
파본이나 잘못된 책은 교환해드립니다.

ⓒEumaksekye

예술에 대한 사랑
삶에 대한 사랑

　나는 '김수현 기자'다. 나와 같은 이름인 '김수현'으로 불리는 유명 작가가 있다. 내가 어릴 때부터 수많은 인기 드라마를 집필했고, 지금은 거의 '전설적인' 위치를 확립한 작가다. 그러니 이렇게 유명한 사람과 나를, 단지 이름이 같다는 이유로 혼동할 리는 없을 터이다. 하지만 나는 '작가 김수현과 같은 분이세요?' 하고 진지하게 물어오는 이메일을 가끔 받는다.
　나는 어릴 때부터 예술과 관련된 일을 하고 싶었던 것 같다. 한때 피아니스트가 되고 싶었던 적도 있었고, 연극 무대도 동경했다. 대학 시절에는 짧은 기간이지만 연극반에서 활동하기도 했다. 그리고 무엇보다도 '글 쓰는 사람'이 되고 싶었다. 돌이켜보니 나도 모르는 사이에 '작가 김수현'에게 영향을 받았는지도 모른다. 나는 책 읽기를 좋아했고, 백일장에 나갔고, 소설가를 꿈꾸는 '문청' 시절을 거쳤다. 내가 기자가 된 가장 큰 이유는 기자記者가 '글 쓰는 사람'이라고 생각했기 때문이다.

1993년 가을, SBS 보도국에 입사한 이후 사회부, 전국부, 편집부, 정치부 등 여러 부서를 거쳤다. 하지만 문화부가 가장 적성에 맞고 신나게 일할 수 있는 부서였다. 공연을 취재하고, 예술가들을 인터뷰하면서 나는 '예술과 관련된 일을 하고 싶다'는 오랜 소망을 이룬 셈이었다. 그리고 기사 외의 글을 쓰기 시작했다. '작가 김수현과 같은 분이세요?'라고 묻는 이메일을 받기 시작한 게 이때쯤부터였다.

문화부에서 일하면서 나는 심한 갈증을 느꼈다. 1분 30초, 길어야 2분 분량의 방송 리포트 기사는 내 생각과 느낌을 담기에는 너무나 작은 그릇이었다. 다른 부서에서 일할 때도 짧은 방송 기사에 내가 취재한 것을 다 소화할 수 없다는 게 아쉬웠는데, 문화부에서는 그 아쉬움이 전과 비교할 수 없을 정도로 커졌다. 영혼을 움직이는 공연을, 영감으로 충만한 예술가를 만나고 나면, 짧은 방송 기사가 미진하게만 느껴졌다. 이것이 내가 문화부에 와서 본격적으로 글쓰기를 시작한 이유였다.

때론 문화부 기자들이 '평론'을 하기도 하지만, 내 글은 정색하는 '비평'은 아니다. 그보다는 좋은 공연 보고 나와 공연장 로비에서 지인들과 감상을 나누는 '수다'에 가깝다. 그래서 내 글은 자주 옆길로 샌다. 예술가 얘기를 하다가 딸 키우는 얘기가 튀어나오고, 공연 본 얘기를 하다가 불쑥 어린 시절 추억에 잠긴다. 이렇게 다음에 어디로 튈지 모르는 게 '수다'의 묘미다.

나는 공연 장르를 가리지 않는다. 좋은 공연이면 어떤 장르든 상관없다. 어릴 때부터 피아노를 치면서 베토벤과 모차르트, 슈베르트, 쇼팽에 관심을 가졌다. 물론 조용필과 이용, 이선희 노래도 좋아했다. 초등학생 때 윤복희가 출연한 뮤지컬 <피터팬>으로 무대예술의 매력에 처음 끌렸고, 뮤지컬 <오페라의 유령>을 계기로 브로드웨이와 웨스트엔드를 동경하기도 했다. 또 고등학생 때부터 대학로를 드나들던 오랜 연극 관객이기도 하다.

사실 이렇게 '잡식성'이기에 공연 취재에 잘 적응했는지도 모른다. 문화부의 인력 부족으로 혼자서 모든 공연 장르를 맡아서 취재하던 때도 많았다. 클래식 음악 담당도 김수현, 무용 담당도 김수현, 연극 담당도 김수현, 대중문화 담당도 김수현이었다. 많을 땐 하루 백 통 이상 되는 전화와 산더미같이 쌓이는 보도자료에 시달렸지만, 즐기면서 일했다. 덕분에 장르를 가리지 않고 좋은 공연들과 훌륭한 예술가들을 만날 수 있었다.

그래서 나는 어느 한 분야에 정통한 '전문가'보다 '애호가'라는 타이틀이 더 좋다. 나는 내가 좋아하는 걸 남들과 나누고 싶어 하는 애호가다. 기사 쓸 때도 이런 마음으로 쓴다. 좋은 것을 널리 알려서, 더 많은 사람이 즐길 수 있기를 바란다. 내가 좋은 공연을 보고 느꼈던 행복을 다른 사람들도 조금이나마 느낄 수 있었으면 한다.

　　이 책에 실린 글들은 내가 만난 예술가들, 인상적이었던 공연들을 다루고 있다. 방송기자로 살면서 쌓인 취재기와 두 아이의 엄마로 살면서 쌓인 생활기도 있다. 2007년 여름부터 1년간 영국 연수 기회를 얻어 워릭대학교에서 문화정책을 공부했는데, 그때의 경험을 쓴 글들은 별도의 챕터로 묶었다. SBS 뉴스 인터넷 사이트를 비롯해 이런저런 매체에 기고했던 글이나 SBS 기자 블로그 '김수현 기자와 함께 산책하실래요?(http://ublog.sbs.co.kr/shkim0423)'에 올렸던 글도 포함돼 있다.

　　이제 생애 처음으로 내 책이 나오게 되니, 나는 이제야말로 '글쓰는 사람 김수현' '작가 김수현'으로 제대로 한발짝 내디딘 셈인가. 출판사에 원고를 넘기고 다시 읽어보니, 뭔가 미진한 느낌이다. 못다 한 예술가 이야기와 공연 이야기가 많지만, 이는 언제가 될지 모르는 다음 기회로 미루기로 한다.

　　훌륭한 공연 관람 파트너이기도 한 남편 충일, 그리고 사랑하는 딸 은우, 은형에게 감사의 말을 전한다. 나에게 영감을 주었던 예술가들, 공연계 사람들, 수다에 동참해준 친구들, 함께 일하는 SBS 선후배 동료들, 독자들에게 감사한다. 또 내 글을 '발견'해 책을 내자고 제안한 <음악세계>의 신동욱 씨에게 감사한다. 고마운 사람들이 너무나 많아 빠뜨리지 않고 다 적을 자신이 없다. 그저 모든 이에게 감사할 뿐이다.

정말 솔직하게 말하자면, 지금 나는 약간 쑥스럽고 창피하다. 눈시울이 뜨거워졌던 기억, 눈물을 펑펑 흘렸던 기억들이 원고 여기저기에서 불쑥불쑥 고개를 내밀기 때문이다. '주책없이 잘 우는 아줌마로군'이라고 말할지도 모르겠다. 그저 좋은 공연들, 좋은 사람들을 만날 때의 감동이 그만큼 컸다는 의미로 받아들여주었으면 한다.

2006년이었던가, 유리 테미르카노프와 상트페테르부르크 필하모닉 오케스트라의 내한 공연을 보고 집에 돌아오자마자 정신없이 써내려간 글 중 이런 글귀가 있었다.

"이게 얼마만인가. 공연장에 다녀오자마자 말들이 저절로 폭포수처럼 흘러넘치는 이런 '연서'를 쓰는 것이. 좋은 공연을 본다는 것은 어쩌면 사랑에 빠지는 것과 비슷한지 모른다."

그리하여, 이 책은 무대를 향한 '연서'인지도 모른다. 공연예술을 통해 삶을 다시 바라보게 된 사람의 고백인지도 모른다. 지금 내 '연서'를 읽는 여러분들도, 사랑에 빠지기를 빈다. 예술에 대한 사랑, 그리고 삶에 대한 사랑에.

2009년 12월 김수현

목차

1 예술가를 만나다

청하에 가고 싶다, 아라이 에이치 _ 017
행복한 기타리스트, 안형수 _ 023
두 용재 이야기 _ 029
이런 아마추어, 길버트 카플란 _ 035
지천명의 악동, 나이젤 케네디 _ 043
온몸으로 듣는다, 이블린 글레니 _ 050
캐롤라인 존스턴의 아빠 찾기 _ 056
'6시 포즈'가 뭐죠? 실비 길렘 _ 061
미야자키 하야오의 아틀리에 _ 066
부에나비스타 소셜 클럽을 찾아서 _ 075
발레리나의 눈물, 기자의 눈물 _ 083

2 잊을 수 없는 무대

아, 세월이여, 스타니슬라프 부닌 _ 092
이런 유모 없나요, 뮤지컬 <메리 포핀스> _ 099
메리 선샤인처럼 살아도 된다면, 뮤지컬 <시카고> _ 105
뒤늦게 알아본 걸작, 뮤지컬 <렌트> _ 111

악역의 추억, 오페라 <파우스트> _ 117
어느 거인에 대한 추억 _ 123
그냥 서커스와 태양의 서커스 <퀴담> _ 129
삶에 바치는 찬가, 구스타보 두다멜 _ 135
얼룩 같은 어제를 지우고, 뮤지컬 <빨래> _ 141
공연의 여러 얼굴, 뮤지컬 <노트르담 드 파리> _ 149
어른이 보는 어린이극, <우리는 친구다> _ 157
'유령'은 나의 첫사랑, 뮤지컬 <오페라의 유령> _ 163
저항의 연극 <크루서블> _ 171
조승우 황정민 망가지다, 뮤지컬 <지하철 1호선> 3천회 공연 _ 179

3 기자 일기, 엄마 일기

이 공연 장르가 뭐예요? _ 189
다른 것과 틀린 것 _ 194
음악가의 어머니가 부럽다 _ 199
성수대교의 추억 _ 204
나의 '단체관람' 관람기 _ 213
방송쟁이의 숙명, 방송사고 _ 219
쇼팽 콩쿠르에 오버했다고? _ 227
공연 보며 울기 _ 234
현대음악은 새우깡? _ 241
세계 5대 뮤지컬? _ 247
평양, 다르지만 같았다 _ 253
나의 살던 고향은 _ 263

공연장에서 자다 _ 271
택시 기사 아저씨의 회한 _ 276
앞집 할머니의 추억 _ 281
크리스마스이브, 딸과 함께 야근하다 _ 286
대본 던지기의 '업보' _ 292
태클을 피하는 법 _ 297
나는 오빠부대, 해리엇 비튼 _ 303

4 영국에서 살아보니

우리 아이가 공연해요 _ 313
Bad Hair Day! _ 319
수영 꼴찌 은우가 받은 상장 _ 323
영국 선생님의 '아, 예쁘다' _ 329
아마추어의 즐거움 _ 335
프로밍이 뭐냐고요? _ 342
학생의 특권, 'Student Standby' _ 347
폴리니 보러 상경하다 _ 352
'안마에' 와 우리 동네 오케스트라 _ 359
파란만장 안스네스 만나기 _ 367
오페라, 버려진 공장으로 가다 _ 375
차 트렁크에서 보물 찾기 _ 386
밥 해먹기의 즐거움 _ 393
산타가 우리 집에 온 이유 _ 400
영국에서 김선욱 만나기 _ 407
딸의 두 남자친구 _ 415

예술가를 만나다

1

청하에 가고 싶다
아라이 에이치

경상북도에 '청하'라는 마을이 있다. 포항과 영일만에서 가까운 작은 마을이다. 유명한 관광지도 아니고, 개인적인 인연이 있는 곳도 아니지만, 언젠가는 꼭 가봐야지 생각하고 있는 곳이다. 내가 처음 '청하'라는 마을을 알게 된 것은 재일동포 가수 아라이 에이치의 노래 '청하의 길' 때문이다.

    아라이 에이치는 일본에서 활동하는 블루스 가수다. 일본 음반대상 수상, 카네기홀 초청공연 등의 경력도 만만치 않지만, 무엇보다 그는 뿌리와 고향을 찾고 노래하는 가수다. '아리랑'과 블루스가 어우러진 '청하의 길'은 아라이 에이치의 '뿌리'가 어디에 있는지 가장 잘 설명해주는 노래다. 전곡을 노래하는 데 1시간 가까이 걸리는 48절의 이 대작에는 고뇌와 방황 속에 보낸 젊은 시절, 음악에 대한 열정, 그리고 자신의 정체

성에 대한 질문과 해답이 담겨 있다.

아라이 에이치는 1950년 한국인 아버지와 한일 혼혈 어머니 사이에서 태어났다. 경북 영일군 청하면이 고향인 그의 아버지는 일제 강점기에 강제징용으로 일본에 끌려왔다. 아버지는 중노동 끝에 얻은 결핵으로 아라이 에이치가 태어나자마자 요양소에 가게 됐고, 고물상을 하던 어머니는 아라이 에이치가 초등학교에 다니던 시절, 장물 취득이라는 죄목으로 형무소에서 옥살이를 했다. 그가 친구들로부터 '조센징'이라는 말을 처음 들은 것도 이때쯤이었다. 그는 울분을 풀기 위해 자주 주먹을 휘두르는 소년으로 자라났다.

그는 15세에 집을 떠나 이곳저곳 떠돌다가 미군부대의 술집에서 일하면서 재즈, 블루스, 컨트리 음악을 처음 접했다. 평생 고향을 그리워하던 그의 아버지는 이때 세상을 떠났다. 그는 아버지의 시신 앞에서 미국으로 갈 것을 결심했고, 21세가 되던 해 미국으로 건너갔다. 그는 미국인들의 '너는 누구냐'는 질문에 '코리안 재패니즈'이며 '아시아의 피를 잇는 사람'이라고 대답하곤 했다. 인종의 도가니 뉴욕에서 식당 일을 하고, 싸구려 술집에서 음악을 듣는 생활 4년 만에 그는 기타를 메고 일본으로 돌아왔다. 음악을 하고 싶어 가수로 데뷔했지만, 큰 주목을 받지는 못했다.

1986년, 어머니마저 세상을 떠나 절망에 빠져 있던 어느 날, 그는 무작정 아버지의 고향을 찾아 길을 나섰다. '아시아의 넓은 땅이 보고 싶어서' 나선 길, 배를 타고 도착한 부산항에서 버스를 타고 찾아간 아버지의 고향 마을 청하. '이제야 왔냐'고 반갑게 맞아준 시골 마을과 고향 사람들. 그는 자신의 이름 아라이 에이치新井英一, 한국명 박영일이 '아리랑'의 '아라리요'와 '영일만'에서 따온 것이라는 사실을 알게 된다.

아버지 태어난 이 땅에
마침내 나는야 돌아왔구나
걸음을 멈추고 온종일을
여기서 묵묵히 있고 싶었지
산에는 아직 눈이 남아 있었네

친절히 대해준 사람들에게
감사의 인사를 드리면서
방금 오던 길 다시 되돌아
홀로 천천히 걸어갔다오
몇 번이고 몇 번이고 돌아보면서
마을을 나서니 나의 눈앞에
끝없이 펼쳐진 푸르른 바다
저 바다 이름은 영일만이래
나의 이름도 영일이라
같은 이름이란 걸 처음 알았네

나라에 국경이 있다 하여도

부자 간엔 그런 것 있을 수 없지
이제까지 흐려서 보이지 않던
눈앞이 트이고 맘은 환해져
안개 갠 하늘처럼 맑아졌다오……

아리아리랑 스리스리랑 아라리요
아리랑 고개를 나는 간다

'청하의 길' 제2장 '고향' 중에서

아라이 에이치는 이렇게 아버지의 고향 청하를 다녀간 뒤 9년간의 작업 끝에 <청하의 길>을 발표한다. 그는 1995년 이 앨범으로 일본 음반 대상을 받았다. 나는 1999년 발매된 한국어판 앨범으로 이 노래를 처음 접했다. 그리고 지난 2002년, 부산의 한 작은 라이브 카페에서 열린 아라이 에이치의 첫 내한 공연을 취재했다. 아라이 에이치를 인터뷰하고, 공연을 직접 보고, 나는 그의 팬이 되고 말았다. 그의 노래에는 단단한 의지가 빛나고 있었다. 영혼을 두드리는 울림과 강렬한 에너지가 숨 쉬고 있었다. 고난과 시련 속에서 찾아낸 희망을 느낄 수 있었다.

당시 그는 부산과 광주와 서울, 경주를 돌아 청하에서도 콘서트를 열었다. 청하중학교 운동장에서 열린 콘서트에서 아라이 에이치는 명예 청하 면민증을 받고, 육촌형제를 만났다. 그는 이날 행복과 기쁨으로 '청하의 길'을 노래했다. 이 자리에 함께 했던 사람들은, 쏟아지는 별빛 속에 고향 마을의 하늘로 울려 퍼진 그의 노래는 그 자체로 절절한 감동이었다고 전했다.

그의 내한 공연은 전문기획사가 주최한 것이 아니었다. 재일동포의 인권 문제에 관심이 많은 시민단체의 활동가, 대학 강사 등 일반인으로 구성된 '아라이 공연 실행위원회'가 공연을 치렀다. 그의 음악을 사랑하는 사람들이 자원봉사자로 나서서 공연을 주최한 것이다. 조직적인 홍보나 매끄러운 진행을 기대할 수는 없었지만, 작아도 뜻 깊은 무대를 만들었다. 당시 주최 측은 일단 이렇게 길을 트고 나면, 다음 공연은 전문기획사가 나설 것으로 기대했다.

그러나 오랜 시간이 지난 지금, 아라이 에이치의 '두 번째' 내한 공연은 아직도 열리지 않고 있다. 몇 년 전 한 음악축제를 주관한 기획사가 아라이 에이치를 초청하기 위해 접촉하고 성사 단계까지 갔었지만, 자금 사정으로 무산되고 말았다. 아라이 에이치의 다른 노래가 담긴 음반도 여러 종 있지만, 한국에선 발매되지 않았다. 음반업계의 긴 불황 속에 그나마 국내에서 출시됐던 <청하의 길> 음반도 절판된 지 오래다.

아라이 에이치는 '내 몸 속에는 한국인의 피와 일본인의 피가 함께 흐르고 있다'고 말한다. '청하의 길'은 자신이 언제까지나 계속 걸어가야 할 '인생의 길'이라고 말한다. 갈등과 대립, 슬픔과 고난의 역사를 한 몸에 지니고 있는 사람. 하지만 이를 뛰어넘어 새로운 희망을 찾아 나선 사람.

아라이 에이치가 새 희망을 찾은 땅, 청하에 가고 싶다. 그리고 그의 절창을 다시 한 번 듣고 싶다.

행복한 기타리스트 안형수

강원도 양구의 시골 마을에 한 소년이 살았다. 소년은 어려운 집안 형편 때문에 초등학교만 졸업하고 동네 이발소에서 일했다. 다른 아이들에게 놀림을 받고 슬퍼질 때도 있었다. 그러다 우연히 라디오에서 접한 클래식 기타 음악에 반했다. 이유 없이 그저 기타가 좋았고, 직접 연주해보고 싶다는 생각이 뭉게뭉게 솟았다. 소년은 앞집 형의 낡은 기타를 빌려, 여기저기 수소문해서 얻은 기타 교본들을 뒤적이며 혼자 연주법을 익혔다.

    그렇게 사춘기를 보낸 소년은 넓은 세상을 봐야겠다는 생각에 상경한다. 온갖 직업을 전전하며 검정고시를 준비했다. 너무나 고생스러워 다 포기하겠다는 생각도 여러 번, 좋아하는 기타를 연주할 시간도 없었다. 그러다 군대를 다녀온 그는 경기도 광명의 작은 기타 공방에 취직한다. 기타 없이 살 수 없었던 그가 기타와 관련된 일을 평생의 직업으로 삼기로 한 것이다.

그는 공방에서 숙식을 해결하며 다시 연주를 시작했다. 낮에는 기타 만드는 기술을 배우고, 밤에는 잠을 줄이며 기타 연습에 몰두했다. 생활은 여전히 궁핍했다. 감기에 걸려도 약 한 번 제대로 사먹지 못했다. 하지만 보람은 있었다. 1987년, 당시 국내 유일의 기타 콩쿠르였던 한국기타협회 콩쿠르에서 대상을 차지한 것이다. 유명 음대 학생들도 많이 참가한 콩쿠르였다.

이 콩쿠르의 심사위원이었던 어느 교수의 권유에 따라 그는 음대에 진학했다. 기타 제작기술을 배워놓은 덕택에 대형 악기제조업체에서 일하면서 학비를 벌 수 있었다. 대학 졸업 후에는 꿈에 그리던 스페인 유학길에 나섰다. 마드리드 왕립음악원에 입학했다. 다른 사람의 머리를 깎아주기도 하고, 거리의 악사로 활동하기도 하면서 유학비용을 충당했다.

스페인 유학을 마치고 돌아온 그는 국내 최고의 클래식 공연장이라는 예술의전당 무대에도 섰고, 자신의 음반도 발표했다. 고향인 강원도 양구에서도 공연했다. 중학교도 가지 못하고 이발소에서 일하던 소년이, 성공한 클래식 기타리스트로 금의환향한 것이다. 이 소설 같은 성공 스토리의 주인공이 바로 기타리스트 안형수 씨다.

안형수 씨가 첫 음반 <하얀 연인들>을 발표한 지난 2001년에 나는 그를 처음 인터뷰했다. 입지전적인 성공담에 끌려 취재를 시작했던 내게 그가 살아가는 모습은 신선한 충격으로 다가왔다. 당시 그의 일터는 작은 레스토랑이었다. 물론 가끔 음악회 무대에도 섰지만, 그는 주로 이 레스토랑에서 저녁마다 연주하는 것으로 생활비를 벌고 있었다. 인터뷰를 위해 찾은 그의 낡은 아파트는 너무 좁아서 실내 촬영이 쉽지 않았다. 카메라 기자는 카메라를 발코니에 설치하고 열어놓은 창문 사이로 인터뷰 장면을 찍어야 했다.

명색이 '클래식 음악가'라는 사람이 왜 이렇게 살고 있을까. 대학에서 강의를 할 수도 있고, 음대 입시를 준비하는 학생들을 가르쳐 많은 돈을 벌 수도 있는데……. 나는 의아했다. 그는 한때 몇몇 대학과 예고에서 학생들을 가르친 적도 있지만, 모두 그만두었다. 기타 공방 시절 동료였던 한 악기 회사 사장은 이런 그를 가리켜 '미쳤다'고 했다. '왜 레슨을 하지 않느냐'는 질문에 대한 그의 대답은 이랬다.

"돈은 지금도 살 수 있을 만큼은 벌어요. 제가 좋아하는 음악 할 시간도 모자라고요. 또 한 가지 이유는……, 저는 기타를 배울 때 기타가 좋아서 기타를 하고 싶어, 정말 잘하고 싶어, 오로지 이 한 가지 생각으로 연습했어요. 그런데 요즘은 안 그래요. 기타가 먼저가 아니라, 기타를 해서 돈을 벌겠다, 유명해지겠다, 아니면 무슨 교수가 되겠다, 이런 생각이 먼저예요. 그래서……"

그는 기타를 하면서 다른 것은 잊었다. 돌아보지 않고 따지지 않았다. 기타를 해서 먹고 사는 데 도움이 될지, 출세에 보탬이 될지 따지지 않았다. 그냥 무조건 좋아서, 하지 않을 수 없어서 했다. 나를 감동시킨 것은 소설 같은 '성공 스토리'가 아니라, 기타에 대한 그의 순수한 열정 그 자체였다. 그는 음반을 내고 몇 차례 방송 출연 요청을 받았다고 한다. 책을 내자는 제안도 들어왔다. 하지만 모두 거절했다고 한다. 명성을 바라고 기타를 한 게 아니었기 때문이다.

나는 인터뷰를 한 지 얼마 지나지 않아 그가 손가락 통증으로 본격적인 연주활동을 중단했다는 소식을 들었다. 금난새가 지휘하는 유라시안 필하모닉과의 협연을 앞두고 연습을 하던 중 갑자기 오른쪽 가운데손가락이 말려들어가서 펴지지 않았다. 손가락을 많이 사용하는 연주자들에게 찾아오는 증세였다. 협연을 포기할 수밖에 없었다.

갑자기 찾아온 시련. 하지만 그는 절망하지 않고 자활훈련을 시작했다. 한 음을 치고, 구부러진 손가락이 스스로 펴질 때까지 묵묵히 기다리고, 펴지고 나면 다시 한 음을 치고……. 마비됐던 손가락이 서서히 제자리로 돌아오기 시작했다. 그렇게 몇 달. 그는 다시 '로망스'를 연주할 수 있게 됐다. 그리고 두 번째 음반 <마법의 성>의 녹음 작업을 마쳤다. 2004년, 안형수는 손가락 통증 발발 이후 처음으로 무대에 섰다. 큰 공연은 아니었지만, 오랜만에 무대에 선 그는 정말 행복해했다. 그의 공연을 취재하면서 나도 행복했다.

그는 여전히 레스토랑에서 일하고 있다. 그리고 이따금 작지만 내실 있는 무대에 출연하고 있다. 얼마 전에는 세 번째 음반 <사랑의 인사>를 발표했다. '화려한 명성'은 아니더라도, 그의 음악을 좋아하는 사람들이 늘고 있다. 안형수 씨의 음반을 CD플레이어에 올려놓는다. 따뜻하고 투명한 기타 선율이 울려 퍼진다. 기타에 대한 그의 사랑이, 행복감이 전해진다. 욕심 없고 순수한 사람, 안형수 씨를 만나러 가야겠다. 기타가 좋아, 기타에 미쳐 살아온 그를 보면서, 그의 음악을 들으면서, 세상 사는 힘을 다시 얻어야겠다.

두 용재 이야기

　기자로 일하면서 참 많은 인터뷰를 했다. 인터뷰가 취재의 알파요 오메가라지만, 사실은 구색 맞추기 인터뷰, 의례적인 인터뷰를 위해 잠깐 스치듯 만난 사람들도 많다. 이런 경우는 인터뷰 대상이 아무리 유명한 사람이라 해도 별다른 감흥이 없다. 그러나 공들여 인터뷰했던 사람들은 세월이 지나도 기억이 생생하고, 개인적으로 친근감을 느끼기도 한다.

　무용가 로이 토비아스의 경우가 그렇다. 1927년 미국에서 태어난 그는 아메리칸 발레 시어터의 최연소 단원, 뉴욕 시티 발레단의 창단 멤버이자 수석무용수를 역임한 세계적인 무용가다. 그러나 내가 그를 기억하는 것은 이런 화려한 이력 때문만은 아니다.

　그는 1981년 국립발레단 객원안무가로 한국과 첫 인연을 맺었다. 1988년 유니버설 발레단 3대 예술감독으로 취임하여 한국에서 지도자 생활을 시작하고, 1995년 서울발레시어터 창단과 함께 예술감독으로 취임했다. 많은 작품을 안무했고, 많은 제자들을 길러냈다. 그가 없는 한국 발레의 오늘은 상상하기 어렵다. 1999년, 그는 제자들의 나라인 한국에서 여생을 보내기 위해 한국인이 되기로 결심했다. '이용재'라는 이름의 한국인으로 귀화 수속을 밟았다. 용 龍, 있을 在. 그는 경기도 여주 '와룡龍리'의 시골집에 살면서在, 한국인으로 늙어갔다.

내가 그를 인터뷰하고 싶어진 것도 그 즈음부터였다. 선비 같은 느낌의 그를 공연장에서 몇 번 본 적이 있었고, 서울발레시어터 김인희 단장이 "로이 선생님"이라고 말할 때 묻어나는 존경심과 애정에 깊은 인상을 받았기 때문이었다. 그러나 처음엔 일정이 잘 맞지 않아, 나중엔 그의 건강이 악화되어서 인터뷰는 몇 년 동안 이뤄지지 못했다.

마침내 인터뷰가 성사된 것은 지난 2005년이었다. 나는 한동안 다른 부서에서 일하다가 다시 문화부로 돌아오면서 인터뷰를 요청했다. 건강이 더욱 나빠졌다는 소식 때문에 큰 기대는 하지 않았는데, 뜻밖에 인터뷰에 응하겠다는 연락을 받고 그의 집을 찾아갔다. 눈부시게 화창한 봄날이었다.

그는 당시 서울의 작은 아파트에서 간병인과 함께 생활하고 있었다. 고령으로 지병이 악화돼 거동이 불편하다고는 들었지만, 내가 인사하며 건넨 명함조차 받아들지 못할 정도라고는 생각지 못했다. 그는 명함을 받는 대신 "마음 같아선 춤이라도 춰드리고 싶은데……." 하면서 미소를 지었다.

그의 한국어가 서툴렀기 때문에 인터뷰는 영어로 진행됐지만, 낯선

로이 토비아스와 제자들. 오른쪽 두 번째가 서울발레시어터 김인희 단장.

외국인과 이야기하고 있다는 느낌은 들지 않았다. 그는 정말 '한국사람'이었다. 몸은 불편했지만, 정신은 그지없이 자유롭고 맑았다. 그는 인터뷰 도중, 꿈꾸는 듯 아련한 눈빛으로 자신이 처음 한국에 왔던 때를 회상하기도 했고, 마침 그날 집에 찾아온 김인희 단장을 비롯한 제자들을 바라보면서 사랑과 긍지가 가득한 표정을 짓기도 했다. 좀처럼 외부인을 만나지 않던 그가 인터뷰에 응한 이유도 어렵게 발레단을 꾸려가는 제자들에게 도움이 되고 싶어서였다는 얘기를 나중에 전해 들었다.

"한국 발레의 성장을 지켜볼 수 있어서 정말 감사합니다. 앞으로 한국 발레가 더 눈부신 꽃망울을 터뜨릴 때, 나는 살아서 그걸 볼 수 없겠지요. 하지만 지금 나는 행복해요. 지금은 봄이고, 봄은 모든 것이 자라나는 계절이니까요."

자신의 삶이 얼마 남지 않은 것을 예감하는 듯했지만 그의 표정은 밝고 환하기만 했다. 나는 인터뷰를 마치면서 그가 꼭 건강을 회복하기를, 그리고 다시 인터뷰를 할 수 있게 되기를 기원했다. 그러나 그 소망은 이뤄지지 못했다.

2006년 8월 16일, 향년 79세로 그는 세상을 떠났다. 인터뷰를 한 지 1년이 조금 지난 때였다. 당시 내가 했던 인터뷰가 결국 그의 생애 마지막 인터뷰가 된 셈이다. 한 대학병원에 차려진 빈소를 찾았다. 취재를 위한 것이기도 했지만, 개인적으로도 조문을 하고 싶었다. 서울발레시어터의 김인희 단장과 제임스 전 부부가 문상객을 맞고 있었다. 그리고 영정사진 속에서 그가 크고 환하게 웃고 있었다. 인터뷰하던 그날처럼.

"당신은 자식을 낳지 않으셨지만, 한국에 참 많은 자식들을 두고 떠나셨어요. 선생님은 우리 모두에게 아버지 같은 분이셨어요."

유니버설 발레단 문훈숙 단장은 인터뷰 도중 눈물을 흘렸다. 나까지 덩달아 눈시울이 붉어지려 했다. 줄곧 빈소를 지켜온 김인희 단장은 오히려 말갛고 담담한 얼굴이었다. 이미 너무나 많은 눈물을 흘렸으리라.

빈소를 나서면서 '이용재'라는 이름에 다시 한 번 눈길이 갔다. 용재. 순간 떠오르는 생각이 있었다. '용재'라는 이름을 가진 예술가가 또 한 명 있구나! 최근에 그를 만나지 않았던가. 비올리스트 리처드 용재

비올리스트 리처드 용재 오닐.

오닐. 음악적 성과뿐 아니라, 어릴 때 한국에서 미국으로 입양됐던 어머니를 중심으로 한 애틋한 가족사로도 잘 알려져 있는 바로 그 '용재' 말이다.

리처드 용재 오닐은 미국인 '리처드 오닐'로 자라났지만, 후에 스승인 강효 교수에게서 '용재'라는 한국 이름을 선물 받았다. 그러고 보니 로이 토비아스와 리처드 용재 오닐은 공통점이 많다. '용재'라는 이름은, 미국인으로 태어났지만 한국과 깊은 인연을 맺은 두 예술가에게 그 인연을 상징하는 소중한 이름인 셈이다.

　어느새 내 머릿속에서는 바로 며칠 전 세종 체임버홀에서 리처드 용재 오닐이 연주했던 오펜바흐의 '자클린의 눈물'이 울려 퍼지고 있었다. 슬프도록 아름답고 절절한 선율이, 한국 발레의 큰 스승의 영전에 바치는 추모 음악처럼 느껴졌다. 나는 잠시 멈춰 섰다. 아아, 이 순간 나는 고인과 인터뷰로 맺은 작은 인연을 기억하는 담당 기자요, 발레 관객의 한 사람으로서 고인을 추모하는 나름의 의식을 치르고 있었다. '용재'의 음악으로 '용재'를 떠나보낸 것이다.

이런 아마추어 길버트 카플란

말러 교향곡 제2번만을 연주하는 지휘자 길버트 카플란. 그는 '아마추어'다. 다른 음악가들이 거치는 전문교육 과정을 마치지 않았다. 하지만 말러 교향곡 제2번 지휘에 있어서만큼은 세계적인 명성을 누리고 있다. 그는 '이중생활자'다. 전 세계에서 14만 부 이상 팔리는 금융전문지「인스티튜셔널 인베스터Institutional Investor」의 발행인이자, 경제 칼럼니스트이자, 월스트리트에서 성공한 사업가다. 많은 사람들이 그를 '억만장자'로 부른다.

한국 관객은 지난 2005년 성남아트센터 개관기념 공연에서 길버트 카플란의 말러 교향곡 제2번을 만날 수 있었다. 공연도 공연이었지만, 나에게는 길버트 카플란의 생각을 직접 들을 수 있었던 기자회견이 더욱 인상적이었다. 전문 음악교육을 받지 않은 그가 어떻게 해서 말러 교향곡 제2번에 있어서만큼은 세계적인 명성을 누리는 지휘자가 됐을까? 그는 말러의 음악과 처음 '사랑에 빠지게 된 때'를 이렇게 회상했다.

"어린 시절 3년 동안 피아노를 배웠죠. 하지만 연습을 게을리 해서 어머니가 레슨을 중단시켰어요. 그래도 음악은 꾸준히 들었어요. 스무 살 쯤엔 웬만한 클래식 레퍼토리를 섭렵했죠. 하지만 그때까지 말러의 음악은 듣지 못했어요.

말러 음악을 처음 들은 것은 1965년 뉴욕 카네기홀에서였어요. 스토코프스키의 지휘로 말러 교향곡 제2번을 들었죠. 그 느낌을 뭐라고 설명해야 할지. 항상 음악을 들을 때마다 어떤 '감성'을 느끼긴 했지만, 그런 격정이 폭발적으로 분출하는 것을 느낀 것은 그때가 처음이었어요."

'말러 사랑에 빠졌다'는 카플란. 그는 '이 사랑은 드물게 아주 오래 가는 사랑이며, 아내까지도 허락한 사랑'이라고 웃으며 말했다. 하지만 어떤 음악과 사랑에 빠진 사람이라고 해서 모두 지휘자로 나서지는 않는다. 그도 처음부터 지휘할 생각을 한 건 아니다. 말러와 사랑에 빠진 뒤에도 15~16년간은 그냥 듣는 데에 만족했다. 그러다 나이 마흔 살에 지휘 공부를 시작했다.

"내가 지휘를 할 수 있게 되면 이 음악을 왜 이렇게 사랑하게 됐는지 알 수 있을 것이라고 생각했어요. 직접 지휘를 하면 제가 겪은 그대로의 감흥으로 음악을 재현할 수 있을 것이라고 생각했죠."

지휘 공부를 시작하면서 그는 '감당해야 할 위험'에 대해 깊이 생각해봤다고 한다. 그가 꼽은 위험은 두 가지였다. 첫 번째, 지휘를 해서 자신이 웃음거리가 되는 것. 두 번째, 지휘를 하지 않고 평생 '내가 왜 그때

시도해보지 않았나' 후회하는 것. 그는 첫 번째 위험을 선택했다. 웃음거리가 되는 것은 참을 수 있어도, 평생 후회하면서 사는 것은 참을 수 없었기 때문이다.

1981년, 그는 줄리아드 음대 졸업생에게서 지휘 레슨을 받기 시작했다. 일요일을 제외하고 매일 5시간씩 말러 교향곡 제2번을 지휘하기 위해 공부를 했다. 음악 애호가로서 어느 정도의 음악 지식이 있었지만, 다시 악보와 음악을 '읽는' 방법을 배웠고, 지휘 테크닉을 공부했다. 이렇게 7개월을 보냈다. 그리고 그해 전 세계에서 열리는 말러 교향곡 제2번 공연을 모두 쫓아다녔다. 리허설을 빠짐없이 보고 지휘자와 만나서 얘기를 나눴다. 물론 그러면서도 회사는 계속 경영했다. 그는 이때가 자신의 인생에서 가장 힘들고도 멋진 한해였다고 회상했다.

다음해인 1982년, 그는 자비를 들여 링컨센터에서 아메리칸 심포니와 말러 교향곡 제2번을 연주했다. 그야말로 '처음이자 마지막'으로 생각하고 연 공연이었다.

"저는 '아마추어'였기 때문에 오케스트라는 평론가들이 절대 공연평을 쓰지 않는다는 조건으로 연주에 응했습니다. 하지만 공연이 끝난 뒤 두 명의 평론가가 약속을 깨고, 공연 평을 썼습니다. '아주 훌륭한 연주'였다는 호평이었지요."

그는 '두 평론가 덕분에 제가 오늘날 여러분 앞에 서게 된 것 같다'고 말했다. 그는 이후 오직 말러 교향곡 제2번만으로 빈 필, 런던 심포니, 프라하 심포니, 러시아 국립 오케스트라 같은 세계 유수의 오케스트라와 공연을 하게 되었다. 뿐만 아니라 1984년에는 카플란 재단을 설립하고

구스타프 말러(Gustav Mahler, 1860~1911)

말러의 음악을 학술적으로 연구하는 데 많은 노력을 기울이고 있다. 말러 교향곡 제2번의 원본 악보를 구입하고, 말러의 사진과 저서, 레코딩 같은 관련 자료들을 방대하게 수집했다.

그는 성남아트센터에서 국내에서는 처음으로 말러 교향곡 제2번의 '새 판본'을 선보였다. 말러는 교향곡 제2번의 초고를 쓰고 난 뒤에 10번 이상 직접 지휘를 하며 그때마다 곡을 조금씩 수정했는데, 마지막 수정이 출판본에 반영되지 않았다는 것이다. 이번에 자신이 지휘할 판본은 기존의 판본과 비교해 500곳 이상에서 변화가 있다며 구체적인 예까지 들어 설명했다(그는 말러의 자필 메모를 바탕으로 한 '새 판본'을 2003년 빈 필하모닉 오케스트라와 함께 녹음한 음반(DG)을 통해 처음 공개했다).

길버트 카플란은 사업가로서의 인생과 음악가로서의 인생을 어떻게 조화시키느냐는 질문에는 지휘자 게오르그 솔티와 나눴던 대화를 소개하며 기자들을 웃겼다.

"게오르그 솔티를 만났을 때 저는 너무 많은 음악적 질문으로 그의 시간을 빼앗는 게 아닌지 걱정스럽다고 말씀드렸지요. 그랬더니 그의 대답은 이랬어요. '이렇게 월스트리트에서 온 사업가와 음악에 대해 이야기하는 게 기쁩니다. 왜냐하면 내 음악가 동료들과 얘기할 때는 항상 돈 얘기만 하기 때문이지요.'

'이중생활'은 매력적입니다. 제가 한번은 러시아에 가서 아침에는 고르바초프와 인터뷰를 하고, 오후에는 오케스트라 리허설을 한 적이 있어요. 고르바초프는 제가 지휘자인 줄 몰랐고, 오케스트라 단원들은 제가 고르바초프를 만나는 사업가라는 사실을 몰랐죠. 이렇게 '이중생활'을 즐길 수 있는 제가 행운아라고 생각합니다."

그에게 말러 교향곡 제2번 외에 다른 곡을 지휘할 계획은 없는지를 물었지만, 자신은 '아마추어'라면서, 아직은 그런 계획이 없다고 말했다.

"현재 제가 하고 있는 것에 대해서도 100퍼센트 제 자신이 인정하지 않고 있어요. 아마추어가 프로의 세계에서 너무 많이 활동하는 것은 안 좋다고 생각해요. 지휘자가 어느 곡을 훌륭하게 연주하면 다음에는 다른 곡을 연주해달라는 요청도 받게 마련이니까, 미래의 가능성을 완전히 배제하지는 않습니다. 언젠가는 다른 곡도 지휘해 봐야지 하는 날도 올지 모르지요. 하지만 저는 '유혹'에 저항하고 있습니다."

그는 웃으면서, '딱 한 번의 예외가 있었다'며 이렇게 덧붙였다.

"로스앤젤레스 필하모닉과 할리우드볼에서 연주할 때였죠. 그 공연장에서는 항상 미국 국가를 연주하는 게 관례라고 하더군요. 저는 이전에 한 번도 국가를 연주해본 적이 없었어요. 그래서 상당히 겁에 질렸어요. 하지만 그리 어려운 곡은 아니었어요. 나중에 어느 평론가가 신문에 그날 연주에 대한 평을 실었는데, 말러 교향곡 제2번의 2악장 템포는 낯설었다고 하면서도 국가 연주는 최고였다고 하더군요."

그는 '부활'로 불리는 말러의 교향곡 제2번이 많은 사람에게 위안이 되길 바란다고 말했다. 말러의 곡을 연주할 때 많은 사람이 '순수한 기쁨'을 느끼게 된다면서, 이 곡이 '천국으로의 초대'가 되기를 바란다고 했다. 그리고 명확한 한국어 발음으로 "성남아트센터 개관 콘서트에서 지휘하게 돼 영광입니다. 희망과 사랑의 메시지가 담긴 말러의 음악은 개관 축하 공연에 가장 적합한 곡입니다"라고 말해 박수를 받기도 했다.

그의 음악 활동에 대해 '돈 많은 사람의 호사'라고 생각할 수도 있다. 경제력이 없었다면 과연 그가 지휘자로 데뷔할 수 있었을까? 하지만 그래도 그는 대단하다. 젊은 시절 벼락처럼 찾아온 말러의 음악과 사랑에 빠졌고, 그 사랑을 위해 마흔 살에 지휘 공부를 시작하겠다는 결단을 내렸다. 돈이 많다고 해서 모두가 이런 '결단'을 내리고 실천할 수 있는 것은 아니다. 그렇게 뜨거운 '열정'을 가질 수 있다는 것 자체가 부러웠다.

그는 자신을 '아마추어'라고 말한다. 내한 공연에서도 그는 개런티를 받지 않고 항공료와 체재비만을 주최 측으로부터 제공받았다고 한다. 하지만 이 '아마추어'의 첫 내한 공연은 한국의 음악 팬들 사이에서 큰 화제가 됐다. '멋진 아마추어'는 웬만한 프로를 능가한다.

지천명의 악동 나이젤 케네디

 펑크 머리에 애스턴 빌라 축구팀 티셔츠, 헐렁한 외투와 바지, 빨강과 파랑의 짝짝이 양말에 낡은 운동화, 그리고 손에 든 맥주병…….
 2007년 5월 내한 공연을 앞두고 기자회견장에서 만난 바이올리니스트 나이젤 케네디의 모습이다. 나이젤 케네디는 1989년 펑크스타일의 머리와 파격적인 복장으로 거침없이 연주한 비발디의 <시계>로 보수적인 음악계를 발칵 뒤집어 놓았던 연주자다. 클래식계의 악동, 이단아로 불리는 기인. 공연 취소가 잦은 괴짜. 광적인 축구 팬. 이는 그를 설명하는 단어들이다.
 그렇다고 그의 명성이 튀는 외모나 언행 때문만은 아니다. 그는 탄탄한 실력과 독창적인 해석을 보여주는 현대의 '비르투오소' 가운데 한 명이고, 가장 많은 음반 판매를 기록한 클래식 바이올리니스트로 기네스

북에 이름을 올리기도 했다. 그러나 그의 음악세계는 클래식에만 머무르지 않는다. 바흐에서 지미 헨드릭스의 록 음악까지 폭넓은 음악세계를 아우르는 그는 요즘 재즈에도 넘치는 열정을 쏟고 있다. 사실 그는 줄리아드 음악원 재학 시절부터 재즈도 함께 연주하며 뛰어난 재즈 뮤지션으로서의 자질을 보였다고 한다. 지난 2006년에는 재즈의 명가 블루노트 레이블로 음반을 발매하기도 했다.

나이젤 케네디는 20대 초반이었던 1978년 한국을 방문해 세종문화회관에서 서울시향과 협연한 이후 한동안 내한 무대에 선 적이 없었다. 지난 2002년 월드컵 기간에 내한 공연이 추진됐으나, 축구 경기를 봐야 한다는 이유로 취소한 것으로 알려져 많은 클래식 팬들을 허탈하게 했다. 마침내 2007년에 성사된 내한 공연은 클래식 공연이 아니라 재즈 공연이었다.

이 내한 공연은 케네디가 공연 계약서에 명시한 여러 가지 까다로운 부대조건으로도 화제가 됐다. 특정 상표의 공기 청정기, 오디오 시스템을 공연장 분장실과 호텔 객실에 설치해달라고 요구하는가 하면, 만찬 때 마실 샴페인의 종류, 음식과 소스의 종류까지 일일이 지정했다. 공연 날에는 반드시 신선한 회 한 접시가 제공돼야 한다고 명시하고, 심지어 생선의 종류까지도 지정했다고 한다(그러나 한국 공연 주최 측은 이렇게 오해의 소지 없도록 미리 지정해주는 것이 오히려 편한 측면이 있다고 덧붙였다).

까다로울 것이라는 예상과 달리 케네디는 기자회견장에서 쏟아지는 질문에 비교적 성실하게 대답하며 소탈한 면모를 보여줬다. 회견 도중에도 맥주를 컵에 따라 마시고, 주먹을 불끈 쥐어 보이며 "Cool!" 하기도 하고 "Oh, Man !"을 연발하며 대답하는 그의 모습에서 50이 넘은 나이에도 여전한 '악동'의 장난기 같은 것이 흘러 넘쳤다.

케네디는 재즈가 '연주할 때나 연주를 듣는 데 있어서 지적인 능력을 더 많이 요구하는 장르'이며, '관객과 연주자 간의 특별한 관계맺음이 가능하다는 점이 매력적'이라고 말했다. 그는 클래식 연주자는 악보에 써 있는 대로 '기계적으로' 연주하게 되기 쉽지만, 재즈는 그런 점에서 더욱 깊은 생각을 요구하는 장르라고 했다. 한편 클래식 연주에 있어서도 '지휘자 없이 연주하는 오케스트라'에 관심이 많다며, 지휘자가 있으면 연주자들은 그저 아무 생각 없이 지시에 따라 '기계적'으로 연주하지만 sit back and play automatically, 지휘자가 없으면 스스로 생각해서 연주할 수 있게 된다고 말했다. 어떤 장르든 '정해진 틀에 박히는 것'은 거부한다는 얘기다.

케네디의 이런 생각은 클래식 음악계의 '악동'이라는 별명에 대한 견해를 밝힌 대답에서도 잘 드러난다.

"당신이 만약 '클래식 음악계의 착한 아이 good boy'로 불린다면, 이는 당신이 매우 지루하고 재미없는 연주자 boring musician라는 뜻입니다! 아무 창의성이나 개성 없이 클래식 음악을 연주하는 것은 끔찍한 일이에요."

한때 클래식 연주를 그만두겠다고 선언했다가 다시 돌아온 이유를 묻는 질문에 대해서는 이렇게 응수했다.

"'검은 머리가 파뿌리가 될 때까지 사랑하겠습니다'고 맹세하며 결혼했다가 이혼하는 것만큼 나쁜 일은 아니지 않습니까?"

케네디는 기자회견이 끝나자 이례적으로 즉석에서 연주까지 들려주었다. 정상급 연주자가 공연장이 아닌 호텔 프레스룸에서 쇼케이스를 하는 것은 이례적인 일. 그와 함께 온 퀸텟 멤버들과 호흡을 맞춰, 케니 버렐의 'Midnight Blue'를 전자 바이올린으로 연주하는 케네디의 모습은 무척이나 흥겹고 유쾌해 보였다.

며칠 뒤 열린 케네디의 공연. 그는 엄청난 열정과 에너지로 객석을 압도했다. 공연 시작 때 객석 출입문으로 입장한 케네디는 관객과 악수하고, 손을 흔들고, 주먹을 불끈 쥐어 보이고, 펄펄 뛰며 객석을 한 바퀴 돈 뒤에야 무대에 올랐다. 무대 위에서 연주하다 흥에 겨우면 객석으로 내려와 관객과 눈을 맞추었다. 재기발랄, 천진난만. 그는 마치 장난기 넘치는 소년 같았다. 50이 넘은 나이가 믿기지 않았다.

자신이 직접 작곡한 곡을 연주할 때는 "제가 정말 좋아하는 작곡가입니다. 그는 멋진 친구good guy예요. 나이젤 케네디의 'Stranger in a strange land'를 들려드립니다!" 이렇게 소개했고, 머리숱이 없는 콘트라베이스 연주자를 장난스레 '브루스 윌리스' '안드레 애거시'로 부르기도 하고, 무슨 곡을 연주할 것인지, 쉬는 시간을 몇 분으로 할 것인지를 놓고 즉석에서 '투표'를 실시하기도 했다.

"쉬는 시간이 15분이면 좋겠다는 분 손 드세요! 10분 손 드세요! 10분이 많군요. 그럼 10분 뒤에 돌아오겠습니다!"

이렇게 관객과 직접 의사소통하는 것을 좋아하는 연주자가 엄숙한 클래식 음악회에서만 연주하는 건 고역이었을 것 같다는 생각이 들었다. 그는 1992년 클래식에서 손을 떼겠다고 선언하고 공식 연주 활동을 중단했다가 5년 뒤 컴백했다. 이후 그는 이름도 '나이젤 케네디'가 아니라 그

냥 '케네디'로 바꿨다. 그러다 요즘은 다시 '나이젤 케네디'라는 이름을 쓰고 있다. 클래식을 연주할 때는 '케네디', 재즈나 다른 음악을 연주할 때는 '나이젤 케네디'로 '차별화'할 생각으로 이름을 바꿨으나, 사람들이 혼동해서 자기 의도대로 되지 않았다고 설명했다.

이름으로 자신의 음악 활동을 '분리'하려는 시도는 성공하지 못했을지 모르지만, 그는 클래식과 재즈 연주 활동을 양립하는 '이중생활'을 성공적으로 하고 있는 듯 보였다. 한 사람 안에 어떻게 저렇게 많은 끼와 재능이 있을까. 놀라웠다.

재즈 전문가들은 나이젤 케네디의 재즈 연주에 대해 정통 재즈 연주와는 조금 다르다고 불만을 표시하기도 한다고 들었다. 나이젤 케네디의 연주를 '정통 재즈 연주'와 정밀하게 비교, 분석할 만한 능력이 내겐 없지만, 그날 공연은 충분히 즐거웠고, 충분히 인상적이었다. 흔히 '재즈의 매력'이라고들 하는, 다른 연주자들과 말없이 통하는 교감, 즉흥, 에너지, 이런 것들을 나이젤 케네디 퀸텟의 연주에서 충분히 느낄 수 있었다.

저녁 8시부터 시작한 공연이 11시를 넘겼을 무렵, 케네디는 이제 공연이 끝날 때가 됐는데 한 곡 더 듣기를 원하느냐고 물었다.

"One more song ?"

관객은 큰 소리로 외쳤다.

"One more song !"

케네디가 "One more song !"에 멜로디를 붙여 노래처럼 부르자 관객도 따라 불렀다.

"One more song ! One more song ! One more song !"

열광적인 분위기 속에 앙코르까지 끝나고, 나는 공연장을 나서며 생각했다. 오늘 공연은 정말 (케네디의 말투로) "Cool!"했다고. "삶에 놀라움이 없다면 그게 놀라운 것 Life without surprise is too surprising!"이라는 나이젤 케네디. 다음 공연에서는 또 어떤 모습으로 관객을 놀라게 할까. 나는 이렇게 그의 다음 내한 공연을 기다린다.

온몸으로 듣는다
이블린 글레니

인터뷰할 때 참 하기 어렵고 민망스러운 질문들이 가끔 있다. 질문을 받은 당사자가 싫어할 줄 뻔히 알면서 하는 질문들. 지난 2007년 내한 공연을 가진 타악기 연주자 이블린 글레니를 인터뷰할 때도 그랬다.

    이블린 글레니는 영국 출신의 세계적인 타악기 연주자다. 8세 때 청력에 이상이 생기기 시작해 12세 무렵에는 청각 기능을 완전히 상실했다. 음악가가 되기에는 치명적인 약점을 가진 셈이지만, 이블린 글레니는 귀로 듣는 대신 온몸으로 소리의 진동과 파장을 감지하며 천재적인 리듬감을 자랑하는 타악기 연주자가 됐다.

    이블린 글레니는 무대에 맨발로 서는 것으로도 유명하다. 소리를 온몸으로 느끼며 듣기 위해 맨발을 고집하는 것이다. 이블린 글레니의 맨발은 어떤 식으로든 악기와 직접 신체 접촉을 하게 되는 현악기, 관악기와

는 달리, 채를 사용해 간접적으로 접촉하는 타악기를 좀더 친밀하게 '몸으로' 느끼기 위한 방편이기도 하다.

이블린 글레니는 오케스트라에서 부수적인 악기로만 여겨지던 타악기를 어엿한 독주 악기의 반열에 올려놓은 연주자다. 사이먼 래틀이 지휘하는 베를린 필하모닉 오케스트라와 협연하는 등 세계 유수의 오케스트라와 협연하는 것은 물론이고, 자신을 위해 쓰인 새로운 작품들을 연주하며 타악기 연주의 가능성을 넓혀왔다.

바흐와 비발디 등 바로크 음악에서부터 현대음악까지, 비브라폰과 마림바, 드럼 같은 서양의 타악기에서 한국의 장구나 징, 꽹과리 등 동양의 타악기까지, 다양한 장르와 다양한 악기의 영역을 자유자재로 넘나들며 타악기 연주의 역사를 계속해서 새로 쓰고 있다.

이블린 글레니의 내한 공연을 주최한 공연장은 자체 발간하는 월간지에 기사를 싣기 위해 시각장애인 하모니카 연주자 전제덕 씨와 이블린 글레니의 만남을 주선했다. 각기 신체장애가 있는 두 연주자를 한자리에 모아놓은 셈인데, 공연 홍보담당자는 혹시나 관심이 있으면 함께 인터뷰해도 좋다고 전해왔다. 전제덕 씨가 이블린 글레니의 공연에서 함께 연주하는 순서가 있나 물었더니 그건 아니란다. 어쩐지 두 사람을 함께 인터뷰하는 것이 조금 작위적이라는 느낌이 들었고, 함께 연주한 적도 없어 화면이 받쳐주지도 않는 상황이라 두 사람을 함께 인터뷰하지는 않기로 했다.

나는 약속 시간보다 인터뷰 장소에 일찍 도착해서 기다리는 동안, 이블린 글레니와 전제덕 씨가 다른 매체와 인터뷰하고 있는 걸 잠시 지켜보게 됐다. 이 인터뷰 도중 나는 전제덕 씨가 단호한 어조로 "장애가 있는

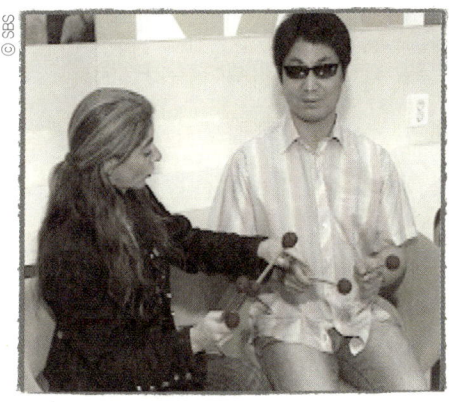
이블린 글레니와 전제덕.

데 어떻게 음악을 연주하느냐, 이런 것은 이제 좀 그만 물어보라고 해주세요. 이블린 글레니도 들을 수 있게 통역해주세요" 하고 얘기할 때 귀가 쫑긋했다. 통역으로 전제덕 씨의 말을 전해들은 글레니도 '맞다'며 고개를 끄덕였다(이블린 글레니는 상대방의 입술을 읽으며 대화한다).

안 그래도 신체적 장애를 극복하고 이미 오래전에 성공을 이룬 예술가에게 그의 예술세계에 집중하지 않고 새삼스레 장애에 대한 질문을 하는 것이 어쩌면 아주 '비본질적' 인 일일 수 있다는 생각을 해오던 터였기 때문에, 전제덕 씨와 이블린 글레니의 이 말을 듣자 내가 할 인터뷰가 걱정됐다. 이블린 글레니는 아마도 끊임없이 반복되는 이런 질문이 지겨워졌을 것이다. 그러나 그렇다고 해서 장애에 대한 질문을 하지 않고 넘어갈 수는 없었다. 많은 텔레비전 시청자들이 바로 그 점을 궁금해할 테니까.

내가 인터뷰할 차례가 됐을 때 "많은 사람이 당신이 청각장애가 있는데 어떻게 훌륭한 연주자가 될 수 있었을까 궁금해할 것 같다"고 물었더니, 이블린 글레니는 전제덕 씨보다 더욱 단호한 어조로 대답했다.

"사람들은 선입견에서 벗어나야 합니다. '시각장애가 있는 사람은 볼 수 없고, 청각장애가 있는 사람은 들을 수 없고, 휠체어를 탄 사람은 걸을 수 없다'고 단정하는 것을요. 휠체어를 탄 사람도 걸을 수 있을지 모릅니다. 열 걸음, 혹은 스무 걸음까지도. 저는 몸으로 '듣습니다!' 귀로 듣고, 눈으로 듣고, 촉각으로 듣고, 온몸으로 듣습니다 I hear! I hear through my body. I hear through my ears, eyes, touch, body. I hear! 죽거나 마비된 경우가 아니면 모든 사람은 다 들을 수 있습니다. 어떤 사람을 그 사람의 장애로 판단하지 말아야 합니다. 그것이 바로 장애예요. 왜냐하면 그것은 인간이 해낼 수 있는 일들의 가능성을 제한하는 행위니까요."

이블린 글레니는 청각장애를 극복했다는 점을 제외하고, 그가 이룬 음악적 성취만으로도 충분히 주목받아 마땅한 연주자다. 청각장애라는 한계를 뛰어넘은 것처럼, 타악기의 한계를 뛰어넘어 새로운 영역을 탐험해온 개척자다. 이블린 글레니는 많은 타악기 연주자들에게 그들의 앞날을 제시하는 '역할 모델'이 되고 있는 것이다.

"저는 역할 모델이 없었어요. 왜냐하면 이전에 저 같은 일을 한 사람이 없었으니까요. 공연을 열 때마다 한계를 넘어 새로운 영역을 개척해왔어요. 저는 그런 걸 좋아해요. 안주하지 않고 항상 다음 페이지를 넘겨 보고 싶어 하죠."

이블린 글레니는 내한 공연에서 필립 스미스, 스티브 라이히, 게이코 아베 등 현대작곡가들의 작품을 연주했고, 바흐의 토카타와 푸가를 자신의 편곡으로 들려줬다. 이블린 글레니를 인터뷰하고 쓴 내 기사는 원래 당일 8시 뉴스에 나갈 예정이었으나 기사가 넘쳐 다음날 아침 6시 뉴스

끄트머리에 겨우 나갔다. 좀더 많은 사람들에게 이블린 글레니의 이야기를 전하고 싶었기에 조금은 아쉬웠다.

　　더 많은 사람이 인터뷰 기사를 통해서건 공연을 통해서건 이블린 글레니를 만날 수 있으면 좋겠다. 음악에서나 삶에 있어서나 한계를 뛰어넘어 끊임없이 도전해온 이블린 글레니에게서, 인터뷰할 때 내가 그랬던 것처럼 감동을 느낄 수 있었으면 좋겠다. 이블린 글레니의 다음 내한 공연을 기다린다.

캐롤라인 존스턴의
아빠 찾기

1983년 겨울, 부산시 동래구 온천동. 강보에 싼 갓난아기가 어느 집 앞에서 발견됐다. 이 아기는 곧 보육원으로 보내졌고, 엉덩이에 붉은 반점이 있어 홍유진이라는 이름을 얻었다. 몇 달 뒤 아기는 미국 보스턴의 변호사 가정으로 입양돼 한국을 떠났다. 한국 아기 '홍유진'은 '캐롤라인 존스턴'이라는 새 이름으로 미국 생활을 시작했다.

양부모의 사랑은 극진했다. 딸에게 한국을 알려주기 위해 정기적으로 한국 음식을 먹이고, 한국문화 캠프에 보내기도 했다. 캐롤라인은 밝고 재능이 많은 아이였다. 4세 때 바이올린을 시작한 캐롤라인은 비올라로 전공을 바꿔 미국의 명문 줄리아드 음대에 진학했다.

캐롤라인은 2005년 9월, 줄리아드에서 함께 공부한 한국인 유학생 친구들-박정아(피아노), 노마리(바이올린), 옥지수(첼로)-과 함께 '줄리아드

줄리아드 피아노 4중주단. 맨 오른쪽이 캐롤라인 존스틴.

피아노 4중주단'이라는 이름으로 공연을 하기 위해 한국을 찾았다. 이들의 공연에는 뚜렷한 목적이 있었다. 바로 캐롤라인의 친부모를 찾는 것. 나는 서울 공연을 며칠 앞두고 캐롤라인을 만났다. 캐롤라인이 입양되기 전 머물렀던 부산의 보육원 앞마당에서 작은 음악회를 끝낸 뒤였다.

"미국으로 입양되기 전에 제 인생에 무슨 일이 있었는지를 전혀 몰라요. 마치 제 인생에서 커다란 조각이 빠진 듯한 느낌이죠. 가족을 찾으면 제가 좀더 편안해지고 충만한 느낌을 가질 수 있을 것 같아요."

캐롤라인은 담담하게 이야기를 이어갔다.

"한동안 고통스러웠던 것은 사실이에요. 왜 나는 그렇게 버려졌을까. 무슨 일이 있었던 걸까……. 하지만 음악이 고통을 이겨내는 데 도움이 돼주었어요."

캐롤라인은 자신을 버린 친어머니나 아버지를 미워하지 않는다고 했다. 보고 싶다고 했다. 캐롤라인의 양어머니 줄리아 존스턴은 원망과 그리움 사이에서 고통스러워하는 딸의 모습에 가슴 아팠던 기억을 털어놓으며 눈물을 글썽였다. 인터뷰하는 나까지 콧등이 시큰했다.

"캐롤라인이 꼭 친부모를 만났으면 좋겠어요. 입양된 아이들은 상실감과 고독을 느껴요. 이제는 상처가 치유되기를 간절히 바랍니다. 저는 나름대로 최선을 다했다고 생각했는데, 그게 아니었어요. 후회스러워요. 한국에 더 빨리 왔더라면 좋았을 것을……."

친구들도 이번에는 캐롤라인이 꼭 부모님을 찾았으면 좋겠다면서 눈물을 보였다. 가장 깊이 고민한 사람은 캐롤라인이었을 테지만, 주변에서 지켜보는 친구들도 그만큼 안타까웠던 모양이다.

캐롤라인은 사실 2001년에도 한국을 방문했다고 한다. 부산의 보육원을 찾았고, 자신이 버려졌던 집 주인 아주머니도 만날 수 있었다. 그러나 더 이상의 단서는 없었다. 당시 친부모를 찾지 못한 캐롤라인은 낙담해서 미국으로 돌아갔다.

캐롤라인이 이번에 다시 '뿌리 찾기 여정'을 시작한 데는 친구들의 힘이 컸다. 캐롤라인의 사연을 알게 된 친구들은 그의 여정에 기꺼이 동행했다. 한국에서 함께 연주회를 열고 더 많은 사람들에게 알리면, 친부모를 찾을 가능성도 그만큼 높아질 것이라는 기대에서였다.

나는 이 사연을 8시 뉴스에 소개하면서, 캐롤라인이 꼭 친부모를 만나기를, 그리고 혹시 만나지 못하더라도 또다시 절망하지 않기를 기원했다. 해외에 흩어져 살고 있는 한국인 입양아가 20만 명에 이르고, 한 해 평균 2천여 명이 해외로 입양된다는 현실, 그즈음 열렸던 입양인 대회에서 친부모를 찾은 사람이 2명밖에 안 된다는 얘기를 들었던 기억도 떠올렸다.

얼마 후, 나는 캐롤라인이 친아버지를 찾았다는 소식을 들었다. 친아버지는 부산에 사는 53세의 김모 씨. 작은 회사를 경영하던 그와 여직원 사이에서 캐롤라인이 태어났다. 하지만 집안의 반대가 심했고 회사에 불이 나 형편이 어려워지면서 결국 결별했다고 한다. 어찌할 바를 모르던 아버지는 추운 겨울날 새벽, 태어난 지 한 달이 지난 딸을 강보에 싸서 남의 집 앞에 두고 왔다. 그리고 오랜 세월이 흘렀다.

김씨는 캐롤라인이 부산에서 열었던 부모찾기 음악회 사연을 접하고, 보육원에 전화해서 자신의 친딸임을 확인했다고 한다. 그러나 차마 딸 앞에 나설 수가 없었다. 단 하루도 딸을 버린 아버지라는 죄책감에서 놓여난 날이 없었다. 며칠 만에 그는 보육원 측과 연락을 끊었다. 캐롤라인은 간절한 편지를 보육원에 전달했고, 보육원 관계자는 연락이 안 되는 아버지의 휴대폰에 문자와 음성 메시지를 수십 차례 보내 설득했다.

"제발 만나주세요. 저는 이제 곧 한국을 떠납니다. 저를 만날 수가 없다면 아버지 얼굴을 알 수 있게 사진 한 장만이라도 전해주세요……."

아버지는 캐롤라인의 이복언니와 함께 부산의 한 호텔에서 딸을 만났다. 캐롤라인의 출국 이틀 전이었다. 캐롤라인의 양어머니와 보육원 관계자도 참석했다. "Father !"를 외치는 캐롤라인 앞에서 아버지는 하염없이 눈물을 흘렸다.

"미안하다, 내가 죄가 많구나······."

이들은 이날 밤늦게까지, 그리고 다음날 종일 함께 시간을 보내며 가족의 정을 확인했다. 캐롤라인은 밝은 얼굴로 한국을 떠났다. '평생의 한이 풀린 것 같다'면서, '꼭 다시 오겠다'고 아버지와 약속했다고 한다.

나는 캐롤라인이 출국한 뒤에야 이들의 만남을 전해 들었지만, 마치 내가 현장에서 지켜본 것처럼 가슴이 아릿해졌다. 딸을 버리는 '선택'을 하고 평생 죄책감에 시달렸을 아버지의 피눈물. 어째서 나를 낳은 부모는 나를 버렸을까, 왜 나는 한국인이면서 미국인으로 자라야 할까 곱씹으며 밤을 지새웠을 딸의 상처. 이런 딸의 고통을 곁에서 지켜봐야 했던 양어머니의 안타까움. 이제 이들의 고통이 모두 치유되기를 소망했다.

캐롤라인과 친구들이 함께 연주하던 선율이 떠오른다. 캐롤라인이 고통을 극복하는 데 큰 힘이 됐다는 음악, 부모님에게 바친 그 음악. 이들의 연주에는 인간의 영혼을 다독이는 희망이, 간절한 그리움이, 따뜻한 사랑이 담겨 있었다. 그리고 끊어질 뻔했던 아버지와 딸의 인연을 다시 이어주는 끈이 되기도 했다. 이들의 연주를 다시 듣고 싶다.

6시 포즈가 뭐죠? 실비 길렘

지난 2007년 3월, 프랑스 태생의 세계적인 무용가 실비 길렘의 내한 공연을 앞두고 '6시 포즈'가 많은 사람의 입에 오르내렸다. '6시 포즈'는 무용수가 한쪽 다리를 땅에 디딘 채 다른 한쪽 다리를 귀 옆으로 쭉 들어올려 두 다리를 일직선으로 만드는 포즈를 말한다. 천부적인 유연성과 테크닉이 요구되는 극히 어려운 자세다.

친분이 있는 무용평론가의 말에 따르면 본래 발레 용어에는 '6시 포즈'라는 말이 없었다. 이 포즈는 실비 길렘의 전매특허다. 아무리 유연성이 뛰어난 발레리나도 간신히 해내는 이 자세를 실비 길렘은 너무나 쉽고 정확하게 해낸다. 실비 길렘이 롤렉스 시계 광고에 이 자세로 등장했던 것이 결정적으로 '6시 포즈'를 유명하게 한 계기였다.

그러나 실비 길렘의 '6시 포즈'에 대해 비판적인 시각도 있었다.

<신성한 괴물들> 중의 '6시 포즈'

파리 오페라 발레단 예술감독 재직 때 19세의 실비 길렘을 최연소 '에투알'(별이라는 뜻의 프랑스어로, 파리 오페라 발레단의 수석무용수를 지칭)'로 발탁했던 누레예프는 이 자세를 별로 좋아하지 않았다고 한다. 고전 발레의 아름다운 선을 망친다고 생각했기 때문이었다.

내한 공연 전날 열린 실비 길렘의 기자회견에서도 어김없이 '6시 포즈' 얘기가 나왔다. 실비 길렘은 이 포즈에 얽힌 일화를 직접 들려주었다. 실비 길렘이 파리 오페라 발레단에서 영국 로열 발레단 객원수석으로 옮겨간 뒤에도 '6시 포즈'는 스캔들을 일으켰다는 것이다.

"이 자세가 민망하다고 싫어하는 사람들도 많았어요. 영국의 한 기자가 마고트 폰테인(40년 이상 로열 발레단 프리마 발레리나로 활동했던 영국의 전설적인 발레리나. 1991년 사망)에게 저의 '6시 포즈'가 너무 민망한 자세가 아니냐고 물었대요. 그랬더니 마고트 폰테인이 이렇게 대답했다고 해요. '나도 저 자세를 할 수 있으면 했을 거야!'라고요."

나는 기자회견을 다녀와서 SBS 8시 뉴스에 내기 위해 실비 길렘 내한 공연 관련 기사를 썼다. 이 기사 첫머리 역시 '6시 포즈'였다. 실비 길렘의 출연작 자료화면 중에 이 자세가 나오는 장면을 열심히 골라서 리포트 화면을 편집했다. 8시 뉴스 편집부에서는 이 리포트 제목을 '6시의 발레리나'로 뽑았다.

마침 야근이라 회사에 남아 뉴스를 모니터하고 있는데, 한 후배가 실비 길렘의 '6시 포즈'를 보고는 '저런 건 중국 기예단 같은 데서 더 잘하는 것 아니에요?' 하고 물어왔다. 기예단의 묘기와 실비 길렘의 '6시 포즈'는 차원이 다른 것이라고 대답해주었는데, 조금 찜찜한 기분이 들었다. 리포트의 앞부분에 '6시 포즈'를 취하는 실비 길렘의 현란한 동작이 이어지면서, 그야말로 '묘기 대행진'처럼 보였을지도 모르겠다는 생각이 들었기 때문이다.

다음날 실비 길렘의 공연을 보러 LG아트센터로 갔다. 실비 길렘은 내한 공연에서 방글라데시계 영국인 무용가 아크람 칸과 함께 <신성한 괴물들>이라는 작품을 선보였다. 인도의 전통무용 카탁과 서양의 현대무용을 접목한 이 작품은 사실 실비 길렘을 '전설적인 발레리나'로 알고 있었던 많은 사람에게 조금은 낯설었지만, 신선한 감동을 주었다.

이 작품에서도 '6시 포즈'가 등장한다. 실비 길렘의 움직임은 마흔을 훌쩍 넘긴 나이에도 경탄할 정도로 유연하고 거침없었다. 실비 길렘의 '6시 포즈'를 바로 몇 미터 앞에서 바라보면서 문득 나 역시 이 공연에 '6시 포즈'가 언제 나오나 무의식적으로 기다렸다는 것을 깨닫고는 혼자 웃었다.

공연이 끝나고 만난 LG아트센터 관계자는 '어제 뉴스가 나간 뒤로 표가 많이 팔려나갔다'면서 이렇게 덧붙였다.

"그나저나 이번 공연에 '6시 포즈'가 나와서 다행이에요. 안 나왔더라면 사람들이 속은 기분이 들었을 것 같아요."

돌이켜보니, 내 기사에서 강조된 '6시 포즈'는 이른바 '낚시글' 같은 것이었는지도 모른다. '6시 포즈'는 8시 뉴스에 나갈 기사를 추려내는 보도국 편집회의에서 내 기사가 채택되기 위한 것이었고, 무엇보다도 뉴스 시청자들의 호기심과 관심을 불러일으키기 위한 것이었다. 때로는 이런 '낚시'가 필요하다. 의도했든 의도하지 않았든 실비 길렘 자신에게도 '6시 포즈'는 무용수로서 탁월한 기교와 유연성을 압축해 보여주면서 많은 사람들의 관심을 끄는 트레이드마크일 것이다.

그러나 '6시 포즈'가 곧 실비 길렘이 보여주는 춤 세계의 '본질'은 아닐 터이다. 발레 <백조의 호수>는 흑조 파드되의 32회전 푸에테로 유명하다. 이 32회전 푸에테는 발레리나의 현란한 테크닉을 맘껏 드러낼 수 있는 장면으로, 많은 관객들이 이 장면을 손꼽아 기다린다. 하지만 이 장면이 <백조의 호수>라는 작품의 전부가 아니고, 본질은 더더욱 아니다. <백조의 호수>는 이 장면이 아니더라도 충분히 감동적인 장면으로 가득하다. 그러니 실비 길렘의 춤에서 '6시 포즈'에만 집중하다 보면 정작 중요한 걸 놓치게 되는 것 아닐까.

실비 길렘 자신도 '테크닉을 배우는 건 가장 쉬운 일'이라며, 좋은 무용수는 그 이상을 갖춰야 한다고 강조했다. '하늘이 내린 몸'으로 불리는 자신의 신체 조건이나 타고난 유연성에 대해서도 감사하지만, 자신은 '그 이상'을 해내기 위해 끊임없이 노력해 왔다면서.

나는 불혹을 훌쩍 넘긴 실비 길렘에게서 끊임없는 도전 정신으로 충만한 '청춘'을 보았다. 함께 춤춘 아크람 칸은 실비 길렘의 내면에 '강인한 전사'가 있다고 말했다. '전설적인 발레리나'라는 명성에 안주하지 않고 낯선 실험을 기꺼이 감수하는 열정이 빛났다. 그러니 바라건대, 내가 뉴스에서 소개한 실비 길렘의 '6시 포즈'에 '낚여' 공연을 본 관객이 있었다면, '6시 포즈'를 넘어선 그 무엇을 발견하고 돌아갔기를. 뛰어난 기교는 예술을 빛나게 하지만, 그것만으로 예술이 완성되는 것은 아니니까.

미야자키 하야오의 아틀리에

가끔 내 담당 분야가 아닌데도 담당 기자가 자리를 비웠거나 다른 일이 있을 때 대신 취재하게 되는 경우가 있다. 익숙하지 않은 분야를 취재해야 하기 때문에 보통은 이런 '대타 취재'를 그리 좋아하지 않지만, 예외도 있다. 내가 했던 '대타 취재' 가운데 지금도 최고로 꼽는 것은 2002년 한일 월드컵 개막 무렵 미야자키 하야오 감독을 인터뷰하러 갔던 일본 출장이다.

　　미야자키 하야오는 세계적인 명성을 누리고 있는 일본의 애니메이션 감독이다. 어린 시절 TV로 즐겨봤던 <미래소년 코난>을 비롯해 <바람계곡의 나우시카> <천공의 성 라퓨타> <이웃의 토토로> <마녀 배달부 키키> <붉은 돼지> <원령공주> 등이 그의 손에서 태어났다. 정작 그의 작품 중 한국 상영관에서 정식 개봉된 작품은 몇 편 안 되지만, 한두 편 정도를 비디오로 접해보지 않은 젊은이들이 별로 없을 정도로 한국에서도 그의 명성은 확고하다. 내가 출장 갔을 당시에는 <센과 치히로의 행방불명>이 한국 개봉을 앞두고 있었다. 같은 해 2월에 열린 베를린 영화제에서 그랑프리를 수상한 작품이기도 하다.

　　미야자키 하야오 감독의 작품은 지브리 스튜디오에서 제작된다.

지브리 스튜디오는 <바람 계곡의 나우시카>(1984년)의 성공에 힘입어 1985년에 창립됐다. '지브리Ghibli'는 사하라 사막에서 부는 바람을 의미하는데, 제2차세계대전 중 이탈리아 파일럿들이 아군의 정찰기에 붙인 이름이기도 하다.

지브리 스튜디오는 도쿄 외곽의 히가시 고가네이 역 근처에 자리 잡고 있었다. 미야자키 하야오 감독의 영화에 자주 나오는, 전신주가 서 있고, 자전거를 탄 사람들이 지나가는 평범한 동네 풍경이 펼쳐진 곳이다. '지브리 스튜디오'라는 간판은 나뭇잎에 푹 파묻혀 있었다. 3동의 건물로 구성된 스튜디오는 곳곳에 미야자키 하야오가 직접 디자인한 문양이 그려져 있고, 작품 사진과 푸른 화분들이 놓인, 그의 숨결이 느껴지는 곳이다. 딱딱한 사무실이라기보다는 예술가의 작업실처럼 보이는 이 공간에서 100여 명의 직원들이 열심히 일하고 있었다. 안내를 맡은 직원의 말에서 지브리 스튜디오의 한 식구라는 자부심이 느껴졌다.

스튜디오 뒤편으로 조금 걸어가면 미야자키 하야오 감독의 개인 아틀리에인 3층짜리 녹색 목조주택이 나온다. 마치 전원주택 같은 분위기의 아담하고 예쁜 건물이다. 들어가면 천장이 높은 널찍한 거실이 나오는데, 창밖에는 아름드리나무가 푸른 그늘을 드리우고 있었다. 그리고 넓은 창 앞에 흰 수염을 기르고 안경을 낀, 사람 좋아 보이는 '할아버지' 미야자키 하야오가 한국 기자들을 맞이했다.

'환갑을 넘긴 이 할아버지가 <이웃의 토토로>에서 그토록 아름답고 서정적으로 어린 날의 꿈을 그려내고, <센과 치히로의 행방불명>에서 열 살 소녀 치히로의 좌충우돌 엽기발랄 모험담을 그토록 생생하게 그려낸 바로 그 사람이란 말이야?' 나는 혼자 놀라워했다. 인터뷰는 당시 개봉을 앞두고 있었던 <센과 치히로의 행방불명>을 중심으로 진행됐다.

"<센과 치히로의 행방불명>을 만든 계기는, 친구의 딸을 보면서 열 살 난 어린이를 위한 작품이 없다는 것을 깨달은 것이었습니다. 일반적인 작품은 악역이 등장하고 선한 주인공이 악역과 싸워 세계 평화를 지킨다든지 하는 것인데, 이 작품은 조금 달라서 혼란스럽기도 하겠지요. 나는 선악의 대결보다는 '진실의 승리'를 보여주려고 했어요."

미야자키 하야오 감독은 깊이 있는 철학과 세계관이 담겨 있는 작품들을 내놓아 '만화영화는 애들이나 보는 것'이라는 편견을 뒤집어왔다. 사실 <바람 계곡의 나우시카>나 <원령공주>는 어린이들이 보기에는 조금 어렵지 않나 하는 생각도 들 정도다. 열 살 난 어린이들을 염두에 두고 만든 <센과 치히로의 행방불명>은 그런 점에서 보면 전작들과 조금 다르다. 하지만 그가 '어린이용'으로 만들었다는 이 작품에 어른들도 열광했다. 그 자신도 뜻밖이라고 했다.

<센과 치히로의 행방불명>의 주 무대는 신들의 세계, 그 중에서도 온갖 신들이 이용하는 온천장이다. 주인공의 부모는 이곳에서 주인의 허락 없이 음식을 먹다가 마법에 걸려 돼지로 변해버린다. 이곳에서는 온천장을 지배하는 마녀 유바바와 계약을 맺고 일을 해야만 살아남을 수 있다. 칭얼대고 어리기만 한 꼬마 치히로는 이곳에서 온갖 일들을 겪으면서 용감한 소녀로 거듭난다.

"작품 속의 온천장은 '지브리 스튜디오'입니다. 지브리에 열 살짜리 여자아이가 와서 "일하게 해주세요" 하는 장면을 상상하면 이해할 수

있을 거예요. 머리가 큰 마녀는 저와 스즈키 프로듀서가 하는 일을 생각해서 만든 캐릭터이고요.(항상 생각할 일이 많아 골머리를 앓는? 혹은 아이디어가 머리가 터질 정도로 많은?). 이 작품은 열 살짜리 어린이가 본 세계, 처음으로 집을 떠나 남이 주는 밥을 먹게 된 느낌, 그리고 그 진실을 다룬 작품입니다."

그는 어린이가 성장하는 과정에서 여러 가지 체험을 해야 한다는 것을 이 작품에서 표현하고자 했다고 말한다. 어린이들이 이걸 보고 '영화니까 이렇게 되는 거야' 하는 식으로 생각하지 않기를 바랐다는 것이다. 이야기 자체는 허구이지만, 이 영화의 행복한 결말을 보고 '원하는 것을 위해 노력하면 이루어진다' 는 사실을 어린이들이 알게 됐으면 좋겠다고 말했다.

미야자키 하야오 감독은 많은 작품들에서 일관된 자연관, 세계관을 드러내왔다. 자연을 '대결할 대상' 으로 바라보지 않고, 함께 보듬고 살아야 할 존재로 대하는 그의 철학이 작품 속에 일관되게 흐르고 있다. <센과 치히로의 행방불명>에도 이런 자연관이 잘 드러나 있다. 사람들이 버린 쓰레기 때문에 '오물 신' 으로 오해받은 강의 신이 목욕하는 장면이 대표적이다.

"자연은 두 가지 측면으로 파악할 수 있습니다. 하나는 인간의 생존 수단, 문명에 이용되는 자연입니다. 또 하나는 문명 이전의 인간이 살고 있는 환경 그 자체입니다. 여기에는 자연재해까지도 포함됩니다. 이 두 가지 의미가 함께 사용돼, 자연을 한 마디로 규정하기는 어렵지요. 인간은 문명을 버리고 살지 못하는 존재이기 때문에 항상 자연에서 뭔가를 얻어야 한다는 숙명이 있습니다. 하지만 인간도 자연에 대해 지켜야 할 '예의'가 있습니다. 인간이 주인이고 자연이 종속물이 아닙니다. 나무를 베고 구멍을 팔 때도 예의를 지켜야 합니다."

그는 아틀리에 건물을 지을 때, 창밖으로 보이는 200년이나 된 옆집 나뭇가지가 지붕까지 뻗어 와서 어려움이 많았지만 하나도 잘라내지 않고 지었다고 한다. 지브리 박물관(2001년 10월 도쿄 근교 미타카에 문을 연 지브리 테마 박물관) 건설 때도 되도록이면 나무들을 베지 않고 옮겨 심었다고 한다. 그가 중요시하는 자연에 대한 배려, 예의를 보여주는 이야기이다.

<센과 치히로의 행방불명>에는 여러 기상천외한 캐릭터들이 나오지만, 그 중에서도 '가오나시'라는 얼굴 없는 요괴가 선풍적인 인기를 끌었다. 말을 제대로 못하고 따돌림 당하고 혼자 다니는 '왕따'인 이 요괴는 애정을 갈구하고 우정을 원하는 캐릭터이다. 이 요괴는 외로움이 극심해졌을 때 무서운 괴물로 변한다. 이 요괴는 어쩌면 의사소통 부재와 소외감에 시달리는 우리 현대인의 자화상인지도 모르겠다.

인터뷰가 끝나고 나서 미야자키 하야오 감독에게 사인을 받았다. 기자로서가 아니라 한 사람의 팬으로서 말이다. 카메라 기자가 '다양한 화면이 필요하다'며 아틀리에 앞에서 미야자키 하야오 감독과 잠깐 이야기를 나눠달라고 했다. 통역 없이 대화하는 장면을 촬영하는 잠시 동안 나는 서툰 일본어로 "나에게도 어린 딸이 있다. 딸이 당신의 작품을 정말 좋아한다"는 말밖에 하지 못했다. 환한 웃음으로 화답하는 그의 얼굴이 천진난만한 소년처럼 보였다.

미야자키 하야오 감독을 인터뷰한 뒤 지브리 박물관을 취재했다. 박물관은 노랑, 분홍, 연두색으로 칠해진 3층짜리 건물로, 미야자키 하야오 감독의 작품 속에 등장한 건물들을 조금씩 닮았는데, 실제로 그가 직접 설계하고 꾸몄다고 한다. 애니메이션의 제작 과정을 생생하게 볼 수 있는 전시관과 단편영화 상영관 등이 흥미진진했다. <이웃의 토토로>에 나오는 고양이 버스 모형은 어린이들이 직접 타고 놀 수 있어 가장 인기 있는 전시물이다. 고양이 버스 옆 발코니, 회전탑 모양으로 생긴 계단으로 나가면 옥상 정원이 나오는데, <천공의 성 라퓨타>에 나오는 거대한 거신병 로봇이 서 있다. 도저히 그냥 지나칠 수 없다.

이 박물관의 모토는 '우리 모두 함께 길을 잃어보자' 이다. 여기저기로 통하는 조그만 통로와 출입문들이 호기심을 자극하는 이 박물관은 일부러 길을 잃고 헤매더라도 좋겠다는 생각이 들게 했다. 길을 잃는다는 것은, 뻔히 아는 길을 가지 않는 것이기도 하다. 미야자키 하야오 감독의 애니메이션은 '뻔히 아는 길' 을 가지 않는다.

미야자키 하야오 감독을 만나고 온 지 몇 년이 지났다. 나는 아직도 그의 팬이다. 첫째딸과 같이 보던 <이웃의 토토로>를 이제는 둘째와 같이 본다. <하울의 움직이는 성> <벼랑 위의 포뇨>를 보면서 그의 순진무구한 상상력에 다시 한번 감탄했다. 미야자키 하야오 감독을 언제 다시 만날 수 있을지는 모르겠지만, 이것만은 확실하다. 언젠가 아이들을 데리고 지브리 박물관을 찾을 것이다. 그리고 그의 작품 안에서 '함께 길을 잃을' 것이다.

2002년 내한 공연 당시 인터뷰에서.

부에나비스타 소셜 클럽을 찾아서

"부에나비스타 소셜 클럽의 보컬이었던 쿠바 뮤지션 이브라힘 페레르가 아바나에서 타계했다. 향년 78세."

2005년 8월의 어느 날, 보도국에 전해진 짧은 부음 기사. 아마 한국 사람에게 이름도 낯선 쿠바 뮤지션 한 사람이 타계했다는 소식은 별 의미가 없을지도 모른다. 그러나 나는 이 부음을 접하고 한동안 감회에 젖었다. 나에게 쿠바 음악의 매력을 알려준 부에나비스타 소셜 클럽. 그리고 이브라힘 페레르라는 이름. 나는 그를 인터뷰했고, 공연을 봤다. 내가 그를 처음 알게 된 것은 빔 벤더스 감독의 영화 <부에나비스타 소셜 클럽>에서였다.

"부에나비스타 소셜 클럽이 어디 있었는지 아세요?"

빔 벤더스 감독의 영화 <부에나비스타 소셜 클럽>을 보면 쿠바 뮤지션 콤파이 세군도가 부에나비스타 소셜 클럽을 찾아다니는 장면이 나온다. 여기에서의 '부에나비스타 소셜 클럽'은 1950년대 쿠바 아바나에 있었다는 유명한 사교 클럽을 가리킨다. 사회주의혁명 이전, 쿠바의 유명 뮤지션들이 연주하던 곳이다(쿠바는 라틴 음악의 성지나 다름없는 음악의 보고다. 쿠바를 지배했던 스페인 정복자들은 아프리카 노예들을 쿠바로 끌고 왔고, 자연스럽게 아프리카의 리듬과 스페인 혈통의 음악이 결합해서 아프로 쿠반(Afro-Cuban) 음악이 생성됐다. 이 음악은 쿠바 음악의 뿌리이면서 맘보나 차차차, 룸바, 살사 등 라틴 음악의 어머니이기도 하다).

영화는 '부에나비스타 소셜 클럽'이 어디에 있었는지 말하지 않는다. 대신 쿠바의 노익장 뮤지션들을 찾아간다. 이들이 쿠바 밴드로 알려져 있는 '부에나비스타 소셜 클럽'의 멤버들이다. 이들의 명성은 1996년 미국의 기타리스트이자 제3세계 음악의 대부로 불리던 프로듀서 라이 쿠더가 제작한 음반에서 비롯되었다.

라이 쿠더는 원래 아프리카와 쿠바 기타리스트들의 합동 연주를 음반으로 제작하기 위해 쿠바에 갔지만, 비자 문제로 아프리카 연주자들의 쿠바행은 좌절되고 말았다. 그는 결국 쿠바 출신 음악가들만으로 음반을 녹음하기로 하고, 잊힌 음악가들을 찾아 나섰다. 평균 연령 60세 이상의 백전노장들이 하나 둘씩 모이기 시작했다.

기타리스트 겸 보컬리스트 콤파이 세군도, 피아니스트 루벤 곤살레스, 그리고 쿠바 최고의 가수로 에디트 피아프와 함께 연주하기도 한 오마라 포르투온도, 이브라힘 페레르, 엘리아데스 오초아 등이 모였다. 이 중 오마라를 제외한 대부분은 젊은 시절 음악 활동을 했지만, 사회주의혁명

왼쪽부터 이브라힘 페레르, 오마라 포르투온도, 루벤 곤살레스.

과 함께 음악적 환경이 척박해지면서 오랫동안 잊힌 존재들이었다.

이들이 아바나의 허름한 스튜디오에서 단 6일 만에 편집 없이 녹음한 음반은 <부에나비스타 소셜 클럽>이라는 타이틀로 발매되어 곧바로 세계적인 돌풍을 일으켰다. 이 음반은 1997년 그래미상을 수상했고, 멤버들은 연이어 자신들의 독집 음반을 발매하기 시작했다. 이브라힘 페레르가 그의 첫 독집 <실렌시오Silencio, 침묵>를 녹음할 때, 라이 쿠더는 자신과 여러 번 공동작업을 했던 감독 빔 벤더스를 끌어들였다. 라이 쿠더와 함께 쿠바로 간 벤더스는 그들의 녹음 과정과 인터뷰, 암스테르담과 뉴욕 카네기홀 콘서트 실황을 촬영해 영화화했다.

한국에는 조금 늦게 '부에나비스타 소셜 클럽' 열풍이 찾아왔다.

영화가 개봉되고 라이선스 음반이 발매됐다(생소한 '쿠바 노인밴드 음반'을 라이선스로 내는 '만용'을 부릴 수 있었던 것은 당시 조수미의 <Only Love> 음반이 워낙 잘 팔린 '덕분'이라는 얘기를 음반사 관계자로부터 들은 기억이 있다). 그리고 2001년, 이브라힘 페레르와 오마라 포르투온도, 루벤 곤살레스가 공연을 위해 처음 한국을 방문했다.

내가 이브라힘 페레르를 인터뷰한 것은 공연 며칠 전이었다. 그는 '부에나비스타 소셜 클럽'의 또 다른 멤버인 오마라 포르투온도와 함께 나왔다. 영화 속의 그는 무대 위에서 열정적인 에너지를 뿜어내는 '거인'이었지만, 현실의 그는 '왜소하고 새까맣고 평범한' 쿠바 할아버지였다. 나는 인터뷰 내내 그의 손에 눈길이 갔다. 깊게 주름지고 거칠고 까만 손은 그의 사연 많은 삶을 말해주는 듯했다.

이브라힘 페레르는 한때 쿠바에서 이름을 날리던 명가수였다. 하지만 쿠바혁명 이후 음악 활동이 위축되면서 아바나의 뒷골목에서 구두닦이를 비롯한 각종 직업을 전전하며 생계를 이어가야 했다. 그러다 일흔의 나이에 부에나비스타 소셜 클럽에 합류해 제2의 인생을 시작하게 된 것이다. 영화에는 그가 너털웃음을 터뜨리며 이런 말을 하는 장면이 나온다.

"최소한 지금은 살아 있고 싶어. 정말이야. 하느님도 마누라도 내 말을 들어줘야 해. 좀더 즐길 시간을 줘야지. 하느님은 가끔 너무 인색하거든."

어렵게 지낸 오랜 세월, 그를 지탱해준 것은 이렇게 낙천적인 인생관과 열정에서 나오는 에너지였을 것이다. 그는 "당신의 에너지는 어디에

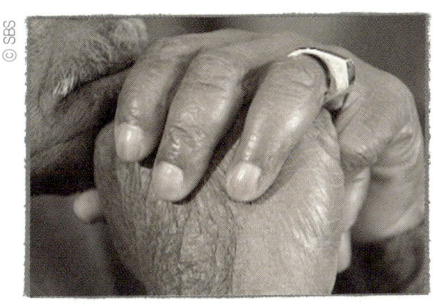

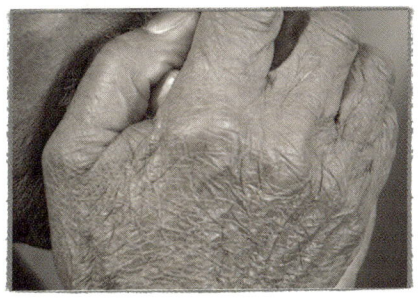

서 나오는 겁니까?"라는 내 질문에 역시 너털웃음을 지으며 이렇게 대답했다.

"에너지는 열정과 갈망, 뭔가를 간절히 바라는 데서 나오지요. 할 수 있다는 의지만 있으면 무엇이든 신나게 할 수 있습니다."

오랜 세월 '음악'이라는 희망을 품고 살아온 이브라힘 페레르. '희망이 있으면 나이는 아무런 문제가 안 된다'고 한 이 할아버지는, 그래서 손녀뻘 되는 나보다 더 청춘이었다. 그는 '부에나비스타 소셜 클럽'의 음악에 대해 "말로 표현할 수 없어요. 감칠맛 나고 맛있는 음악이죠. 직접 들어보면 알게 될 겁니다"라고 말했다. 그리고 촬영을 위해서라도 지금 잠깐 들려달라는 내 요청에, 즉석에서 반주도 없이 오마라 포르투온도와 함께 '실렌시오'를 나직한 목소리로 노래했다. 아아, 나는 이 노래가 빨리 끝나지 않기만을 바랐다.

오마라는 인터뷰가 끝나자, 도리어 나에게 질문을 던졌다.
"우리 음악을 예전에 들어봤나요?"
"물론이죠. 음반으로, 그리고 영상으로 접했죠."
"어땠나요?"
"아주 좋았어요. 흥이 나서, 음악 틀어놓고 춤을 춘 적도 있어요."
두 사람은 내 대답에 정말 기뻐하는 것 같았다. 오마라가 활짝 웃으면서 말했다.
"바로 그거예요! 제대로 들었어요. 그게 바로 우리 음악이에요!"

며칠 뒤, '부에나비스타 소셜 클럽'의 내한 공연에서 내가 느낀 신명과 감동을 어떻게 말로 표현할 수 있을까. LG아트센터는 그야말로 흥분과 환호의 도가니였다. 나이가 무색한 연주자들의 뜨거운 열정, 타악기의 리듬이 연상시키는 원초적인 생명력, 그리고 낙천적이면서도 애수가 담긴 멜로디. 이들의 음악은 이국적이면서도 낯설지 않았다.

이브라힘 페레르는 진정 '거인'이었다. 무대 밑에서는 왜소하고 새까맣고 볼품없는 할아버지가 무대 위에서는 어떻게 저렇게 변신하는지! 오마라 포르투온도, 72세에도 풍요로운 목소리를 갖춘 그녀는 무대의 여왕이었다. 80대의 루벤 곤살레스는 부축을 받아 무대로 나왔지만, 피아노 의자에 앉은 채로 춤을 췄고, 연주에는 열정이 넘쳐났다.

공연 후반부, 모든 관객이 자리를 박차고 일어났다. 더 이상 자리에 얌전히 앉아 있을 수 없을 정도로 흥이 절정에 달했기 때문이다. 정규 공연 프로그램이 끝나도 관객은 여전히 선 채로 앙코르를 연호했다. 루벤 곤살레스가 다시 부축을 받고 나와 피아노에 앉았고, 오마라 포르투온도와 이브라힘 페레르는 관객의 열광 속에서 함께 노래했다. 나는 흥겹고 신나면서도, 한편으로는 숙연해졌다.

'부에나비스타 소셜 클럽'은 음반과 영화의 제목일 뿐, 이제 '부에나비스타 소셜 클럽'이라는 밴드는 존재하지 않는다(사실 '부에나비스타 소셜 클럽'은 뮤지션들이 붙인 이름이 아니다. 이브라힘 페레르와 오마라 포르투온도는 내한 당시 '우리는 '부에나비스타 소셜 클럽'이라는 옛 사교클럽에 대해 잘 모른다'고 말했다). '부에나비스타 소셜 클럽'의 전 멤버들이 함께 한 공연은 영화에 나온 카네기홀 공연이 마지막이었다. 이후 이들은 따로 흩어져 활동했다. 그리고 이들 중 콤파이 세군도, 루벤 곤살레스, 그리고 이브라힘 페레르가 세상을 떠났다.

나는 이브라힘 페레르의 짧은 부음 기사를 조금 긴 TV 리포트로 만들었다. 리포트 편집을 위해 이브라힘 페레르가 내한 때 찍었던 화면을 다시 보면서 가슴이 저려왔다. 그는 먼저 세상을 떠난 콤파이 세군도나 루벤 곤살레스를 하늘나라에서 다시 만났을까. 지금도 노래를 부르고 춤을 추고 있을까. 이브라힘 페레르는 먼 나라 한국에서 잠깐 만났던 취재기자를 금세 잊었을 것이다. 하지만 나는 그를 잊지 못한다. 내가 쓴 리포트 기사는 어쩌면 고인에게 바치는 나의 추도사였는지도 모른다.

발레 <해적>에서 김지영과 김용걸.

발레리나의 눈물
기자의 눈물

<브로드캐스트 뉴스>라는 좀 오래된 할리우드 영화가 있다. 나는 이 영화를 학창 시절에 봤다. 이 영화에서 배우 윌리엄 허트는 출세지향형의 방송기자로 나오는데, 성폭행 피해자와 인터뷰하던 도중 눈물을 흘리는 장면으로 유명해지면서 결국은 앵커로 성공하게 된다. 그런데 피해자의 아픔에 진심으로 공감하는 것처럼 보였던 이 기자의 눈물은 조작이었다. 나중에 편집된 장면이었던 것이다.

본 지 오래된 이 영화를 떠올린 것은 국립발레단의 <해적> 공연(2005년 4월)을 앞두고 무용수 김지영, 김용걸 씨를 함께 인터뷰했을 때였다. 두 사람을 여러 차례 인터뷰했지만, 지금도 가장 기억에 남는 인터뷰이다.

김지영 씨와 김용걸 씨를 처음 알게 된 것은 내가 문화부에서 일하기 시작했을 즈음인 1998년 가을이었다. 당시 국립발레단 수석무용수였던 두 사람은 파리 국제 무용 콩쿠르에서 클래식 발레 2인무 부문 1등을 한 직후였다. 김지영-김용걸, 김주원-이원국, 이 두 스타 무용수 커플은 국립발레단 최태지 단장이 추진한 '발레 대중화' 프로젝트의 중심이었다. '해설이 있는 발레'로 관객층을 늘렸고, 해외 화제작을 대거 소개하며 기존 관객의 갈증을 채워주었다.

그러다 김용걸 씨는 2000년 파리 오페라 발레단에, 김지영 씨는 2002년 네덜란드 국립발레단에 입단하면서 해외로 진출했다. <해적> 공연은 이들이 5년 만에 처음으로 함께 출연하는 무대였다. 그래서 주요 언론들은 모두 이들의 공연 소식을 큰 비중으로 다뤘고, 인터뷰 기사도 홍수를 이뤘다.

나도 전날 <해적>의 무대 리허설을 촬영할 때 이미 간단한 인터뷰를 해놓은 터였다. 그러나 분장실에서 한 사람씩 따로따로 진행한 인터뷰는 건조하고 별 느낌이 없었다. 그래서 나는 두 사람이 함께 연습할 때 다시 인터뷰를 하기로 했다. 넓은 연습실 바닥에 앉아 두 사람을 마주 보며 인터뷰를 진행했다. 함께 땀 흘리며 연습한 직후에 진행한 인터뷰는 과연 전날의 인터뷰와는 상당히 달랐다.

5년 만에 함께 춤추는 소감을 차례로 들었다. 두 사람은 모두 '너무 오랜만이라 걱정했는데, 연습을 시작한 지 며칠 만에 금세 예전의 감각을 되찾았다'며, 다시 함께 춤추게 돼 반갑고 기쁘다고 대답했다. 특히 김지영 씨는 '매일 나와 다르게 생긴 외국 사람들과 춤추다가, 나와 비슷하고 친근한 얼굴이 눈앞에 있으니까 참 좋았다'며 깔깔 웃었다.

인터뷰는 두 사람의 해외 생활에 관한 이야기로 이어졌다. 김지영 씨는 자신이 소속된 네덜란드 국립발레단이 마음에 들고, 기회도 많이 주어질 것 같다며 기대감을 표시했다. 또 새로운 안무가와 작업을 하면서 몰랐던 부분을 배워가고 있다고 말했다. 그리고는 또박또박 힘주어 "춤을 정말 잘 추고 싶다"고 말했다.

"춤을 잘 추고 싶다……. 사실 한국에 계실 때도 춤 잘 춘다는 얘기는 많이 들었잖아요? 정말 춤을 잘 춘다는 게 뭐라고 생각하세요?"

"사람 욕심은 끝이 없어요. 하지만 제가 완벽한 것을 바라는 것은 아니에요. 저는 완벽하면 예술이 아니라고 생각해요. 뭔가 모자라고 인간미가 있어야 그게 예술 아닐까요. 저는 춤을 추면서 '스스로 알아갈 때'가 기분이 좋아요. 돈으로도 살 수 없는 기분이에요. 그런데 이렇게 '알아간다'는 게 쉬운 게 아니에요. 사실 지난 2년 동안 발레를 포기할 생각을 했을 정도로 많이 힘들었는데……"

김지영 씨는 여기서 더 이상 말을 잊지 못하고 목이 멨다. 금세 눈에 눈물이 고였다. 뜻밖의 일이었다. 내가 아무 말 않고 기다리고 있자, 김지영 씨가 다시 천천히 말을 이어갔다.

"상황이 힘들기도 했고……. 사실 처음에 저한테 좋은 기회가 많았어요. 그런데 부상으로 인해 모든 게 떨어진 거예요. 추락해버린 거죠. 그래서 정말 많이 울었어요. 다시 못할 줄 알았어요. 도망가버리고 싶기도 했고……."

김지영 씨는 눈물을 닦으면서도 말을 그치지는 않았다. 아주 솔직히 고백하자면 나는 김지영 씨의 눈물짓는 얼굴을 보면서 '이거 정말 생생한 인터뷰가 되겠다'는 생각에 속으로 '심봤다'를 외치기도 했다. 나 역시 '방송쟁이'니까. 그런데 이런 생각도 잠깐, 나까지 덩달아 눈시울이 붉어지기 시작했다.

　네덜란드에 가서 얼마 안 돼 부상을 당하고 수술까지 해서 활동을 많이 하지 못했다는 얘기는 들어서 알고 있었지만, 정말 힘들었구나……. 춤이 인생의 전부였던 사람이 2년 동안이나 춤을 추지 못했다니, 그 좌절감과 고통이 얼마나 심했을까. 게다가 남의 나라 땅에서 얼마나 외로웠을까. 나는 질문할 때 갈라지는 목소리를 추스리느라 괜히 헛기침을 해야 했다.

　이 인터뷰가 이루어지기 얼마 전부터 다시 본격적인 활동을 시작한 김지영 씨는 그래서 <해적> 공연이 자신의 무용 인생에 큰 전환점이 될 것이라고 말했다. 사실 이 공연을 앞두고 떨리고, 긴장되고, 심지어는 두려워서 한국에 오고 싶지 않다는 생각도 들었고, 팬들의 기대도 부담스러웠다고 한다. 그러나 한편으로는 이런 기대가 자신에게 힘이 되기도 했다고 말했다. 또 이 공연을 통해 자신이 하루하루 달라지고 있으며, 김용걸 씨와 함께 해서 정말 다행이라고 했다.

　"아직 제가 컨디션을 완전히 되찾은 것은 아니지만, 모르는 것을 많이 알아가는 것 같아요. 더구나 김용걸 씨와 함께 하니까 더욱 뜻 깊어요. 다른 사람과 같이 했다면 이렇게 못했을 것 같아요."

　김지영 씨는 눈물을 닦고 환한 얼굴로 인터뷰를 마쳤다. 맑은 표정이 참 아름다웠다. 김용걸 씨도 웃는 표정으로 김지영 씨를 바라보고 있었다. 국내 정상의 무용수로 활약하다가, 파리 오페라 발레단에서 밑바닥 군무부터 시작하며 마음고생을 하고 부상으로 인한 슬럼프도 겪었으니,

김용걸 씨야말로 김지영 씨의 아픔을 누구보다 잘 이해하는 사람이었을 터이다. 그래서 김지영 씨는 부상으로 정말 괴로웠을 때 일부러 파리까지 가서 김용걸 씨를 만난 적이 있었다고 한다. 그때 김용걸 씨는 '앞으로 좋은 일이 더 많이 생기려고 지금 이런 일을 겪는 것'이라고 위로해주었다고 한다.

김지영 씨는 인터뷰를 마치고 연습실을 나오며 "아이, 오늘 내가 정말 왜 이랬지? 여기서 있었던 일은 비밀이에요"라고 말했지만, 김용걸

발레 <해적>

씨는 "아까 운 거 방송에 나갈 것 같은데 ? 그렇죠 ?" 하고 물어왔다. 나는 김지영 씨에게 진지하게 물었다.

"아까 눈물 흘리신 부분, 조금은 써도 되겠죠 ?"

김지영 씨는 어깨를 으쓱하며 웃더니 "알아서 잘 편집해주실 거죠 ?"라고 말했다. 동행한 카메라 기자 후배는 나에게 "선배도 운 거 아니었어요 ?" 하고 놀려댔다. 나는 리포트에 김지영 씨가 눈물짓는 장면을 10초 가량 썼다. 김지영 씨의 솔직하고 순수한 감정을 가장 잘 드러내는 장면이라고 판단했기 때문이다.

며칠 뒤 김지영-김용걸 씨는 기대했던 대로 발레 <해적>에서 성숙한 무대를 보여줬다. 같은해 여름, 이 두 사람은 정동극장에서 열린 솔로 무대에서 각각 자신의 기량을 마음껏 펼쳐보였다.

그로부터 또 몇 년이 흘렀다. 김용걸 씨는 파리 오페라 발레단에서 솔리스트로 승급해 공연에서 비중 있는 역할을 맡게 되었다. 김지영 씨는 2007년 네덜란드 국립발레단의 수석무용수로 승급했다. 이들의 승급 소식을 들었을 때 마치 내 일처럼 기뻐했던 기억이 지금도 새롭다.

김용걸 씨는 2009년 여름 귀국해 한국예술종합학교 강단에 서게 되었고, 김지영 씨는 네덜란드 국립발레단의 객원수석과 한국 국립발레단의 수석무용수를 겸하며 한국과 유럽의 무대를 오가고 있다. '아픈 만큼 성숙해진다' 는 말이 있던가. 이들의 춤은 좌절과 절망을 겪은 만큼 더욱 깊이를 더해가고 있다.

지금도 김지영 씨를 만날 때마다 인터뷰 도중 같이 눈물지었던 기억을 떠올린다. 사실 예전에 <브로드캐스트 뉴스>를 볼 때는 기자가 인터뷰하다가 눈물을 보이는 게 뭐라고 그것 때문에 명성을 얻게 되는지, 왜 눈물 흘리는 장면을 조작하려고 하는지조차 잘 이해가 되지 않았다. 그래서 영화에 몰입하기도 쉽지 않았다. 인터뷰하는 기자는 냉철하고 침착한 태도를 유지하는 게 당연하다고 생각했기 때문이다.

　　아직도 나는 당시 인터뷰하다가 눈물지은 것이 약간 당혹스럽고 부끄럽다. 뭔가 '기자답지 못한' 모습을 보인 것 같기 때문이다. 하지만 한편으로는 이런 생각도 든다. 때로는 '내가 그 사람이 돼보는 것'이 인터뷰의 요체가 아닌가 하는. 그리하여 나는 인터뷰 대상의 마음을 열었고, 나는 그의 아픔을 아주 조금이나마 함께 느꼈던 것이 아닌가 하는…….

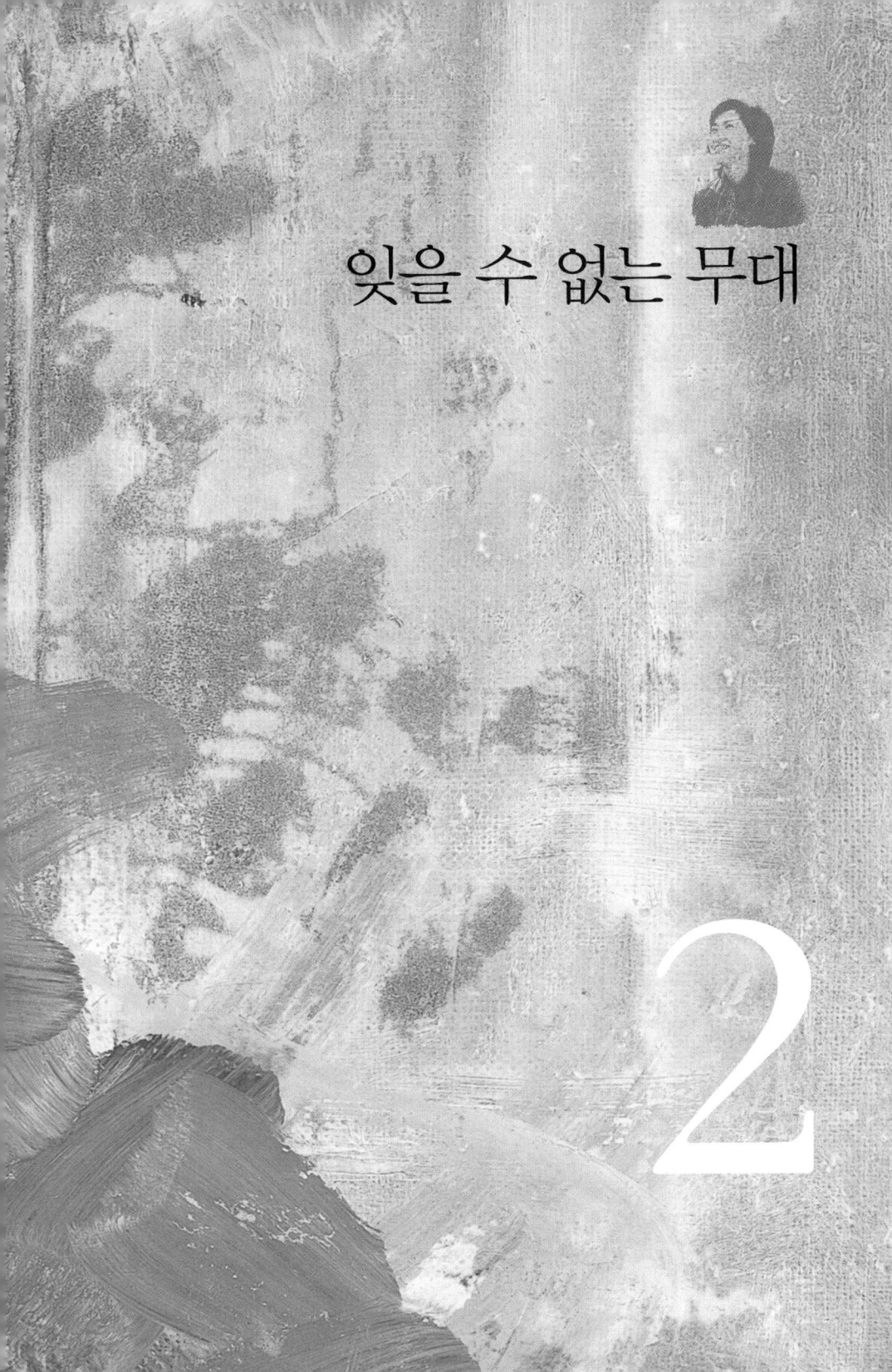

잊을 수 없는 무대

2

아, 세월이여
스타니슬라프 부닌

스타니슬라프 부닌. 1985년 쇼팽 콩쿠르에서 콩쿠르 사상 최연소 우승을 차지하고 전 세계 피아노 음악도의 우상으로 떠올랐던 천재 피아니스트. 내게도 그는 우상이었다. 고등학교 때 우연히 접한 부닌의 쇼팽 콩쿠르 연주 실황은 마치 '날카로운 첫 키스' 처럼 내 영혼을 단숨에 사로잡았다. 나보다 불과 몇 살 더 많을 뿐이었지만, 내가 지상에서 그렇고 그런 수험생의 일과를 반복하고 있을 때, 부닌은 벌써 저만큼 내 위에 서 있었다. 그의 음반들을 끼고 살았다. 거침없고 자유로운 그의 연주를 들으며 나는 잠시나마 해방감을 만끽하곤 했다.

부닌은 1989년 2월, 한국을 처음 방문했다. 그의 첫 내한 공연이 열린 세종문화회관. 표는 일찌감치 매진됐다. 신문에서는 소녀 팬들의 열광을 대서특필했다. 그 중에 나도 있었다. 대학 입시에 실패한 지 얼마 안

됐을 때였지만, 부닌의 연주를 눈앞에서 본다는 기쁨에 나는 어린아이처럼 들떴다. 그의 연주는 압도적이었다. 넘치는 젊음과 패기! 자유와 낭만! 나는 공연 내내 제대로 숨을 쉴 수 없을 것 같은 열기에 휩싸여 있었다.

공연이 끝나고 나는 한동안 객석에 멍하니 앉아 있다가 느릿느릿 걸어 나와, 세종문화회관 앞에서 집에 가는 버스를 탔다. 함께 공연을 보러 갔던 동생과는 마치 미리 약속이라도 한 듯, 집에 도착할 때까지 한 마디도 하지 않았다. 아아, 우리는 벅찬 감동이 깨질까봐 버스 유리창 밖으로 흘러가는 서울의 야경을 꿈꾸듯 바라보며 앉아 있었다. 부닌의 손가락에서 미끄러져 나오던 음표들이 머릿속에서 춤을 추고 있었다.

그리고 세월이 흘렀다. 당연한 일이지만 나는 그만큼 나이를 먹었다. 재수 끝에 대학에 들어가고, 졸업을 하고, 취직을 했다. 남자를 만나고, 결혼도 하고, 아이들도 낳았다. 그러는 동안 한때 내 영혼을 사로잡았던 부닌이라는 이름도 기억 속에 아스라이 가라앉았다. 사는 게 바빠서였을까. 한때 그렇게 많이 들었던 부닌의 음반들을 이상하게도 10년 넘게 한 번도 듣지 못했다. 부닌은 1989년 이후에도 몇 차례 한국을 다녀갔지만 시간이 맞지 않아 공연을 다시 보지도 못했다. 하지만 가끔 학창 시절을 떠올릴 때마다 부닌이라는 이름은 내 기억 밑바닥에서 의식의 수면 위로 다시 부상하곤 했다.

2006년 5월 바이에른 체임버 오케스트라와 부닌의 내한 공연은 17년 만에 다시 부닌을 만나는 자리였다. 동행도 없이 혼자 예술의전당 콘서트홀로 달려갔다. 객석에 앉으면서 가슴이 두근거렸다. 부닌의 활동이 예전 같지 않다는 소문에 일말의 불안감도 있었지만, 그래도 부닌은 부닌이니까. 나는 오케스트라의 첫 곡 연주가 어서 끝나고 부닌이 등장하기만을 기다렸다.

부닌이 무대에 등장하는 순간, 나는 가슴이 덜컥 내려앉았다. 불안감이 현실이 될 것 같은 예감이 들었다. 그 거침없이 자유롭고 당당해 보이던 젊은이는 어디로 갔나. 부닌은 나이보다도 늙어 보였다. 약간 구부정한 허리에, 빼빼 마르고 까탈 많고 예민해 보이는 표정에서는 피로가 묻어났다. 17년은, 정말로 긴 세월이었구나.

연주곡은 모차르트의 피아노 협주곡 제23번이었다. 부닌은 피아노를 연주하지 않는 동안에는 끊임없이 손을 바지자락에 문지르고, 페달을 밟을 때는 필요 이상으로 발을 쿵쿵거리며 큰 소리를 냈다. 악장 사이에는 반드시 손수건을 꺼내 이마의 땀을 닦았다. 그는 힘들어 보였다. 지속되는 음을 치는데도 손가락에 여러 차례 힘을 주며 건반을 눌러대는 모습이 어색하고 생경했다.

그래서였을까. 나는 부닌의 모차르트에서 별 매력을 느끼지 못했다. 섬세하고 영롱한 모차르트 음악 특유의 색깔을 감지하기 어려웠다. 그는 마치 시험을 치르는 학생처럼 여유가 없었다. 듣기만 해도 눈물이 뚝 떨어질 것만 같은 2악장의 그 유명한 선율이 왜 이렇게 뭉툭하게 느껴지는지. 그의 음악에는 예전 같은 광채가 없었다.

관객 중에는 나처럼 부닌의 명성을 기억하는 사람이 많은 듯했다. 평소에는 대개 비어 있는 합창석이 가득 차 있어서 이 공연에 대한 관객의 관심을 그대로 보여주는 듯했다. 부닌은 연주를 마치고 몇 차례 커튼콜 끝에 앙코르 곡으로 쇼팽의 <마주르카> 중 한 곡을 들려줬다. 확실히 모차르트를 연주할 때보다는 나았다. 그러나 이번에도 내 성에 차는 연주는 아니었다.

17년 동안 그에게 무슨 일이 있었던 걸까. 부닌은 일본 여성과 결혼하고, 일본에서 주로 활동하고 있다고 한다. 한때 당뇨병인가로 건강이 안 좋았다던데, 그 후유증이 아직도 남아 있는 걸까. 객석을 향해 공손하게 답례하는 부닌의 모습은 무척 작아 보였다. 박수가 계속되자 그는 피아노 뚜껑을 아예 닫고 퇴장했다. 나는 그 모습에 미소를 떠올리면서도 가슴이 아팠다.

젊은 시절의 그 당당하던 카리스마는 어디로 갔을까. 어릴 때 두각을 나타냈다가도 나이를 먹으면서 빛을 못 보는 불운한 음악가들이 많은데, 부닌도 결국 그들 중 한 명인 것일까. 젊은 나이에 오른 정상의 자리가 버거웠을까. 그는 긴 방황을 하고 있는 중일까. 새로운 모색을 하고 있는 중일까. 이렇게 가슴이 아픈 건, 단지 내 기대가 지나치게 컸기 때문일까.

나도 모르게 눈가에 눈물이 고였다. 희망과 절망, 기대와 불안 사이를 끊임없이 오가던 내 10대의 끝자락을 함께 했던 부닌. 그러나 이제 세월의 흔적이 뚜렷한 모습으로 돌아온 부닌. 나는 조용히 내 기억 속의 젊은 부닌을 떠나보내고 있었다. 그리고 17년 전의 어린 소녀, 과거의 나에게도 작별을 고하고 있었다. '부닌' 이라는 이름 앞에서는 흐름을 유보했던 17년의 세월이 거센 파도가 되어 나를 휩쓸고 있었다.

그 집에 들어서자 마주친 것은 백합 같이 시들어가는 아사코의 얼굴이었다. '세월'이라는 소설 이야기를 한 지 십 년이 더 지났었다. 그러나 그는 아직 싱싱하여야 할 젊은 나이다…(중략)…그리워하는데도 한 번 만나고는 못 만나게 되기도 하고, 일생을 못 잊으면서도 아니 만나고 살기도 한다. 아사코와 나는 세 번 만났다. 세 번째는 아니 만났어야 좋았을 것이다.

공연이 끝나고 집으로 돌아오면서 피천득의 수필 <인연>의 한 대목을 떠올렸다. 부닌이 또다시 한국에서 공연한다면 그를 다시 보게 될까. 삶과 음악의 무게와 씨름하느라 처졌을지 모르는 그의 왜소한 어깨를 이제는 담담한 마음으로 바라볼 수 있을까. 빛나던 천재의 광채를 떠올리지 않고서도 그의 음악을 지금 모습 그대로 받아들이며 즐길 수 있을까. 아아, 세월이여.

<메리 포핀스>가 공연된 버밍엄 히포드롬 극장 내부.

이런 유모 없나요?
뮤지컬 <메리 포핀스>

아이가 있는 직장 여성의 고민은 다들 비슷하다. 아이 보육 문제다. 내 주변의 여기자들은 퇴근시간이 늦고 밤샘 근무도 잦다 보니, 보육 시설을 이용하기보다는 집에 같이 살면서 아이 봐주는 아주머니를 고용하는 경우가 많다. 좋은 사람을 만나면 다행이지만 항상 그런 것만도 아니어서, 한 달이 멀다 하고 애 봐주는 아주머니를 바꾸는 집도 봤다.

한 선배는 과자를 주면 아이가 화장실에 들어가서 먹기에 도대체 왜 그러나 했더니, 애 봐주는 아주머니가 과자 부스러기 치우는 게 귀찮아 화장실에서 먹으라고 했다며 기가 막혀 했다. 가끔은 엄마가 집을 비운 동안 아이를 학대하는 정신병자 같은 유모 얘기가 뉴스 전파를 타기도 하는 세상이니, 이쯤 되면 '유모 괴담'이라고 할 법도 하다.

나는 친정어머니가 아이 둘을 다 봐주고 있으니 비교적 행복한 축에 속한다. 하지만 정말 믿고 맡길 만한 사람만 있다면, 연세 드신 부모님께 계속 부담을 지우는 것보다 나을 것 같다는 생각도 한다. 그러니 지난 2006년 영국 출장 중에, 당시 웨스트엔드에서 인기 상종가였던 뮤지컬 <메리 포핀스>를 처음 봤을 때, 우리도 저런 유모가 한 명 있으면 얼마나 좋을까, 생각한 것도 당연한 일이었다.

뮤지컬 <메리 포핀스>의 원작은 호주 출신 작가 파멜라 린든 트래버스가 1934년에 발표한 소설이다. 이 소설이 한창 인기를 얻을 때 영국에서는 실제로 '유모 구합니다' 대신 '메리 포핀스 구합니다' 라고 쓴 구인 광고가 많았다는 얘기를 들은 적이 있다. 어느 나라 사람이든 다들 생각하는 건 비슷한가 보다.

<메리 포핀스>는 실사와 애니메이션이 결합된 디즈니 영화로도 잘 알려져 있다. 1964년 줄리 앤드루스와 딕 반 다이크가 주연한 영화이다. 뮤지컬은 이보다 훨씬 늦게 카메론 매킨토시와 디즈니의 합작으로 제작되었다. 나는 어릴 때 '하늘을 나는 메리 포핀스' 라는 제목의 아동문고판으로 소설을 읽고 영화도 재미있게 봤는데, 뮤지컬 무대 위에서 만난 메리 포핀스가 가장 매력적이었다.

작품의 배경은 1910년, 런던 벚꽃나무길 17번지, 개구쟁이 남매 제인과 마이클이 사는 뱅크스 씨네 집이다. 뱅크스 씨 집 아이들이 얼마나 장난꾸러기인지 어떤 유모든 오래 배겨나지를 못한다. 아이들이 바라는 '완벽한 유모 perfect nanny' 는 '상냥하고 재미있는 놀이를 많이 아는 사람' 이지만, 뱅크스 씨는 '절도와 규율' 을 가르칠 수 있는 사람을 찾는다. 우산을 펼쳐들고 바람을 타고 날아온 메리 포핀스는 자신이 가장 적합한 사

2008년 여름, <메리 포핀스>가 공연된 버밍엄 히포드롬 극장 앞에서 큰딸 은우, 둘째딸 은형이와 함께.

람이라고 주장하며 아이들의 유모로 채용된다.

낡은 양탄자 가방에서 화분과 옷걸이, 침대까지 꺼내는 마술로 처음부터 뱅크스 씨 집 아이들뿐 아니라 관객의 마음까지 사로잡아버리는 메리 포핀스. 그러나 그녀는 마냥 '천사표'이기만 한 유모는 아니다. 때로는 아이들을 혼내기도 하고 잘난 척하고 허영심도 있다. 하지만 그녀는 어른들이 잘 모르는 아이들 마음을 이해한다. '사실상 완벽한practically perfect' 유모다.

굴뚝 청소부들과 런던의 지붕 위에서 춤추기, 공원의 조각상들과 함께 놀기, 신기한 물건들만 파는 마술 가게 구경하기……. 메리 포핀스가 펼치는 세상은 마치 화가의 스케치북 속에서 막 튀어나온 것 같은 아름답고 환상적인 무대 덕분에 더욱 신나고 즐거웠다. 텔레비전이나 컴퓨터에 의존하지 않고도 상상의 나래를 펴면 갈 수 있는 세상. 학교에서 돌아오기만 하면 '심심해'를 연발하며 짜증내는 우리 집 첫째 은우에게 보여주고 싶은 세상이었다.

때로는 딸기주스 맛이 나고 때로는 럼주 맛이 나는 메리 포핀스의 시럽도 탐났다. 약 먹기 싫어하는 아이들에게 이런 시럽이 있었으면. 내 둘째딸은 콧물을 달고 살면서도 감기약은 먹기 싫어해서 물약을 고스란히 뱉어내기 일쑤다. 결국은 어른 한 명이 아이를 붙들고, 다른 한 명이 억지로 입을 벌리게 해서 약을 털어 넣어야 하는데, 이럴 때면 아이들에게 툭하면 쓰디쓴 약을 먹이는 냉혹한 유모 미스 앤드루라도 된 기분이다. 메리 포핀스의 시럽이라면 둘째도 좋아할 텐데.

조금 비약하자면, 메리 포핀스의 달콤한 시럽과 미스 앤드루의 쓰디쓴 약은 서로 대조되는 교육 방식을 상징한다. 메리 포핀스는 즐겁게 놀면서 아이들이 쉽고 자연스럽게 가르침을 깨닫게 한다. 시럽의 맛이 먹는 사람에 따라 달라지는 것은 각자의 개성을 존중한다는 뜻 아닐까. '설탕 한 스푼이면 약도 잘 넘어간다A spoonful of sugar makes the medicine go down'는 노래 역시 '즐거움과 재미를 곁들인 교육'이라는 맥락에서 이해해도 될 것 같다.

반면 미스 앤드루의 약은 누가 먹어도, 심지어 미스 앤드루 자신에게도 구역질 날 정도로 쓰기만 하다. 엄격한 규율과 통제, 군대식 훈육을 강조하는 미스 앤드루는 아이들을 숨 막히게 하고, 집안 분위기도 황량하게 만든다. 어느 방식이 더 나은지는 말할 필요도 없다. 미스 앤드루는 잠시 자리를 비웠던 메리 포핀스가 돌아오자 바로 쫓겨난다.

미스 앤드루 못지않게 집안 분위기를 황량하게 한 사람은, 역시 군대식 교육을 받고 자란 아빠 뱅크스 씨다. 빈틈없는 은행 직원인 뱅크스 씨는 어찌 보면 불쌍한 남자다. 일이 최우선이라고 여기고, 아내와 아이들을 권위적으로 대하고, 정을 표현하는 데 서툴고, 자신의 고민을 가족들과 나누지도 못한다. 일자리를 잃을 어려움에 처했을 때 그의 처진 어깨를 보면서, 어쩌면 저렇게 한국 남자들과 똑같을까 생각하며 마음이 조금 아팠다.

아빠 뱅크스 씨는 결국 메리 포핀스의 도움으로 가족의 소중함을 깨닫는다. 아빠와 함께 연을 날리고 싶어 한 마이클의 소원도 이루어진다. 행복해진 뱅크스 씨 가족들을 뒤에 남긴 채, 메리 포핀스는 우산을 들고 떠나간다. 메리 포핀스가 무대에서 객석 위로 점점 높이 떠올라 멀리 사라져버리는 순간, 나는 무척 아쉬웠다. 메리 포핀스가 벌써 떠나면 안 되는데. 이건 매우 유쾌했던 공연이 좀더 지속되길 바라는 마음이었을 것이다.

메리 포핀스를 보고 난 후부터는 영국의 집 지붕마다 솟은 굴뚝들이 예사롭게 보이지 않았다. 예쁜 얼굴에 검댕을 살짝 묻힌 메리 포핀스가 청소부들과 함께 금방이라도 튀어나올 것 같았다. 런던 템스 강변, 온몸에 흰 칠을 하고 '살아 있는 조각상'을 연기하는 거리의 예술가를 보면서도, 나는 공원의 조각상과 아이들이 함께 뛰놀던 뮤지컬의 한 장면을 떠올렸다.

다음에는 이 공연을 꼭 아이들과 같이 봐야겠다고 생각했는데, 2007년 여름부터 1년간 영국 연수를 하게 되면서 이 소망을 이룰 수 있었다. 런던 공연을 끝내고 영국 투어에 나선 공연을 버밍엄 히포드롬 극장에서 관람한 것이다. 무대에 그려진 영국 풍경이 더욱 정겹게 느껴졌다. 아이들은 눈을 동그랗게 뜨고, 2시간이 넘는 시간 내내 무대를 주시했다. 그리고 메리 포핀스의 행복 주문 '슈퍼칼리프래질리스틱엑스피알리도셔스 Supercalifragilisticexpialidocious!'를 금세 외워 노래를 부르며 다녔다.

나는 지금도 가끔씩 메리 포핀스가 가르쳐 준 행복 주문을 혼자 중얼거리곤 한다. <백조의 호수>의 매튜 본이 이 '행복 주문' 노래에 맞춰 안무한 너무나 귀여운 춤을 생각하면, 몸이 저절로 들썩거려진다. 영국에서 좀 멀긴 하지만 메리 포핀스가 한국에도 좀 들러줬으면 좋겠다. 여기도 메리 포핀스 같은 '완벽한 유모'를 필요로 하는 아이들이 무척 많으니 말이다.

메리 선샤인처럼 살아도 된다면
뮤지컬 <시카고>

<시카고>는 국내에서 꾸준히 무대에 오르는 뮤지컬이다. 해외 공연팀이 온 적도 있고, 한국 배우들이 출연한 <시카고>도 여러 차례 공연되었다. <시카고>는 브로드웨이의 전설적인 안무가 겸 연출가 밥 파시Bob Fosse의 스타일이 그대로 살아 있는 뮤지컬이다. 기자이며 희곡작가였던 모린 달라스 와킨스가 1926년에 쓴 희곡 <A Brave Little Woman>이 원작이다.

밥 파시는 1975년 이 작품을 재즈의 농염한 선율과 특유의 관능미가 묻어나는 춤, 그리고 통렬한 사회풍자를 담은 뮤지컬로 처음 선보였다. 그리고 1996년 연출가 월터 바비는 1970년대 브로드웨이 뮤지컬의 대표작으로 자리 잡은 <시카고>를 새롭게 무대에 올려 토니상을 휩쓸며 다시 돌풍을 일으켰다. 리처드 기어와 르네 젤위거, 캐서린 제타 존스 주연의 영화로도 제작되어 아카데미 작품상을 비롯한 6개 부문을 휩쓸기도

했다.

<시카고>는 1920년대 시카고를 배경으로 한 두 여배우의 이야기이다. 벨마와 록시라는 이 두 주인공은 모두 사람을 죽이고 감옥에 수감된 처지다. 벨마가 먼저 들어왔으니 '감방 선배' 인 셈. 그런데 이 두 사람은 감옥 안에서 '스타' 가 된다. 살인에 얽힌 갖가지 소문을 윤색해서 신문지상을 장식하는 기자들 덕분(?)이다. 배후에는 '언론조작' 을 중요한 변론의 수단으로 삼는 교활한 변호사가 있었다.

먼저 스타가 된 벨마는 감옥에서 나가기만 하면 배우로 활동하며 떼돈을 벌 것이라는 꿈에 부풀어 있다. 그런데 이게 웬일? 나중에 들어온 록시는 한 술 더 뜬다. '임신한 여죄수' 로 가련하게 행세하며 사람들의 관심을 끌어 스타가 된 것이다. 벨마를 비추던 스포트라이트는 곧 록시에게 옮겨간다. 록시도 풀려나기만 하면 자신의 이름을 팔아 부자가 될 것이라고 황홀해한다. 그런데 항상 그렇듯이, 세간의 관심은 금방 달아올랐다가는 또 너무나 쉽게 식어버리는 것 아닌가. 또 다른 스타가 등장하고, 이 두 사람도 곧 잊힌 존재가 된다.

이 뮤지컬에서는 재판에 이기기 위해 수단과 방법을 가리지 않는 교활한 변호사 빌리와, 빌리의 계산에 속아 넘어가는, 또는 알면서도 기삿거리를 만들기 위해 속아주는 기자들의 모습이 풍자적으로 그려지고 있어 큰 재미를 준다. 변호사 빌리는 언론의 생리를 잘 안다면서 자신에게 돈만 주면 재판에서 무죄를 받게 해주겠다고 장담한다. 이른바 '1전짜리 신문 Penny Paper' 의 황색 저널리즘을 이용해 여론을 조작하는 것이다. 이렇게 빌리의 농간에 놀아나는 기자들 중에서는 '메리 선샤인' 이라는 인물이

중요한 비중을 차지한다.

메리 선샤인. '선샤인Sunshine'은 '햇빛'이니 성姓부터 밝고 환하다. '메리'는 즐겁고 행복하다는 뜻의 '메리Merry'를 연상시킨다. 아주 '명랑한' 이름이다. 메리 선샤인은 죄수들의 조작된 거짓 고백을 들으며 "이해할 만해!" "그럴 법해!"라고 고개를 끄덕이고, 이들의 얘기에서

'감동적인 휴먼 스토리'를 만들어낸다. 메리 선샤인이 얌전하게 두 손을 마주잡고 부르는 노래 'A Little Bit of Good'은 코믹한 분위기로 관객들을 웃기는데, 내용은 다음과 같다.

> 내가 아주 어렸을 적 어머니 말씀
> 아직 내 기억 속에 새겨져 있어
> 핑크빛 안경을 쓰면 세상이 훨씬 예뻐 보인다
> 이 현란하고 어지러운 세상 속에서
> 이 말 한 마디만 간직해 저마다 조금씩은 착한 맘 있어
> 누구라도 그렇다네 그래요 조금씩은 착한 맘 있어
> 보이지는 않는데도 서로를 아껴주며
> 이해하려 하면 사나운 짐승들도 순한 양이 될 테니
> 찾아봐 조금씩은 착한 맘 있어 나쁜 아이도 좋을 때 있어
> 그러니 그 맘 찾아야만 해 조금씩 착한 마음 있어
> 양이 될 테니 찾아봐 조금씩은 착한 맘 있어
> 쥐라고 해도 귀여울 때 있어 그러니 그 맘 찾아야만 해

뮤지컬 <시카고> 한국 공연의 공식 홈페이지에서는 이 노래를 이렇게 설명하고 있었다.

약삭빠른 변호사들과 타협해 거짓기사를 발표하지만, 꿈을 위한 잠시 동안의 방편일 뿐이라는, 스스로에 대한 합리화와 위로의 노래. 능수능란한 변호사

들에게 끊임없이 이용당하며 진실한 보도를 등한시하고 있는 부패한 언론에 대한 경고장.

그렇다. 메리 선샤인은 이 작품 속에서 문제 있는 기자들, 부패 언론을 상징적으로 보여주는 인물이다. 바보스럽게 착해서인지, 아니면 다 알면서도 그러는 건지, 어느 쪽이든 메리 선샤인은 결과적으로 변호사 빌리의 의도대로 진실과 동떨어진 기사를 쓰게 된다.

그런데 기자인 나는 메리 선샤인 기자의 존재를 또 다른 방향으로도 받아들였다. 메리 선샤인 같은 시각으로 기사를 써도 되는 상황이라면 얼마나 좋을까 하는 생각이 문득 들었기 때문이었다. 사실 메리 선샤인이 자신의 노래에서 피력한 '신념'은 그 자체로는 틀리지 않다. '누구나 조금씩은 착한 마음이 있다'는 것, 사실이다. 하지만 기자로서 이렇게만 믿고 살아가기에는 세상이 너무 어수선하다. 어지럽다.

<시카고>를 처음 봤을 때 나는 정치부에서 일하고 있었다. 하루가 멀다 하고 터지는 대형 '게이트'들, 정치권에 떠도는 온갖 추문과 설을 취재해야 하는 현장에서 나는 자주 지겨움을 느꼈다. 불법자금을 받은 정치인들의 이름이 적혀 있다는 'OOO 리스트'를, 온갖 음모론을, 권력다툼을 쫓아다니면서 나는 자주 허탈해졌다. 당시 내가 썼던 기사들에는 이런 단어들이 자주 등장했다. '난항' '무산' '우려' '곤혹' '부인' '반발' '공격' '대립' '의혹' …….

진실에 눈을 감고 억지 감동스토리를 만들어서는 안 된다. 기자는 '어디에서나 문제가 있을 수 있다'는 시각을 가져야 하고, 사회의 부정부

패를 감시 고발하는 의무를 다해야 한다. 하지만 눈을 부릅뜨고 어디가 잘못됐는지 찾지 않아도 되는 세상이라면 더 좋겠다. '장밋빛 안경'을 써도 진실에서 멀어지지 않는 세상이라면 좋겠다. 메리 선샤인처럼 기자 일을 해도 별 문제없는 세상이라면 좋겠다. 아, 그런데, 그런 세상이라면, 기자들 할 일이 없어지려나.

뒤늦게 알아본 걸작
뮤지컬 <렌트>

나는 푸치니의 오페라 <라 보엠>을 좋아한다. 낭만의 도시 파리, 가난한 예술가들이 펼쳐내는 가슴 아픈 사랑 이야기가 아름다운 음악에 실렸다. '그대의 찬 손' '내 이름은 미미' '무제타의 왈츠' 같은 유명한 아리아들은 한 번만 들어도 잊을 수 없는 흡인력을 지녔다. 나는 <라 보엠>을 볼 때마다 가난한 시인 로돌포와 수놓는 처녀 미미의 사랑에 가슴이 미어졌다. 로돌포의 친구인 화가 마르첼로와 연인 무제타의 티격태격하는 사랑은 나름대로 귀엽다. 다른 친구들인 철학자 콜리네, 음악가 쇼나르는 얼마나 인간적인가. 그야말로 가난하지만 젊고 낭만적인 '보헤미안'들의 모습 아닌가.

뮤지컬 <렌트>는 알려진 대로 <라 보엠>을 현대의 뉴욕으로 옮겨온 작품이다. 내가 <렌트>를 처음 본 것은 지난 2000년 예술의전당 오페

뮤지컬 <렌트> 한국 라이선스 공연.

라극장에서 열렸던 국내 초연 무대에서였다. 작품의 명성은 익히 들었고 음악도 좋았지만, 에이즈와 마약중독, 동성애 같은, 당시로서는 파격적이었던 소재에 대한 생경함이 앞섰다.

이게 <라 보엠>의 현대판이라고? 등장인물들이 가난한 젊은 예술가이고, 여주인공의 이름이 '미미'이며 중병을 앓고 있다는 것 외에 뮤지컬 <렌트>와 오페라 <라 보엠>의 연결점을 찾기란 쉽지 않았다. 게다가 폐결핵을 앓는 미미의 죽음으로 막을 내리는 <라 보엠>과는 달리, 죽어가던 미미가 "앤젤이 돌아가라고 했다"면서 소생하는 마지막 장면은 억지로 짜맞춘 해피엔딩 같기만 했다.

2006년 1월 브로드웨이팀의 내한 공연으로 <렌트>를 다시 만날 때도 사실 큰 기대는 하지 않았다. <렌트> 공연에 적합하다고 할 수 없는 곳에서 공연된 것도 한 이유였다. 그러나 뜻밖에 <렌트>의 매력을 다시 발견하게 되었다. <라 보엠>에서 얻은 만큼의, 아니, 어쩌면 더욱 큰 감동을 <렌트>에서 얻었다. 뉴욕 젊은이들의 삶과 정서를 보다 자연스럽게 표출할 수 있는 브로드웨이팀의 공연이었기 때문일까.

록과 발라드, R&B, 가스펠, 탱고 등을 넘나드는 음악은 <라 보엠>과는 전혀 다르다. 하지만 <렌트>의 음악과 대본을 쓴 작곡가 조너선 라슨이 <렌트>의 음악 속에 <라 보엠>의 확실한 흔적을 남겨놓았다는 것을 이때야 깨달았다. 공연 초반, 로저와 마크가 '집세를 안 내겠다'며 부르는 노래 'Rent'가 나오기 직전, 로저의 기타가 연주하는 멜로디가 <라 보엠>에 나오는 선율이었던 것이다. 단 몇 소절이긴 하지만, 이 선율은 '무제타의 왈츠'가 분명했다. <라 보엠>의 무제타는 <렌트>의 행위예술가 모린과 비슷한 인물이다. 무제타는 크리스마스 파티가 벌어지는 카페에서 자신의 미모를 과시하며 이 노래를 부른다. 아주 밝고 화려한 노래다. 그런데 <렌트>에서는 전혀 다르게 들린다. 뭐랄까, 운명적인 느낌? 전기기타 소리는 무척이나 강렬하고 절박하게 울려 퍼진다.

<렌트>의 사랑 역시 절박하다. 시인 로돌포는 작곡가 로저, 수놓는 처녀 미미는 마약중독의 댄서 미미가 됐다. 조너선 라슨은 미미뿐 아니라 로저에게도 '현대의 폐결핵' 에이즈라는 병을 줬다. 로저의 옛 여자친구는 에이즈에 걸린 사실을 알고 자살했다. 동성애 커플인 콜린스와 앤젤 역시 에이즈에서 자유롭지 못하다. 이에 비하면 <라 보엠>은 비록 미미의 죽음으로 끝나긴 하지만, 전체적인 색채는 훨씬 화사하고 낭만적이다.

나는 공연 내내 로저에게 완전히 몰입했다. 미미 역의 막문위는 예쁜 패션모델 같은 느낌이 너무 강해서 미미에게 응당 있어야 할 '그늘'이 잘 드러나지 않는 게 아쉬웠다. 반면 로저 역을 맡은 제레미 커시니어에게서는 로저의 그늘과 아픔이 뼈저리게 느껴졌다. 노래 한 구절 한 구절이 가슴 깊이 파고들었고, 장면마다 모두 이유가 있었다.

'모든 것이 렌트Rent'라는 노래 가사가 가슴을 쳤다. 우리의 삶 역시 영원히 우리의 것이 아니라, 언젠가는 돌려줘야 할, 기한이 있는 것이라는 점에서 '렌트'가 아닌가. 나는 '우리에게 내일은 없고, 오직 오늘뿐'이라는 이들의 절규에 공감할 수밖에 없었다. 로저가 'One Song Glory'를 부르며 '내가 떠나기 전, 마지막으로 남기고 갈 노래 하나'를 갈망할 때, '백조의 노래'를 떠올렸다. 죽기 직전에 가장 아름다운 소리를 낸다는 백조. 그래서 '백조의 노래'는 예술가의 최후의 걸작을 이르는 말 아닌가.

　로저는 죽어가는 미미 곁에서 자신이 항상 미미를 사랑해 왔음을, 자신이 그토록 찾아 헤매던 노래가 바로 미미의 눈동자 안에 있음을 깨닫는다. 도입부에 나왔던 '무제타의 왈츠'의 선율이 이때 다시 반복된다. 앞서 몇 소절만 나오다 말았던 것과는 달리 이번에는 더욱 의미심장하게 마무리된다. "미미!"를 부르는 로저의 절규와 함께.

　죽은 줄 알았던 미미가 깨어나는 순간이 바로 이때다. 예전에는 어색해 보이던 결말을 이번에는 자연스럽게 받아들일 수 있었다. 이 결말은 동화나 할리우드 영화에 흔히 나오는 '그 후에도 그들은 행복하게 살았습니다' 류의 해피엔딩이 아니다. 로저와 미미는 여전히 에이즈의 그늘에서 벗어나지 못한다. 죽음이 언제 그들을 덮칠지 아무도 모르는 것이다.

　하지만 로저는 절망을 이겨낼 해답을 찾아냈다. 로저의 해답은, 그가 찾던 노래는, 바로 미미를 향한 사랑이다. 그가 그토록 두려워하던 죽음의 기운이 가장 극심한 순간에, 가장 절박한 순간에 깨달은 삶의 진실이다. 미미는 로저의 노래를 듣기 위해 죽음의 문턱에서 삶으로 돌아왔다. 고통과 절망이 깊을수록 더욱 빛나는 사랑이 있기에 우리의 삶은 아름다운 것이다.

　'우리에겐 오직 오늘뿐'이니, 후회는 잊고 사랑하라! 로저도, 미미도, 앤젤도, 모두 나와서 "1년은 52만5,600분, 순간순간을 사랑으로 채우자"고 노래하는 피날레를 보면서 가슴이 뜨거워졌다. 그리고 울컥 솟구치는 눈물을 참을 수 없었다. 7년 동안 준비한 <렌트>가 무대에 올려지기 하루 전 요절했다는 조너선 라슨의 모습이 오버랩됐다. 그리고 보니 <렌

트>는 조너선 라슨의 '백조의 노래'인 것이다.

나는 로저에게서 계속 조너선 라슨을 보았나 보다. 조너선 라슨에겐 또 다른 '자전적'인 뮤지컬 <틱틱 붐>도 있지만, <렌트>에서도 결국 그는 자신의 이야기를 하고 있는 것이다. 자신은 대동맥 혈전으로 세상을 떠났지만, '삶을 건 예술'을 했다는 점에서 그는 로저와 같았다.

조너선 라슨은 '해답은 사랑'이라고 외친다. 주인공이 폐결핵 환자든 에이즈 환자든 동성애자든 아니든 중요한 것은 삶이고, 사랑이다. 그러고 보니 <라 보엠>도 <렌트>도 결국은 우리의 얘기다. 중병 환자가 아니더라도, 언제 찾아올지 모르는 죽음을 숙명으로 받아들여야 하는 우리 인간의 삶이란 얼마나 불확실하고 절박한 것인가. 그리고 이 삶을 희망의 광채로 채우는 것은, 바로 사랑 아닌가.

내가 <렌트>를 본 날은 조너선 라슨의 기일 사흘 전이었다. 그는 1960년 2월 4일에 태어나 1996년 1월 25일에 세상을 떠났다. 공교롭게도 그가 세상을 떠날 때의 나이가 이 공연을 본 당시의 내 나이와 같다. 나와 비슷한 해를 살고 세상을 떠난 사람이 남긴, '절망 속에서도 빛나는 삶의 찬가'를 보며 나의 삶을 생각했다.

나는 <라 보엠>을 사랑하듯 조너선 라슨의 뮤지컬 <렌트>를 사랑하게 됐다. 사람들은 <렌트>가 '젊은 뮤지컬'이라고 하지만, 둔감한 나는 오히려 나이가 들어 인생의 쓴맛 단맛을 조금 더 보고서야 <렌트>를 제대로 즐길 수 있게 된 것 같다. 정말이지, 모든 것에는 다 때가 있는 법이다.

악역의 추억
오페라 <파우스트>

나는 공연을 보는 사람이지만, 공연을 직접 해본 적도 있다. 대학 1학년 때 얘기다. 친한 과선배 한 명이 연극반 소속이었다. 나는 중·고등학교 다닐 때도 연극을 보러 다녔고 이른바 '문학소녀'이기도 했다. 연극 무대에 대한 막연한 동경 같은 게 있었다. 그래서 그 선배를 따라 연극반에 가입했다.

그러나 연극 무대에 대한 환상이나 동경은 금세 깨지고 말았다. 매주말 진행됐던 단체 연습에 몇 번 참여하면서 나는 결코 '연기'라는 걸 할 끼도, 배짱도 없다는 걸 깨달았고, '천상 배우' 같은 다른 친구들의 흘러넘치는 끼가 부러우면서도 부담스러워지기 시작했다. 난 배우 못해. 그냥 관객이나 할래. 얼마 후 나는 연극반을 탈퇴했다.

그러나 나와 무대의 인연은 거기서 끊어지지 않았다. 2학기가 되자 내가 다니던 단과대학에 연극반이 생겼다. 오래전 없어진 단과대 연극반이 부활한 것이었다. 연극반 부활과 함께 개최하는 워크숍 공연에는 당연히 여배우들도 필요했다. 하지만 내가 다니던 단과대학에는 여학생이 무척 적었다. 잠깐이지만 본부 연극반 소속이었던 나는 거의 '의무적'으로 그 연극에 출연하게 됐다.

대학 연극은 '사회에 대한 발언' 이어야 한다는 인식이 강할 때였다. 대본은 나보다 1년 위의 선배가 썼다. 대본에는 5월 광주에서부터, 노동문제, 통일문제까지 많은 얘기를 담아내려는 의욕이 넘쳤다. 지금 생각하면 엉성한 구석이 많은 대본이지만, 우리는 각자의 '정치적 입장'에 따라 대사의 토씨 하나를 놓고도 격렬한 토론을 자주 벌였다. 그때마다 대본은 수정됐다. 특히 결말 부분은 진도가 나아가지 않아, 요즘 TV드라마 찍듯 날마다 조금씩 나오는 쪽대본을 들고 연습해야 했다.

나는 '천민자본주의'의 화신이라 할 벼락부자의 딸 역할을 맡았다. 치장에 공들이고, 사생활 문란하고, 간교하고, 탐욕스러운 인물이다. 아버지가 짝지어준 남자와 결혼을 앞두고서도 여러 애인과 '적절치 못한' 연애를 즐기는가 하면, 자신을 쫓아다니는 순진한 대학생을 도둑으로 몰아붙이고, 마구 짓밟는 일도 서슴지 않는다. 틀림없는 악역이었다.

나는 내 역할이 그리 마음에 들지 않았다. 당시로서는 다소 '야한' 상황과 대사를 천연덕스럽게 소화해내기가 쉽지 않았다. 날마다 선배들에게 지적을 받았다. 그래도 연습이 진행될수록 연기는 내가 느끼기에도 조금씩 나아져갔다. "야, 처음부터 그렇게 하지 그랬어" 하는 선배의 칭찬을 들은 다음날, 나는 좀더 역할에 몰입해보려고 평소에 입지 않던 미니

오페라 <파우스트>. 메피스토펠레스 역에 사무엘 윤.

스커트를 사 입고 연습장에 나갔다.

    우여곡절을 거쳐 드디어 공연이 개막됐다. 첫날 공연은 소속 단과 대학 학생들이 단체로 관람했다. 비록 아마추어 연극이라 해도 관객 앞에서 연기하는 느낌이 나쁘지 않았다. '아, 이래서 연기를 하는구나' 했다. 다음날부터는 출연자의 친구나 가족들이 주요 관객이었다. 나의 부모님과 동생들도 공연을 본다고 학교로 찾아왔다. 가족 앞에서 연기하려니 약간 쑥스럽기도 했지만, 연극이 시작되자 그런 생각을 할 겨를도 없었다.
　　연극이 끝나고 분장도 지우지 못한 채 가족들을 만났는데, 당시 초등학교 저학년이었던 막냇동생이 씩씩대며 내게 '보고'를 해왔다.
　　"누나, 아까 어떤 아저씨가 누나 보고 욕했어."
　　자초지종을 들어보니, 동생 옆자리에 앉아 있던 한 남학생이 내가 '싸가지 없는' 대사를 읊고 퇴장하는 장면에서 "저런 미친년!" 하고 욕을 했단다. 순진한 동생은 그 말을 듣고 화가 나서, 그 학생에게 "우리 누나한테 왜 욕해요?" 하고 대들었다는 거다.
　　"그 아저씨가, '저 여자가 네 누나니?' 하더니, 잘 몰라서 그랬다고, 미안하다고 했어."
　　동생은 의기양양한 표정으로 보고를 마쳤고, 나는 웃음을 참을 수가 없었다. "미친년!"이라는, 평소 같으면 상상도 못할 욕을 먹었는데도, 그 때문에 동생이 흥분했는데도, 나는 기분이 좋아졌다. 내가 연기를 그렇게 못한 건 아니구나. 이게 악역 배우의 보람(?)이구나. 나는 큰 깨달음을 얻은 것만 같았다. 동생은 이상하다는 듯 내 표정을 보더니 물었다.
　　"그런데 그 아저씨 왜 누나 욕하는 거야? 에이 참, 누나, 왜 자꾸 웃기만 해!"

　　2006년 1월, 성남아트센터가 제작한 오페라 <파우스트>를 보고 그 시절을 떠올렸다. 나는 공연 내내 메피스토펠레스 역을 맡은 베이스바리톤 사무엘 윤에게서 눈을 뗄 수가 없었다. 여주인공 마르그리트가 광란에 사로잡혀 자신이 낳은 아기를 목 졸라 죽일 때, 메피스토펠레스가 크게

성악가이면서

웃으며 손뼉을 치는 장면에서 나는 소름이 쫙 돋았다. 자신의 왕국 발푸르기스에서 향락과 퇴폐와 광란에 빠져드는 메피스토펠레스의 모습은 욕망의 화신 그 자체였다.

사무엘 윤은 훌륭한 성악가이면서 탁월한 배우다. 그에게 <파우스트>는 유럽 오페라 무대에서의 출세작이나 다름없다. 그가 이미 잡혀 있던 공연 일정을 취소하고 독일에서 한국으로 날아온 것은 바로 메피스토펠레스 역을 연기하기 위해서였다. 그리고 내가 집에서 두 시간이 넘게 걸리는 고행길을 마다 않고 성남아트센터가 있는 분당까지 간 것도 그의 메피스토펠레스를 보기 위해서였다.

그는 공연 전 '영원히 잊지 못할, 끔찍한 악마를 보여주겠다'고 말했다. 과연 그의 메피스토펠레스는 끔찍했다. 나는 그의 열연에 매혹됐다. 그는 또 '야하고 적나라한 연기'를 한국 관객이 어떻게 받아들일지 조금은 걱정이 된다고 말했다. 이해할 수 있었다. 그리고 친근감까지 느꼈다. 나도 악역을 한다는 게 어떤 것인지 조금은 안다는 생각으로.

물론 내가 대학 시절 겪었던 악역의 경험이라는 것은, 사무엘 윤이 메피스토펠레스를 연기하기 위해 바쳤을 세월과 노력에 비하면, 그야말로 아무것도 아니라는 사실을 잘 안다. 하지만 공연을 보면서 개인적인 경험이나 감상을 떠올리는 것은 관람객의 자유일 터, 나에게 오페라 <파우스트>는 '악역의 추억'을 떠올리게 했기 때문에 더욱 인상 깊은 공연이었다.

공연이 끝나고 관람객이 빠져나간 오페라 극장 로비. 분장을 채 지우지 못한 사무엘 윤이 자신의 가족과 환한 표정으로 기념사진을 찍고 있었다. 사무엘 윤에게 그때의 나처럼 어린 동생은 없는 것 같았다. 당시 누나가 욕먹는다고 흥분했던 내 동생도 이제는 군대까지 다녀온 어른이 됐다. 동생은 그때 누나가 욕을 먹고도 웃었던 이유를, 악역을 맡은 배우의 보람을 이해했을까. 나는 혼자 빙그레 웃으며 공연장을 나섰다.

어느 '거인'에 대한 추억

지난 2001년 8월, 첼리스트 장한나는 독주회에서 본 공연에 앞서 포레의 '비가'를 연주했다. 그해 타계한 지휘자 주세페 시노폴리를 추모하기 위한 연주였다. 시노폴리는 장한나가 '정신적 아버지'로 부를 정도로 생전에 장한나를 무척 아끼던 지휘자였다. 나는 시노폴리가 지휘하는 모습을 객석에서 단 한 차례 봤을 뿐이었지만, 함께 고인을 추모했고 감동했다. 고인을 애도하는 예술가의 진심이 전달되었기 때문이다.

나는 이후 또 한 차례의 감동적인 '추모 연주'를 목격했다. 바로 2005년 6월 예술의전당에서 열린 필라델피아 오케스트라의 내한 공연에서였다.

"오늘 우리는 공연에 들어가기 전에 특별히 말러의 '아다지에토'를 연주할 것입니다. 이 곡은 지난 5월 23일 세상을 떠난 금호그룹 박성

크리스토프 에센바흐의 추도사.

많은 음악 영재들을 길러낸 고 박성용 회장.

용 명예회장을 추모하기 위한 것입니다. 필라델피아 오케스트라의 내한 공연도 그분 덕분에 성사됐습니다. 오늘밤 우리는 위대한 예술 후원자 중 한 사람이었던 고인에게 이 음악을 바칩니다. 우리는 이를 계기로 더 많은 사람들이 음악과 예술을 사랑하고 지원하기 바랍니다."

필라델피아 오케스트라의 내한 공연은 마이크를 든 지휘자 크리스토프 에센바흐의 추도사로 시작했다. 뜻밖의 추도사에 객석 여기저기에서 낮은 탄성이 들려왔고, 오케스트라가 연주를 시작하자 분위기는 숙연해졌다. 말러의 교향곡 제5번 4악장 '아다지에토'. 한없이 아름다워 슬픈, 현과 하프의 잔잔한 선율이 풍성하게 물결쳤다.

나는 어느새 고인의 생전 모습을 떠올리고 있었다. 음악담당 기자로서 생전의 고인과 몇 차례 인사를 나눌 기회가 있었던 건 사실이지만, 어디까지나 공적인 관계였지 개인적 친분이 깊었다고는 할 수 없다. 그럼에도 불구하고 필라델피아 오케스트라의 '아다지에토' 연주는 내가 갖고 있는 '나름의 추억'을 떠올리게 하는 데 충분했다.

2000년 12월 어느 날, 금호갤러리(현재의 금호미술관) 공연장. 나는 독주회를 앞둔 바이올리니스트 이유라의 연습을 취재하고 있었다. 이유라는 금호 음악영재 출신으로, 1994년 도미 이후 처음으로 고국에서 여는 독주회를 준비하고 있었다. 카메라 기자가 연습을 촬영하는 동안 연주를 듣고 있는데, 박성용 회장이 조용히 문을 열고 들어와 객석 뒤쪽에 앉았다.

웬일인가 의아해하는 나에게 금호문화재단의 홍보담당자가 "회장님이 공연에 애정이 많아 리허설도 자주 챙겨 본다"고 귀띔했다. 나는 홍보담당자와 공연장 문 앞에 서서 앳된 얼굴의 이유라가 연주하는 모습을 바라보며 잠시 소곤소곤 대화를 나눴다. 주로 이유라의 연주 경력에 관한 이야기였던 것으로 기억한다. 그러다 조용하고도 단호한 목소리에 정신이 번쩍 들었다.

"연주할 때는 조용히 해주세요."

박성용 회장이었다. 연주에 집중하고 있던 그에게 소곤거리는 소리가 거슬렸던 것이다. 정식 공연이나 연습이나 그에게는 모두 중요한 연주였던 것이다. 나와 홍보담당자는 화들짝 놀라 문을 열고 공연장 로비로 나왔다.

"어휴, 취재하러 왔다가 회장님한테 혼났네요."

고인은 이날 '음악가의 연주는 어떤 상황에서든 존중받아야 한다'는 자신의 신념을, 점잖은 책망으로 전해줬던 셈이다. 나는 이유라의 독주회에서 연습 때와 다르지 않은 열성으로 연주에 몰입하는 그의 모습을 봤다. 커튼콜 때 기쁨에 찬 표정으로 기립박수를 보내던 모습까지. 물론 이유라가 '금호 음악영재' 출신이라 더욱 애정이 컸겠지만, 그의 이런 모습은 이후 다른 연주자의 공연에서도 볼 수 있었다.

내가 고인을 마지막으로 본 것은 2004년 11월 고양시 덕양 어울림누리에서 열렸던 김남윤·이경숙 듀오 연주회에서였다. 새로 생긴 공연장을 멀리서 찾아온 그는 이날도 역시 연주가 끝나자마자 자리에서 일어나 연주자들에게 아낌없는 존경을 표했다. 공연장 로비에서 마주쳐 인사했더니, 그는 당시 만삭이던 나에게 '예쁜 아기를 낳으라'고 덕담을 해줬다.

내가 둘째딸을 낳은 게 그로부터 닷새 뒤였다.

　내가 고인의 영결식에 가봐야겠다는 생각이 들었던 것은, 나에게 덕담을 해주던 고인의 생전 모습과 목소리가 여전히 생생해서였는지도 모른다. 영결식장인 금호아트홀에서는 바로 말러의 '아다지에토'가 울려 퍼지고 있었다. 고인이 생전에 무척 좋아하던 곡이라고 했다. 많은 음악가들이 눈시울이 붉어진 채 고인의 영정 앞에 헌화하고 있었다.

　회사 일에 쫓기던 나는 추모객이 너무 많아 순서를 기다리지 못한 채 일찍 나와야 했다. 하지만 '아다지에토'의 잔잔한 선율은 그 후로도 며칠 동안 내 머릿속을 맴돌았다. 그리고 이렇게 필라델피아 오케스트라의 연주로 돌아온 것이다.

시간이 얼마나 흘렀을까. '아다지에토' 연주가 끝났지만 지휘자는 고개를 숙인 채 그대로 서서 깊은 추모의 뜻을 나타냈다. 태고 같은 침묵. 그것은 단순한 침묵이 아니었다. 아름다운 애도의 곡을 완성하는 연주의 일부였다. 잠시 후, 지휘자가 천천히 고개를 들었는데도 숨죽인 객석은 꼼짝도 하지 못했다. 몇 초가 지나고 나서야 박수가 터져 나오기 시작했다. 나는 함께 박수를 보내면서 나올 것 같은 눈물을 참으려 애써야만 했다.

필라델피아 오케스트라는 이날 프로그램을 역시 말러의 교향곡 제1번 '거인'의 감동적인 연주로 마무리했다. 공연이 끝난 뒤 나는 쟁쟁한 재계인사들이 대거 참석한 추모식이 로비에서 열리는 것을 바라보며 공연장을 빠져나왔다. 이 많은 사람들 가운데 고인만큼 문화예술에 대한 사랑이 지극한 '거인'이 있을까 궁금해하면서…….

추모식도 물론 좋지만, 고인이 이 자리에 있었다면 아마 말러의 '아다지에토' 연주에 더욱 기뻐했을 터이다. 그리고 어김없이 열렬한 기립박수를 보냈을 것이다. 필라델피아 오케스트라는 말 그대로 영혼을 담아, 진심이 우러나는 연주를 들려줬다. 평생 이런 공연은 다시 만나기 힘들 것 같다. 필라델피아 오케스트라에 감사한다. 그리고 다시 한번 삼가 고인의 명복을 빈다.

그냥 서커스와 태양의 서커스 <퀴담>

2007년 봄, '태양의 서커스'가 한국에 상륙했다. '태양의 서커스'는 '블루 오션(경쟁자 없는 새로운 시장을 뜻하는 말)'의 대명사, 혹은 '21세기 공연예술의 혁명'이라는 다소 거창한 수사로 묘사돼온 캐나다의 거대 공연기업이다. 캐나다 몬트리올에서 소규모 예술가 집단으로 시작해, 이제는 예술가 900명을 비롯해 3,000여 명의 직원이 몸담고 있는 거대 기업으로 성장했다. '태양의 서커스'가 한국에 선보인 첫 번째 작품은 <퀴담>. 잠실종합운동장 광장에 세워진 빅탑 텐트극장으로 <퀴담>을 만나러 갔다.

'퀴담'은 '익명의 행인'이라는 뜻이다. 아버지는 신문 읽기에, 어머니는 뜨개질에 열중하느라 전혀 대화가 없는 집. 이 집에 사는 외로운 소녀에게 어느 날 머리 없는 이상한 신사가 찾아온다. 홀연히 나타났다가 홀연히 사라진 이 신사가 떨어뜨리고 간 모자. 소녀가 이 모자를 집어들어

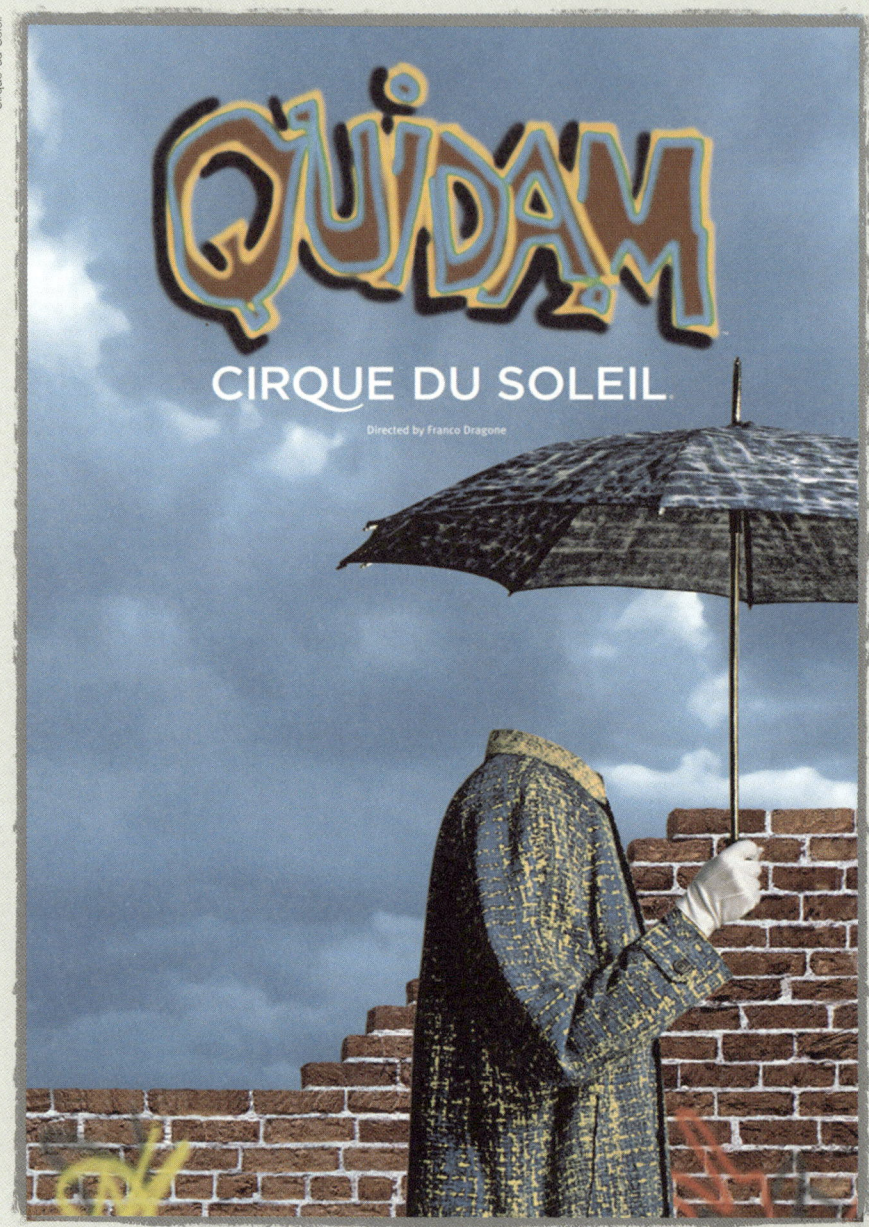

태양의 서커스의 <퀴담> 포스터.

쓰자마자 거실이 현실에서 환상의 공간으로 바뀌면서, '퀴담의 세계'로 떠나는 꿈 같은 여정이 펼쳐진다.

'태양의 서커스'는 서커스 곡예에 연극과 무용, 음악 등 다양한 장르를 접목하여 전통적인 서커스를 뛰어넘어 '예술적인 서커스'를 개척한 것으로 잘 알려져 있다. 내가 라스베이거스에서 봤던 <KA>나 <O> 같은 태양의 서커스 작품들은 이미 서커스의 요소는 그리 두드러져 보이지 않아 더 이상 '서커스'라는 말로 정의할 수 없는 아주 새로운 장르라는 느낌이 들었지만, 1996년 작인 <퀴담>은 이에 비하면 전통적인 서커스에 좀더 가깝다.

<퀴담>에 등장하는 곡예들은 사실 동작 자체로는 전통적인 서커스에서 보던 것과 그리 다르지 않다. 공중 후프나 실크 천을 이용한 공중곡예, '인간 퍼레이드'를 비롯한 화려한 묘기를 보여주는 이탈리아의 곡예술 '방퀸', 중국식 요요 묘기, 독일식 바퀴, 줄넘기, 손으로 균형잡기, 공중그네, '스페인식 거미줄'로 불리는 공중 줄묘기, 조각상 묘기가 차례로 펼쳐진다.

공연을 보면서 2000년 남북정상회담이 개최되기 직전 열렸던 평양 교예단의 첫 서울 공연을 떠올렸다. 당시 문화부에서는 특별취재팀을 구성해 이 공연이 열리기 전부터 수많은 관련 기사를 쏟아냈다. 그러던 중 나에게 '교예도 예술'이라는 제목으로 기사를 쓰라는 과제가 떨어졌다.

솔직히 고백하자면, 당시 나는 '교예도 예술'이라는 데 별로 공감하지 못했고, 결국은 이도 저도 아닌, 상당히 미적지근한 초고를 써서 넘겼다가, 이에 만족하지 못한 데스크가 거의 새로 쓰다시피 한 기사로 리포트를 만들어야 했다. 기술이 매우 뛰어난 경지에 이르면 예술이 되고, 단련된 인간의 몸이 전달하는 감정은 예술 작품에서 느끼는 감흥과 다를 바 없다는 논리였다.

사실 평양교예단의 곡예 기술은 가히 '예술의 경지'라고 할 만했다. 기술 수준으로 따지자면 '태양의 서커스'가 <퀴담>에서 보여준 것보다 못할 바 없다. 아니, 오히려 더 아슬아슬하고 화려한 묘기를 더 많이 보여주었다. 그렇지만 평양교예단의 공연은 감탄을 자아내기는 했으되, 좋은 예술 작품이 그러하듯 상상력과 감성을 자극하지는 못했던 것 같다. 바로 이게 내가 당시 '교예도 예술'이라는 기사를 쓰라는 숙제를 받았을 때 고민했던 이유다. '북한에서는 교예도 예술 대접을 받고 있다'는 말이 틀리진 않지만, 그렇다고 해서 곧바로 '교예도 예술'이라고 하기는 좀 겸연쩍었던 것이다.

좀 거칠게 말하면, <퀴담>은 서커스를 예술적으로 '포장'하는 데 뛰어난 솜씨를 보인 작품이다. 그래서 '태양의 서커스'는 '서커스'라는 이름을 갖고는 있되, '그냥 서커스'는 아니라는 얘기를 듣는 것일 게다. 인간의 몸이 얼마나 단련될 수 있는가를 보여주는 곡예의 수준도 뛰어나지만, 여기에 현대인의 고독과 소외를 다루는, (그리 치밀하지는 않더라도) 공감가는 '드라마'를 도입했고, 적절히 장면을 배치하고 조화시키는 연출력이 동원됐고, 세련된 무대와 조명, 의상이 이를 뒷받침했다. 무엇보다 끊임없이 감성을 자극하는, 극적인 라이브 음악이 합세해서 '예술적인 향취'를 풍기는 데 성공하고 있었다.

그래서였을까, 이전에 평양교예단의 공연을 볼 때는 곡예사의 현란

한 묘기를 보면서 감탄하는 한편으로는, '얼마나 고생하며 혹독하게 연습했을까' 싶어 안쓰럽고 때로는 불쌍하다고 생각하기도 했는데, '태양의 서커스'를 보면서는 그런 생각이 별로 들지 않았다. 평양교예단이 우리보다 못사는 북한에서 온데다, 전통적인 서커스는, 특히 우리나라에서는 대개 어렵고 못살 때의 여흥거리, 뭔가 쇠락한 이미지로 받아들여지는 것과는 달리, '태양의 서커스'는 '블루 오션의 대명사'니, '거대 공연기업'이니 하는 후광이 너무 압도적이라 그랬을까.

<퀴담> 한국공연 기획사로부터 이런 얘기를 전해 들었다. <퀴담>의 여러 장면 중에 동양 여자아이 네 명이 금빛 의상을 입고 나와 선보이는 중국식 요요 묘기가 외국에서는 굉장히 인기가 높아 이 장면의 사진이 홍보물에 많이 쓰이지만, 우리나라에서는 '전통적인 서커스'와 비슷하게 여겨질 것 같아 일부러 이 장면을 그리 부각시키지 않았다고 한다.

이렇게 전통적인 서커스와는 거리를 두려 하지만, <퀴담>은 결국 본질적으로 서커스 곡예를 출발점으로 삼은 공연이다. 그러나 이 곡예 작품의 배치와 포장에 따른 변화는 놀라운 결과를 가져왔다.. 뛰어난 작품의 조건은 완전한 무에서 유를 창조하는 것일 수도 있지만, 대개의 경우 이미 갖고 있는 것들을 어떻게 '재창조' 하느냐의 문제일 수 있다는 것을 <퀴담>을 보면서 새삼 느낄 수 있었다.

삶에 바치는 찬가
구스타보 두다멜

유쾌한 공연을 보다가도 눈물이 날 것 같은 때가 있다. 즐겁고 유쾌한 와중에도 가슴에 사무치게 와 닿는 감동이 있을 때 눈시울이 뜨거워진다. 부에나비스타 소셜 클럽의 첫 내한 공연을 볼 때 그렇더니, 베네수엘라 출신의 지휘자 구스타보 두다멜이 지휘한 시몬 볼리바르 유스 오케스트라의 첫 내한 공연(2008년 12월 14일)을 보면서도 그랬다.

    베네수엘라 출신의 지휘자 구스타보 두다멜과 시몬 볼리바르 유스 오케스트라. 이들에 대해 참 많은 이야기들을 들었고, 음반도 접했지만, 공연을 눈앞에서 지켜보는 건 또 달랐다. 과연 백문이 불여일견이랄까. 사실 나는 2006년 10월 17일, 두다멜에 관한 기사를 써서 8시 뉴스에 내보낸 적이 있다. 공식적으로 확인해본 적은 없지만, 아마도 두다멜을 본격적으로 국내에 소개한 첫 기사가 아니었을까 싶다.

당시 내가 이 기사를 쓰게 된 건 베네수엘라의 음악교육 프로그램인 '엘 시스테마'를 소개하는 짧은 다큐멘터리 필름을 접하고 큰 감동을 받았기 때문이었다. '엘 시스테마'의 창시자는 베네수엘라의 경제학자이자 정치가, 그리고 오르간 연주가이기도 한 호세 안토니오 아브레우 박사다. 그가 1975년 카라카스의 한 지하 주차장에서 11명의 아이들에게 음악을 가르치기 시작한 것이 '엘 시스테마'의 시작이었다.

엘 시스테마는 빈민가 어린이들에게 무료로 악기를 제공하고, 음악을 가르치고, 오케스트라 활동에 참여하도록 권유했다. 그의 헌신에 정부의 지원까지 더해져 지금까지 40만 명의 어린이들이 '엘 시스테마'의 혜택을 받았고, 청소년 오케스트라도 125개나 조직되었다.

빈민가에서 술과 마약 거래에 동원되고, 절도와 폭력도 서슴지 않았던 '불량 청소년'들도 악기를 연주하면서 음악의 아름다움을, 함께 하는 창조의 기쁨을, 그리고 인간의 존엄을 깨달았고, 어두운 과거에서 벗어날 수 있었다. 카라카스 빈민가 출신으로 전과자였던 에딕슨 루이스는 '엘 시스테마'를 거쳐 베를린 필하모닉 오케스트라의 최연소 더블베이스 주자가 됐으니, '인생역전'을 실감나게 보여주는 사례가 아닐까.

에딕슨 루이스와 함께 엘 시스테마의 성공을 가장 상징적으로 보여주는 존재가 바로 구스타보 두다멜이다. 두다멜은 1981년생으로 14세의 나이에 지휘를 시작했고, 17세 때부터 시몬 볼리바르 유스 오케스트라를 이끌어왔다(시몬 볼리바르는 중남미 국가들의 독립을 이끈 영웅의 이름이다). 2004년 말러 지휘 콩쿠르에서 우승하고, 2005~06 시즌 시몬 볼리바르 유스 오케스트라의 유럽 투어를 성공적으로 마쳤으며, 2007년에는 베토벤 교향곡

베네수엘라 출신의 지휘자 구스타보 두다멜.

제5번과 제7번으로 DG Deutsche Grammophon에서 첫 음반을 발표하여 돌풍을 일으켰다.

    이제 두다멜은 베를린 필, 빈 필, 샌프란시스코 심포니, 시카고 심포니 등 정상급 오케스트라를 지휘하고 있고, 2009~10 시즌부터는 에사페카 살로넨의 후임으로 LA필하모닉의 음악감독을 맡았으니, 시쳇말로 '요즘 가장 잘나가는' 지휘자라 해도 과장이 아닐 터이다. 하여, 두다멜과 시몬 볼리바르 유스 오케스트라의 첫 내한 공연이 열린 서울 예술의전당 콘서트홀에는 공연 전부터 기대감과 호기심이 넘실댔다.

이들이 택한 첫 곡은 번스타인이 작곡한 <웨스트사이드 스토리 모음곡>. 현대 미국 뉴욕판 <로미오와 줄리엣>이라 할 만한 뮤지컬 <웨스트사이드 스토리>를 관현악곡으로 다시 만들어냈다. 오케스트라의 연주는 생동 그 자체였다. 이 모음곡이 연주되는 내내 뮤지컬의 장면 장면들을 떠올릴 수밖에 없었다. 서정적인 사랑의 멜로디가 펼쳐지는가 하면, 터질 듯한 젊음의 혈기와 라틴의 열정이 가득한 춤곡이 이어지다가, 어느새 오케스트라는 불길한 느낌의 음표들로 긴장과 대립의 기운을 묘사했다. <웨스트사이드 스토리>는 한때 폭력과 적대감에 휘둘리던 젊은이들이 슬픔에 잠긴 채 희생자의 시신을 어깨에 메고 천천히 현장을 떠나는 것으로 끝난다. 결국 심포닉 댄스의 피날레 아다지오는 장중한 장송곡인 셈이다.

두다멜은 오케스트라가 마지막 음을 토해내고도, 한동안 지휘봉을 허공에 멈춰 세운 채 그대로 침묵하다가 천천히 내리기 시작했다. 청중은 숨소리를 죽이고 두다멜과 함께 완벽한 정적의 순간을 완성했다. 30여 초가 지났을까. 지휘봉을 쥔 그의 손이 완전히 내려가고 난 뒤에야 청중은 비로소 우레같은 박수와 함성을 무대로 쏟아냈다. 나는 제대로 박수도 치지 못했다. 워낙 좋아했던 뮤지컬이기도 해서 마지막 장면을 떠올리며 완전히 장송곡 무드에 몰입했던 탓에 눈물이 나는 것을 참고 있었던 것이다.

2부는 말러의 교향곡 제1번 '거인'. 이 곡에서도 두다멜과 오케스트라는 젊은 혈기와 생명력으로 가득한 '그들만의 말러'를 보여주었다. 보통 오케스트라보다 인원이 훨씬 많은 대규모 편성으로 박력 넘치는 음색과 리듬을 창조했다. 어린 시절부터 오랫동안 호흡을 맞춰왔을 두다멜과 오케스트라는 정말 멋진 '팀'이었다. 그 많은 연주자들의 개성이 두다

멜의 손 끝에서 화합을 이뤄 일사불란一絲不亂이 아닌, 다사불란多絲不亂의 경지를 보여줬다. 강약과 완급을 대담하게 대비시키는 두다멜의 지휘에는 거침이 없었다.

여기까지만 해도 충분히 좋았는데, 이들의 앙코르는 상상을 뛰어넘는 것이었다. 앙코르가 공연의 백미였다고 해도 과언이 아닐 정도로. 거듭된 커튼콜 뒤에 자리에 앉은 오케스트라는 잠시 조명이 꺼진 동안 베네수엘라 국기의 색깔이 선명한 웃옷으로 갈아입고 자신들의 진면목을 본격적으로 드러냈다. '심포닉 댄스' 중 '맘보'를 질주하듯 다시 연주하면서 이들은 춤추고, 악기를 공중에 던졌다 받고, 빙글빙글 돌리고, "맘보!"를 목청껏 외쳐댔다. 두다멜이 "춤을 배우는 것은 우리 문화의 일부입니다. 춤은 우리 혈통 속에 깃들어 있습니다"라고 말했다는 얘기가 무슨 뜻인지 실감할 수 있었다.

 무대는 뜨거운 열정과 발랄한 젊음으로 넘쳐났다. 이들의 음반 타이틀 <피에스타>처럼 한바탕 축제요, 잔치판이었다. 나도 어느새 이들처럼 리듬에 내 몸을 맡기고 있었다. 오케스트라는 자신들의 음악에서 빠질 수 없는 유전자를 담은 라틴 작곡가의 곡으로 공연을 끝내고, 땀에 젖은 웃옷을 벗어 객석으로 던졌다. 객석은 말 그대로 열광의 도가니. 클래식 음악에서 이렇게 흥이 넘치는 장면을 보게 되리라고 누가 상상이나 했겠는가.

 나는 두다멜과 시몬 볼리바르 유스 오케스트라의 내한 공연에서 짜릿한 감동을 느꼈다. 이들보다 더 연주를 잘하는 유명 오케스트라들도 많을 것이다. 하지만 이들만큼 '즐겁게' 연주하고, 이렇게 객석을 행복감으로 전염시키는 오케스트라를 만나기는 쉽지 않을 것 같다. '엘 시스테마'의 성공에 관한 드라마틱한 이야기들을 굳이 떠올리지 않더라도, 이들의 음악은 그대로 삶의 찬가였다. 아무리 힘이 들어도 인생은 살 만한 것이라는, 때로는 절망과 좌절이 있더라도 희망을 간직해야 한다는 믿음을 갖도록 하는…….

얼룩 같은 어제를 지우고
뮤지컬 <빨래>

둘둘 말린 스타킹 아홉 켤레
구겨진 바지 주름 간 치마
담배 냄새 밴 티셔츠
떡볶이 국물 튄 하얀 블라우스
발꼬랑내 나는 운동화 밑창
머리냄새 묻은 베개 홑청
손때 묻은 손수건

난 빨래를 해요 오늘은 쉬는 날
가을 햇살은 눈부시고 바람이 잘 불어
밀렸던 빨래를 해요

빨래가 바람에 마르는 동안
이 생각 저 생각 끝에 엄마 생각
엄마랑 같이 옥상에 널었던 빨래

난 빨래를 하면서
얼룩 같은 어제를 지우고
먼지 같은 오늘을 털어내고
주름진 내일을 다려요
잘 다려진 내일을 걸치고
오늘을 살아요

'빨래' 가사 중에서

  뮤지컬 <빨래>를 보기도 전에 노랫말에 마음이 끌렸다. '얼룩 같은 어제를 지우고 먼지 같은 오늘을 털어내고 주름진 내일을 다려요' 가 얼마나 따뜻하게 느껴지던지. 초연한 지 한참이 지난 2009년 봄에야 작품을 보고 나서는 진작 보지 못했던 것이 안타까웠다. 우리네 사는 모습이 보이지 않는 화려한 '브로드웨이식' 뮤지컬이 조금씩 공허하게 느껴지던 참이라 더더욱.

  <빨래>는 서울의 달동네 서민의 삶을 그려낸다. 고향 강원도에서 서울로 올라와 야간대학을 다니다 중퇴하고 불안정한 직장 몇 곳을 전전하며 살고 있는 나영. 고국의 가족을 위해 모욕적인 처우를 감수하며 불법 노동자의 삶을 이어가는 몽골인 솔롱고. 뮤지컬은 옥상에서 빨래를 널다

마주친 두 사람이 사랑을 키워가는 과정을 따라 전개된다.

<빨래>의 중심인물은 솔롱고와 나영이지만, 다른 사람들의 이야기도 풍성한 타래로 엮인다. 억척 주인 할매는 남몰래 중증장애 딸을 40년간 돌봐왔고, 2교대 공장 시다 출신 옷장수 희정 엄마는 정에 약해 남자에게 버림받기 일쑤이고, 익살스러운 필리핀인 노동자 낫심은 한국말이라고는 욕밖에 못 배운 게 서럽다. 나영이 일하는 제일서점 '빵' 사장은 '책 속에 돈이 있다'를 외치며 수단방법 가리지 않고 돈벌기에 혈안이고, 점원들은 고용주의 변덕에 휘둘리는 직장생활의 애환을 풀어놓는다.

<빨래>의 등장인물들은 대부분 가진 것 없고 힘없는 사람들이다. '똥 치우는 값'까지 따져가며 살아야 하는 서민이다. '지지리 궁상'인 이들의 삶을 그려내는 <빨래>는, 그러나 밝다. 가슴이 무너지는 슬픔, 눈앞이 막막한 절망을 이야기하지만, 그래도 이들은 희망을 놓지 않는다. 이들은 '힘들게 살아가는 건 우리에게 남아 있는 부질없는 희망 때문'이라고 지쳐 노래하지만, 이 희망은 힘이 세다.

빨래가
바람에 제 몸을 맡기는 것처럼
인생도 바람에 맡기는 거야
시간이 흘러 흘러 빨래가 마르는 것처럼
슬픈 니 눈물도 마를 거야
자, 힘을 내

> 슬픔도 억울함도 같이 녹여서 빠는 거야
> 손으로 문지르고 발로 밟다 보면 힘이 생기지
> 깨끗해지고 잘 말라 기분 좋은 나를 걸치고
> 하고 싶은 말 다시 한번 하는 거야
>
> '슬픈 때 빨래를 해' 가사 중에서

사실 '힘들어도 희망을 가져. 희망은 좋은 거야'라고 얘기하는 게 공허하고 무책임한 립서비스로 느껴질 때도 많다. 하지만 이 뮤지컬은 아주 자연스럽게 나를 낙천적인 결말 속으로 끌어들였다. 선배의 부당해고에 항의하다 보복인사를 당하고 좌절하는 나영에게 '힘을 내야 또 따지러 가지' 하며 위로하는 희정 엄마의 말에 고개가 끄덕여졌다. 파란 하늘에 펄럭이는 흰 빨래, 나영과 솔롱고의 사랑스러운 2중창, 헤어지기 아쉬워하는 달동네 이웃들의 다정함이 모두 희망으로 다가왔다.

낙천적인 결말이라고는 했지만, 나영과 솔롱고에게는 앞으로도 숱한 난관이 닥칠지 모른다. 나영은 언제 제일서점에서 잘릴지 모르고, 솔롱고는 언제 몽골로 강제출국 당할지 모른다. 하지만 이들은 어떻게든 이 난관을 헤쳐나갈 것이다. 함께 빨래를 하면서, '얼룩 같은 어제를 지우고, 먼지 같은 오늘을 털어내고, 주름진 내일을 다리면서' 다시 힘을 낼 것이다. 반드시 외국인 노동자가 아니라도, 단칸방 세입자가 아니라도, 이 세상의 많은 보통사람들이 불안해하며 힘겨워하며 살고 있지 않은가. 그래서 <빨래>가 보여주는 희망은 더욱 소중하게 느껴졌다.

나는 뮤지컬 <빨래>를 보면서 자꾸 <지하철 1호선>을 떠올렸다.

두 작품 모두 보통사람들의 서울살이가 중요한 소재이며, 등장인물들이 각기 자신의 사연을 이야기하는 게 공통점이겠다. <빨래>의 마을버스 장면은 <지하철 1호선>의 지하철 장면과 오버랩됐다. 솔롱고와 낫심을 보면서 '집 떠나와 어언 3년, 손가락은 일곱 개뿐, 떠날 날은 벌써 지났고 돈도 못 받고 쫓기네'라고 노래하던 <지하철 1호선>의 외국인 노동자 '깜상'을 떠올렸다.

특히나 <빨래>의 억척스러우면서도 속정 깊은 주인 할매는 <지하철 1호선>의 곰보 할매와 닮은 꼴이다. <빨래>의 추민주 작가가 <지하철 1호선>에서 영감을 얻은 건 아닐까. 공교롭게도 <빨래>의 대다수 출연 배우들은 <지하철 1호선>에도 출연했었다고 한다. 이래저래 <빨래>는 21세기 판 <지하철 1호선>으로 느껴진다. 주요 인물의 죽음으로 끝나는 <지하철 1호선>에 비해 <빨래>가 조금 더 밝은 느낌이긴 하지만.

공연장에서 사온 CD를 계속 듣고 있다. 생생한 삶의 온기가 묻어나는 가사, 마음을 사로잡는 멜로디가 금방 입에 붙는다. 한동안 공연을 봐도 별 감흥이 없고 글쓰기도 어려웠는데, <빨래> 덕분에 좋은 공연을 보고 나면 입이 근질근질해서 못 견디는 병이 오랜만에 다시 도졌다. 때로는 눈물 흘리며, 때로는 폭소를 터뜨리며 봤던 <빨래>의 감동을 더 많은 사람과 나누고 싶어진 것이다. <빨래>로 내가 행복해진 만큼 다른 사람들도 행복해졌으면 싶다.

뮤지컬 <노트르담 드 파리> 한국 라이선스 공연.

공연의 여러 얼굴
뮤지컬 <노트르담 드 파리>

같은 공연을 여러 번 보게 될 때가 있다. 새 공연 찾아보기도 벅찬데, 예전에 봤던 공연을 뭐 하러 또 보나 싶기도 하지만, 엄밀히 말해 '같은 공연'은 없다. 심지어 똑같은 배우, 똑같은 연출가의 공연이더라도 하루하루 공연은 달라진다. 어제 공연을 보는 나와 오늘 공연을 보는 나도 같은 사람이 아니다.

나는 뮤지컬 <노트르담 드 파리>를 세 차례 봤다. 그때마다 달랐다. 다음은 세 차례 관람의 기록이다.

첫 번째 만남, 파리-음악이 압권

2001년 가을, 파리 모가도르 극장에서 뮤지컬 <노트르담 드 파리>를 처음 만났다. 1998년 프랑스에서 처음 공연된 뮤지컬이 유럽에서 엄청난 인기라는 풍문을 들었던 터라 출장길에 어렵게 시간을 냈다. 매혹적인 집시 처녀 에스메랄다에게 지고지순한 사랑을 바치는 노트르담 대성당의 꼽추 종지기 콰지모도 이야기. 줄거리는 대략 알고 있었지만, 공연은 내 예상과는 달랐다. 브로드웨이와 웨스트엔드 뮤지컬에 너무 친숙해져 있었던 탓일까.

캐나다 출신의 아방가르드 연출가 질 마으의 연출은 이 작품에 전위적인 색채를 강하게 부여했다. 작품 속의 중세 프랑스는 바로 우리가 살고 있는 현대로 느껴졌다. 무대는 지극히 단순하고 상징적이었다. 세 개의 거대한 종, 그리고 때로는 대성당으로, 때로는 감옥으로 표현되는 커다란 구조물이 무대의 중심을 이루고 있었다. 의상도 고증에 신경 쓰지 않은 채, 가장 두드러진 특징만을 남겨놓고 성직자와 군인, 집시들의 옷차림을 간소하게 표현했다. 안무는 현대무용과 아크로바틱, 브레이크 댄스를 접목한 '퓨전'이었다. 일반적인 뮤지컬과는 달리 대사는 없고, 노래만으로 진행됐다.

그런데 이 공연 관람에는 결정적인 장애물이 있었다. 나는 프랑스어를 모른다. 공연은 (너무나 당연하게도) 프랑스어로 진행됐고, 간단한 시놉시스 정도는 영어로 돼 있겠거니 기대하고 산 프로그램북도 온통 프랑스어뿐이었다. 누가 누구인지 파악하는 데 시간이 걸렸고, 무슨 얘기가 진행되는지 눈치로 파악하는 데도 한계가 있었다. 답답했다.

이래서야 공연을 제대로 봤다고 할 수가 없다. 그럼에도 불구하고 나는 세 시간 가까이 되는 이 작품을 재미있게 봤는데, 그건 무엇보다도 음악의 힘 덕분이었다. 리샤르 코시앙트가 작곡한 감미로운 선율은 프랑스어 대사의 음향적인 매력과 어우러져 독특한 매력을 발산했다. 프랑스어가 얼마나 음악적인 언어인지 새삼 깨달았다.

막이 오르자마자 울려 퍼진 '대성당의 시대Le Temps des Cathedrales'를 비롯해, 콰지모도와 주교 프롤로, 근위대장 푀뷔스가 에스메랄다를 향한 사랑을 노래하는 3중창 '아름답도다Belle', 에스메랄다의 '보헤미안 Bohemienne' 등 주옥같은 뮤지컬 넘버들이 쉴 새 없이 이어졌다. 대사 없이 노래만으로 이어진 공연은 마치 샹송 콘서트 같았다. 나는 콘서트 장에 앉아 있는 기분으로 음악을 즐겼다.

공연이 끝나고 배우들이 무대에 나와 인사하는데, 관객들의 반응은 상상 이상이었다. 모두 기꺼이 기립박수를 보냈고, 열광적인 환호가 이어졌다. 여러 차례의 커튼콜 끝에 배우들은 '대성당의 노래'를 다시 부르기 시작했다. 나는 이때 관객들 대부분이 배우들과 노래를 같이 부르는 데 놀랐다. 간단한 후렴구만 따라 한다든지, 멜로디만 흥얼거린다든지 하는 게 아니라, 많은 관객들이 이 노래를 완벽하게 알고 있는 것 같았다.

객석을 둘러보니 관객층은 아주 다양했다. 나이 든 사람, 젊은 사람, 어린이, 옷차림도 각양각색인 사람들. 무대와 객석이 한 마음이 되어 노래 부르는 광경을 보면서 프랑스 문화의 힘을 실감했다고 하면 과장일까? 내가 '국민 뮤지컬'이란 말을 자연스럽게 떠올린 것도 그 순간이었다.

두 번째 만남, 서울 – '문학'이 보이다

2005년 2월, 세종문화회관. 뮤지컬 <노트르담 드 파리>가 한국에 왔다. 다시 보니 첫 만남 때와는 느낌이 또 달랐다. 이번에는 한글 자막을

읽으며 내용을 파악할 수 있었기 때문이다. 첫 만남에서 '음악'에 가장 끌렸다면, 이번에는 '문학'이 보였다고나 할까. 물론 처음 볼 때도 작품의 대략적인 줄거리는 알고 있었지만, 가사 하나하나를 파악하며 보는 것과는 천지 차이였다. 너무나 당연하게도, 인물 하나하나가 명료하게 부각됐다.

　사실 프랑스에서 공연을 볼 때 나를 가장 헷갈리게 했던 인물은 음유시인 그랭그아르였다. 극이 시작되자마자 등장해 '대성당의 시대'를 부르는 사람. 처음에는 주인공인 줄 알았는데 아니었다. 내레이터 역할을 하는 인물일 것이라고 짐작했지만, 중간중간 또 극의 진행에 개입하고 있

었다. 무슨 얘기를 하는지 모르니 참 답답한 노릇이었다. 원작을 읽었더라면 조금은 짐작했을 터인데, 불행히도 내가 어릴 때 읽었던 <노트르담의 꼽추>는 어린이들을 위한 축약판이었는지, 그랭그아르라는 인물은 생략돼 있었다.

나는 두 번째 만남에서 음유시인 그랭그아르를 새롭게 만났다. 그는 15세기 말 '대성당의 시대'가 끝나가던 때, 변화하는 사회와 역사를 지켜보고 증언하는, 때로는 이 변화에 동참하기도 하는 예술가였다. 빅토르 위고가 생각한 예술가의 모습이 바로 이런 것이었는지도 모른다. 그랭그아르와 프롤로가 함께 부르는 노래, '플로렌스'는 신 중심 시대에서 인간 중심 시대로 옮겨가는 당시의 변화상을 잘 보여주고 있었다.

노래 가사는 비록 번역된 것으로 접했으나, 큰 감동으로 마음을 파고들었다. 콰지모도와 퓌뷰스, 프롤로가 에스메랄다에 대한 사랑을 각각 토로하는 노래 '아름답도다'의 가사 중 "내 눈은 에스메랄다의 치마를 만지고 있는데, 기도가 무슨 소용 있습니까, 노트르담이여!" 같은 부분은 그야말로 압권이었다.

이 작품의 원작자인 빅토르 위고는 프랑스가 가장 사랑하는 작가라는 사실을 새삼 떠올렸다. <노트르담 드 파리>는 비극적인 사랑 이야기를 넘어, 권력의 압제에 대항하는 프랑스 민중의 자각을 생생하게 그려내고 있다. 뮤지컬 대본을 쓴 뤽 플라몽동은 원작이 갖고 있는 문학적 향기를 노래 속에 제대로 옮겨 놓았다. 뮤지컬 <노트르담 드 파리>는 과연 프랑스의 '국민 뮤지컬'이었다. 그리고 프랑스인이 아닌 나에게도 충분히 감동적이었다.

세 번째 만남, 또 서울 – 춤이 다가오다

<노트르담 드 파리>가 국내 초연 1년 만에 다시 서울에 왔다. 첫 공연에서 엄청난 호응을 얻은 덕분이었다. 세 번째 만남에서도 음악의 힘은 여전했다. 이제 모든 노래들의 멜로디가 친숙하게 느껴졌다. 프랑스어 가사만 알았다면 몇몇 노래들은 따라 부를 수 있었을지도 모른다. 하지만 이번에는 예전과 비교한다면 춤이 더 많이 보였다. 내가 그동안 현대무용에 좀더 많은 관심을 갖게 된 때문인지도 모른다.

흔히 뮤지컬 <노트르담 드 파리>를 '대사 없이 음악만으로 극을 이

끌어가는 작품'으로 설명하곤 한다. 그러나 이렇게만 설명하면 좀 섭섭한 것이, 이 작품에서는 춤도 극의 진행과 심리 묘사에 중요한 역할을 하기 때문이다. 발레와 현대무용, 아크로바틱과 브레이크 댄스를 오가는 안무는 파격적이면서도 전혀 어색하지 않았다. 그리고 무용수들의 '몸'은 정말 아름다웠다.

    무용수들은 매트, 움직이는 바리케이드 등의 도구를 사용해 역동적인 움직임을 연출했다. 마치 곡예 같은 아찔한 고난도 동작도 아주 쉽게 해냈다. 때로는 벽을 종횡무진 가로지르고, 때로는 천장에서 거대한 종과 함께 내려왔고, 끊임없이 뛰어다니고, 구르고, 매달렸다. 그들은 집시들이었고, 거리의 부랑자들이었고, 군인이었고, 성난 군중이었다.

    푀뷔스가 에스메랄다와 자신의 약혼녀 사이에서 방황할 때, 엷은 막 뒤편, 핀 조명으로 비추는 무용수들의 현란한 움직임을 보며 감탄할 수밖에 없었다. 푀뷔스의 노래도 노래지만, 어지럽고 현란하고 때로는 뒤틀리는 듯한 이 동작들은 그의 심리를 아주 효과적으로 전달하고 있었다.

    안무를 맡은 마르티노 뮐러가 NDT, 즉 네덜란드 댄스 시어터 출신이며, 리옹 국립오페라 발레단, 슈투트가르트 발레단 등 유수의 단체에서 활동했다는 사실을 새로 알게 됐다. 지리 킬리안에게 발탁된 안무가라는 것이다. 공연장에서 만난 한 무용가는 이 작품의 안무가 요즘 현대무용의 퓨전 추세를 잘 보여주는 것이라고 말해주었다. 또 무용수들의 기량도 환상적이라며 감탄했다. 프로그램북에 무용수들은 자세한 약력 없이 이름만 써 있는 것이 아쉬웠다.

    이제 나는 뮤지컬 <노트르담 드 파리>와 네 번째 조우할 날을 기다리고 있다. 한국 배우들이 공연하는 한국어 버전은 아직 보지 못했다. 다음에 공연하면 꼭 가볼 생각이다. 좋은 예술 작품은 '여러 얼굴'을 갖고 있다. 아마 <노트르담 드 파리>를 다시 보게 된다면 나는 이 작품의 또 다른 얼굴을 만날 수 있을 것이다.

어른이 보는 어린이극
<우리는 친구다>

나는 어린이를 위한 공연을 많이 봤다. 아마 어른치고는 어린이 공연을 가장 많이 본 축에 속할 것이다. 대개 어린이를 위한 연극을, 취재 때문에 나 혼자 본다. 때로 어른을 위한 공연 못지않게 재미있고 감동적인 어린이 연극을 만난다. 좋은 공연을 취재하고 나면 내 아이들한테도 보여줘야지 마음먹지만, 결국 시간이 없어 못 보여준 경우가 많다. 아이들에게 미안하다. 아이들 빼놓고 엄마만 좋은 거 보고 다닌 셈이니까. 어쨌든 이렇게 몇 년 동안 어린이 연극을 취재하다 보니 어린이극 전문극단인 '사다리'의 공연들이나, 극단 학전의 어린이극 시리즈 등에 신뢰를 품게 되었다.

<우리는 친구다>는 뮤지컬 <지하철 1호선>의 극단 학전이 2004년 처음 선보인 어린이극이다. 원작은 <막스와 밀리>라는 독일 작품으로, <지하철 1호선>의 극작가 폴커 루트비히와 작곡가 비르거 하이만이 손을 잡

고 1978년 발표했다. 한국 공연은 <지하철 1호선> 때와 마찬가지로 극단 학전 대표인 김민기 씨가 번안과 연출을 맡았다.

줄거리는 간단하다. 초등학교 3학년인 민호와 유치원생인 슬기(원작의 막스와 밀리) 남매가 놀이터에서 우연히 만난 뭉치라는 아이와 친구가 되는 과정을 그려냈다. 민호와 슬기, 뭉치는 우리가 주변에서 흔히 볼 수 있는 요즘 아이들이다. 민호와 슬기는 부모님의 이혼 때문에 어머니와 함께 살고 있는데, 어머니는 직장을 다니며 아이들을 키우느라 항상 바쁘고 힘들어한다. 민호는 아빠가 떠난 뒤로 겁쟁이가 되어 잠들기 전 여러 차례 엄마를 찾으며 응석을 부린다. 슬기는 종일 텔레비전 앞에만 붙어서 웬만한 광고와 드라마는 좌르륵 꿰고 있는 '테레비 짱'이다.

뭉치(본명은 아니고 별명이다. '사고뭉치'라는 뜻이다. 본명도 극 중간에 나오는데, 이 대목이 아주 재미있다)는 아들만 넷인 집의 막내이다. 부모님이 음식점을 운영하느라 바빠서 뭉치는 미술, 태권도, 피아노, 바이올린, 영어, 수학, 전뇌 발달 등등 수많은 학원에 다닌다. 하지만 재미를 붙이지 못해 툭 하면 빼먹고 놀이터에 와서 혼자 놀다가 학원이 끝날 시간이 되면 집에 돌아간다. 놀이터를 독차지하며 다른 아이들을 못살게 구는 게 특기라면 특기다.

'발랑 까진 것처럼 보이는' 테레비 짱 슬기나, 컴퓨터 게임에 열중하는 민호도 계산 없는 순수함, 친구를 생각하고 걱정하는 어린이다운 마음을 갖고 있다. 다른 아이들 겁주기를 즐기는 뭉치도 알고 보면 속이 여려 겁이 많고 친구들과 놀기 좋아하는 평범한 아이다. 그래서 이들은 갈등을 겪으면서도 서로의 진심을 확인하고 친구가 된다.

이 작품은 어린이 공연이 흔히 내세우는 '꿈과 환상의 세계'와는 거리가 멀다. 상상 속의 동물도 없고, 요정도, 마녀도, 보물섬도 나오지 않는다. 당연히 화려한 무대장치도, 특수효과도 없다. 작품 속 공간은 민호와 슬기의 방과 놀이터, 이 두 곳뿐이다. 민호와 슬기의 2층 침대가 놀이터의 미끄럼틀로 바뀌고, 소품의 위치가 약간 달라지는 것으로 장면 전

환은 끝난다. 단순하지만 충분하다. 암전을 무서워하는 어린이 관객을 고려해, 조명이 약간만 어두워진 상태에서 이루어지는 장면 전환을 지켜보는 것도 한 재미다.

'뮤지컬'이라고 할 정도는 아니지만, 라이브로 연주되는 음악과 노래의 비중이 아주 크다. '테레비 짱'이나 '위가 좋을까? 아래가 좋을까?' '우리는 친구다' '이불 속은 참 좋아' 등의 노래들은 멜로디도, 가사도 모두 흡인력이 있다. 몇 차례 반복되는 '테레비 짱' 노래는 관객들도 함께 손뼉 치며 신나게 따라 부르게 된다. 밴드는 무대 왼편 위쪽에 자리잡고 연주하면서 때로는 극의 진행에도 관여한다. 특히 뭉치의 아버지로 나오는 이황의 씨는 연주까지 겸하면서 각종 단역을 맡고 있어 웃음을 자아낸다.

키가 훌쩍 큰 성인 배우들이 어린이 역할을 연기하는 게 처음에는 조금 어색하지만, 이 작품에는 아이들이 어떻게 지내는지, 어떤 생각을 하는지를 보여주는 생생한 장면들이 가득하다. 이불을 뒤집어쓰고 하는 귀신놀이나 총싸움도 그렇고, 아이들이 '똥'이니 '방귀'니 하는 배설과 관련된 말을 하며 재미있어 하는 모습도 현실감이 있었다. 텔레비전에 나오는 온갖 CM송과 유행어를 외워대며 춤추고 노는 '테레비 짱' 슬기의 모습은, 정도의 차이는 있을지언정 요즘 어린이들의 생활을 반영한 것일 터이다.

다행히 이 작품은 아이들과 함께 두 차례나 볼 수 있었다. 2004년 처음 볼 때는 큰딸 은우하고만 봤고, 2009년 두 번째로 볼 때는 은우와 은형 둘이 모두 같이 봤다. 두 번째 볼 때는 은우가 4학년, 은형이가 여섯 살이라 작품 속 민호·슬기 남매와 나이대가 비슷했다. 그래서인지 이 작품의 많은 장면이 정말 새롭게 다가왔다. 동생 슬기 때문에 항상 어른들한테 혼난다고 억울해하는 민호의 모습이, 요즘 부쩍 은형이와 신경전을 벌이는 은우와 너무 비슷했다. 나처럼 작품을 두 번째 본 은우는 민호에게 '감정이입'을 세게 하는 눈치였다.

'테레비 짱' 노래를 따라 부르며 좋아했던 은형이는 사실 극 중 슬기 못지않은 '테레비 짱'이다. 엄마 아빠한테도 "니들이 고생이 많다" "선배님~" 같은 TV 속 유행어를 남발하고, 종일 텔레비전 앞에 앉아 있는 게 걱정스러워 끄려 하면 결사적으로 on-off 버튼 사수작전에 나선다. '같이 놀 사람이 없으니까 테레비를 보는 것'이라는 슬기의 항변이 남의 얘기 같지 않았다. 은형이도 아마 마찬가지라고 할 것이다, 이렇게.

"엄마 아빠는 늘 바쁘고, 언니는 놀아주지 않잖아!"

이 작품에 (경비 아저씨나, 지나가는 노인 같은 아주 잠깐 나오는 조역을 제외하면) 어른은 단 두 명만이 등장한다. 뭉치의 아빠와 민호·슬기의 엄마다. 모든 부모는 이들과 조금씩 닮았다. 아이들을 사랑하지 않는 것은 아니지만, 사는 게 정신없이 바쁘고, 아이들이 뭘 원하는지 잘 모른다. 뭉치의 아빠는 아이들을 엄하게 키우는 게 최상의 교육이라고 생각한다. 민호·슬기의 엄마는 '합리적인 엄마'가 되려 하지만, 항상 바쁘고 일에 치여 아이들의 투정을 차근차근 들어줄 여유가 없고, 감정을 다스리지 못해 아이들에게 화를 내고 곧 후회하곤 한다. 꼭 나 같다. 그래서 '어른들은 우리 말을 제대로 들으려 하지 않는다'는 민호의 대사에 은우가 '우리 엄마도 그래!' 하고 중얼거릴 때 나는 속이 제대로 뜨끔했다.

극의 결말에서는 어른도 아이의 생각을 이해하고 이들의 우정을 격려하게 된다. 어른이 편견과 선입견을 버리고, 아이가 진정으로 뭘 원하는지 들으려 한 결과였다. 이들이 함께 부르는 '이불 속은 참 좋아'는 참 따뜻하고 정감 어린 노래였다. 어른들이 그렇게 꽉 막힌 것만은 아니라는 걸 극을 보는 은우도, 은형이도 알아줬으면 바랐다. 물론 앞으로는 나부터 아이들의 이야기를 잘 들어줘야 할 것이다. 그러고 보면 <우리는 친구다>는 어린이만을 위한 공연이 아니라, 어른에게도 생각할 거리를 주는 공연이었다.

'어른에 대비되는 존재로서가 아니라 어린이 스스로를 중심에 놓고, 아이들의 시각에서 일상에 자리 잡은 고민, 꿈, 소망, 그리고 현실을 이야기하는' 어린이 공연. 김민기 씨는 "요즘 어린이들이 학원과 학교를 오가며 주입식 교육에만 노출돼 있고, 지극히 상업적인 문화만 있지, 어린이를 중심에 놓은 문화현상은 적은 것 같아서" 어린이극에 뛰어들었다고 말했다.

학전의 어린이 무대는 <우리는 친구다>를 시작으로 <고추장 떡볶이> <슈퍼맨처럼!> 등으로 이어지고 있다. <우리는 친구다>를 즐겁게 봤으니 다른 공연들도 마음 놓고 볼 수 있을 것 같다.

'유령'은 나의 첫사랑
뮤지컬 <오페라의 유령>

P-H-A-N. 팬.

    영어사전을 찾아보면 이런 단어는 존재하지 않는다. 하지만 이 단어가 통하는 곳이 있다. 바로 뮤지컬 <오페라의 유령Phantom of The Opera>의 공식 인터넷사이트이다. 이 단어는 뮤지컬 제목의 'Phantom'에서 '열성적인 애호가'라는 뜻의 'Fan'과 발음이 똑같은 부분 'Phan'을 따온 것이다. 멀쩡한 영어단어 철자까지 바꿔버릴 정도이니, 이 뮤지컬의 '자신감'이 그대로 드러나는 듯하다.

    <오페라의 유령>은 공연계의 미다스로 불리는 영국의 작곡가 앤드루 로이드 웨버의 대표작이다. 유명한 뮤지컬 <지저스 크라이스트 슈퍼스타> <에비타> <캣츠>도 그의 작품이다. 가스통 르루의 1911년 소설을 원작으로 만든 <오페라의 유령>은 지난 1986년 영국에서 초연되었고,

1988년에는 미국 브로드웨이에 상륙했다. 20여 년을 넘는 세월을 쉬지 않고 공연 중이지만, 오늘도 관람 행렬은 계속 이어지고 있다.

고백하자면 나도 오래전부터 <오페라의 유령>의 'Phan'이었다. 나와 <오페라의 유령>의 만남은 20여 년 전, 대입시험을 앞둔 고3 수험생의 어느 여름날로 거슬러 올라간다. 나는 당시 밤 12시에 방송하는 FM라디오의 영화음악 프로그램을 즐겨 듣고 있었다. 그날도 무심히 라디오를 켜놓고 책을 뒤적이고 있는데, 갑자기 내 귀를 사로잡는 음악이 흘러나왔다. <오페라의 유령>의 메인 테마였다. 진행자는 그날 프로그램 전체 시간을 할애해서 <오페라의 유령>이 어떤 작품인지를 설명하고 주요 노래들을 틀어줬다.

파리의 오페라하우스 지하에 사는 흉측한 외모의 '유령'. 나는 그에게 끌렸다. 그는 때로는 살인도 서슴지 않는 악한이지만, 섬세한 예술혼을 지닌 음악가이며, 사랑하는 여인을 위해 모든 걸 버리는 순애보의 주인공이기도 하다.

다음날 나는 바로 <오페라의 유령> 음반을 샀다. 두 장짜리 LP 판이었다. 한동안 <오페라의 유령> 음악을 틀어놓고 대본을 해석하는 일로 영어 공부를 대신했다. '미로Labyrinth' '경의Homage' 같은 생소한 단어를 사전에서 찾으며 <오페라의 유령>에 빠져들었다. 유령의 사랑과 슬픔, 절망이 내 것이 되는 기분이었다.

음악을 따라 내 머릿속엔 유령과 크리스틴, 라울이 오락가락했다. 마이클 크로포드가 부르는 '밤의 음악Music of The Night'은 정말 은근하고 매혹적이었다. 새러 브라이트만이 부르는 '날 생각해주세요Think of Me'

나 '바람은 이것뿐All I ask of You' 같은 노래들은 얼마나 사랑스러웠는지. 크리스틴이 가면을 벗긴 후 자신을 저주하는 유령의 독백은 언제 들어도 가슴 아팠다. 친구들에게도 틈만 나면 음악을 들려주고 내용을 설명해주면서 나와 같은 유령의 팬으로 끌어들이려고 애를 썼다.

<오페라의 유령>은 내게 뮤지컬 세계의 매혹을 알려준 첫 작품이었다. <오페라의 유령>이 공연되고 있다는 브로드웨이나 웨스트엔드는 나에게 꿈의 이름으로 다가왔다. 전에도 뮤지컬을 본 적이 있지만, '브로드웨이'나 '웨스트엔드'라는 이름을 갈망하게 된 것은 그때였다. 나는 언제 이곳에서 '유령'을 만날 수 있을까.

나는 그때 유령에 홀려 있었던 것 같다. 어떻게 보지도 못한 뮤지컬에 그렇게 빠져들 수 있었을까. 어쩌면 보지 못했기에 더욱 매혹적이었는지도 모른다. 무대 위에 오페라하우스의 지하 호수가 일렁이고, 유령과 크리스틴을 태운 배가 유유히 흘러가고, 유령의 손짓에 화려한 샹들리에가 무대 위로 추락하고……. 나는 <오페라의 유령>의 무대를 머릿속에 그려보곤 했다.

지금 돌이켜보면 '유령'은 수험생활의 압박감을 이겨내기 위한 나름의 도피처였는지도 모르겠다. 웬만한 대사와 노래는 달달 외울 지경이 됐을 즈음 나는 대학 입학시험을 쳤고, 떨어졌다. '유령' 때문이었을까? 나는 재수를 거쳐 대학에 입학했고, 직장에 들어갔다. 그동안에도 나는

'유령'을 잊지 못했다.

　　방송국 기자로 입사한 지 몇 년 만에 뮤지컬을 담당하는 문화부 기자가 됐다. 지금 생각하니 내가 문화부를 지원한 이유에는 '유령'도 큰 비중을 차지했던 것 같다. 그리고 마침내 오랫동안 꿈꾸던 브로드웨이에서 '유령'을 만날 수 있었다. 내 눈앞에 펼쳐진 '시각의 향연'에 탄성을 질렀다. 30만 개의 유리 구슬로 치장한 250kg 무게의 샹들리에가 관객의 머리 위로 날아다녔다. 웅장한 파리 오페라하우스, 사방에 촛불이 너울거리는 호수, 그리고 유령이 사는 음침한 지하세계가 무대 위에 생생하게 살아났다.

　　브로드웨이에서 <오페라의 유령>을 보고 난 뒤, 같이 공연을 봤던 사람들과 함께 술잔을 기울이며 새벽까지 얘기를 나누었다. 지금은 뮤지컬 평론가로 이름을 날리는 원종원 교수도 그 자리에 있었다. 그도 뮤지컬에 빠지게 된 계기가 <오페라의 유령> 때문이라고 했다. 몇 차례 봤는데도 여전히 볼 때마다 유령의 사랑이 너무 아파서 눈물이 난다고 했다. 동지를 만난 기분이었다. 나도 '유령'에 홀렸던 학창 시절의 추억을 털어놓았다. 뮤지컬을 보기도 전에 유령의 노래만 듣고도 눈시울이 뜨거워졌던 그 시절…….

　　2001년, 한국에도 <오페라의 유령>이 상륙했다. 한국인 배우들이 한국어로 하는 공연이었다. 여러 가지로 화제가 풍성했다. <오페라의 유령>에서부터 한국의 뮤지컬은 '산업'으로 거론되기 시작했다. 당시에는 유례가 없었던 7개월의 공연 기간, 100억 원이 넘는 제작비가 많은 사람들의 입에 오르내렸고, 대규모 오디션도 화제가 됐다. 류정한, 김소현 같

뮤지컬 <오페라의 유령> 한국 라이선스 공연.

은 뮤지컬 스타가 이때 발굴됐다. 유령 역에는 서울시 합창단원이었던 윤영석이 깜짝 발탁됐다(여러 차례의 오디션에도 유령 역을 맡을 한국인 배우를 찾지 못해, 하마터면 유령 역은 외국인 배우에게 돌아갈 뻔했다고 한다. 외국인 배우의 어색한 한국어 연기를 볼 뻔했다).

한국 판 <오페라의 유령>이 개막한 2001년 12월 2일, 내 가슴은 뛰고 있었다. 오랫동안 가슴속에 품어온 내 '첫사랑'을 한국에서 만나게 됐으니 어찌 담담할 수 있었겠는가. 주역으로 캐스팅된 한국인 배우들이 과연 어떤 연기를 보여줄 것인가. 저 화려한 파리 오페라하우스와 유령의 지하 은신처가 LG아트센터에서 어떻게 재현될 것인가. 오케스트라는 가슴을 치는 음악을 어떻게 연주할 것인가.

한국 무대에서도 '유령'은 대단했다. 유령이 크리스틴을 배에 태워 자신의 은신처로 데려가는 장면, 가면무도회 장면에서는 감탄이 절로 나왔고, 유령이 크리스틴을 떠나보내고 흐느끼는 장면에서는 눈물이 핑 돌았다. 한국어 번역도 걱정한 것보다는 훨씬 매끄러웠다.

물론 아쉬운 점도 있었다. 많은 사람들이 지적했던 부분들이다. 연기에 흡인력이 부족했다, 배우들의 호흡이 완벽하지 않았다, 오케스트라 연주가 기대에 미치지 못했다……. 옳은 지적이었다. 기대가 컸기에, 완벽한 모습을 기대했기에 더욱 아쉬웠을 것이다. 하지만 나는 커튼콜 때 주저하지 않고 자리에서 일어나 박수를 보냈다. 기립박수는 내 '첫사랑'에 대한 예의이기도 했고, 우리 배우들에 대한 격려이기도 했다. 다른 관객도 나와 비슷한 생각이었는지 대부분 기립박수를 보내고 있었다.

<오페라의 유령>은 한국 뮤지컬 시장이 비약적으로 성장하는 계기가 되었다. 다양한 해외 뮤지컬 신작들이 점점 큰 시차 없이 한국에서 공연되고 있다. 수많은 뮤지컬 화제작들 사이에서 이제 <오페라의 유령>은 처음 한국에 상륙했을 때만큼 주목받는 작품은 아니다. <오페라의 유령> 한국어 라이선스 공연이 성공한 이후, 외국 배우들의 내한 공연도 이뤄졌다. 나도 그동안 셀 수 없이 많은 뮤지컬들을 국내외에서 접했다. <오페라의 유령> 말고도 내가 사랑하는 작품들은 많다. 하지만 지난 20여 년 동안 <오페라의 유령>만큼 내게 특별한 의미를 가진 작품은 없었다. 수많은

사랑을 만날 수 있지만, 첫사랑은 오직 하나, 영원히 잊을 수 없는 것이니까. 첫사랑이 없었더라면 이후의 사랑도 없었을 테니까. 그러므로 나는 '유령'의 영원한 'Phan'이다.

저항의 연극 <크루서블>

출장이든 개인 여행이든, 해외에 가게 되면 어떻게든 공연을 많이 보려고 애쓰는 편이다. 보통은 음악회를 보거나 춤과 노래가 곁들여져 대사 이해 부담이 덜한 뮤지컬을 많이 찾는다. '언어의 예술'이라고 할 만한 연극은 아무래도 외국어의 장벽 때문에 100퍼센트 몰입하기가 어렵기 때문이다. 하지만 해외에서 접했어도 충분히 감동적인 연극이 몇 편 있었는데, <크루서블The Crucible>이 바로 그런 작품이었다.

    2006년 영국 출장길, 취재 때문에 런던 극장가를 돌아다니다 길거드 극장에 내걸린 'The Crucible' 간판에 호기심을 느꼈다. RSC, 그 유명한 로열 셰익스피어 컴퍼니가 제작했단다. <크루서블>은 20세기 미국 문학의 거장 아서 밀러의 대표작이다. 마릴린 먼로와 결혼해 유명세를 타기도 했던 아서 밀러는 <크루서블> 외에도 <모두가 나의 아들> <세일즈

맨의 죽음> 같은 걸작을 남기고 2005년 타계했다.

영화 <크루서블>(1996)을 재미있게 보았기 때문에 연극은 어떨까 궁금했다. 로열 셰익스피어 컴퍼니 제작이라는 것도 구미를 당겼다. 하지만 대사가 줄줄이 이어지는 연극을 외국어로 본다는 게 부담스러워 망설였다. 그런데 숙소에 비치된 공연 정보지 「타임 아웃」에서 이 작품이 별 6개의 평점을 받은 것을 보고 생각이 바뀌기 시작했다. 보통은 아주 뛰어나다는 작품도 별 4개 정도인데, 얼마나 좋기에 별 6개를 받았을까. 공연평의 첫 문장은 "Yes, that's six stars"로 시작하고 있었다.

여기에 다음날 런던 시내에서 우연히 만난 연출가 손진책 씨의 권유가 결정적이었다. 그는 '보통 런던에 오면 시차 적응이 되기 전에는 조금 졸아도 관계없는 작품을 보는데, 이번에는 평소와는 달리 이 작품을 하루라도 빨리 보고 싶어 런던에 도착하자마자 봤다'며, 이 작품을 꼭 보라고 권했다.

나는 결국 연극 <크루서블>을 보게 될 '인연'이 있었는가 보다. 내가 재미있게 보았던 영화 <크루서블>의 감독은 니컬러스 하이트너였다. 니컬러스 하이트너는 셰익스피어 전문가로 명성이 높은데, 뮤지컬 <미스 사이공>의 초연 연출을 맡았던 연출가이기도 하다. 내 출장은 바로 <미스 사이공> 취재를 위한 것이었다. 그리고 마침 <미스 사이공> 영국 공연에는 손진책 씨의 딸 지원 씨가 출연하고 있어서 인터뷰까지 이미 마친 참이었다.

<크루서블>을 보기로 마음을 굳히고 티켓을 구입했다. 손진책 씨도 두 번째 관람에 나섰다. 공연 시간은 3시간. 졸리면 까짓 자면 되지, 하

는 마음으로 보기 시작했다. 무대는 아주 간결했다. 흰색을 주조로 한 모노톤의 무대장치가 매우 효과적으로 사용되면서 마을사람들의 집과 법정, 그리고 마을을 에워싸고 있는 숲을 형상화하고 있었다.

역시나 대사를 다 알아듣지는 못했다. 하지만 참 신기하게도 전혀 졸리지 않았다. 출장 막바지라 무척 피곤한 상태였지만, 상연 내내 귀를 쫑긋 세우고 무대를 주시할 수 있었다. 예전에 영화를 봐서 줄거리를 대략 알고 있었던 것이 도움이 됐다. 하지만 무엇보다 배우들이 무대 위에서 뿜어내는 에너지가 압도적인데다, 작품 자체가 팽팽한 긴장감으로 가득 차 있어서 졸고 싶어도 졸 수가 없었다.

<크루서블>은 1692년 청교도 분위기가 팽배했던 미국 매사추세츠 주의 작은 마을 세일럼에서 실제로 일어난 마녀사냥을 소재로 한 작품이다. 당시 19명의 남녀가 교수형을 당했고, 체포된 사람이 140명에 이르렀다고 한다. 아서 밀러는 마녀로 몰려 화형당하지 않으려면 다른 사람을 마녀로 몰아야 하는 상황을 풀어나가면서, 1950년대 미국을 휩쓴 매카시즘을 비판하고 있다.

1952년 4월, 아서 밀러는 절친한 친구였던 엘리아 카잔이 '하원 비미非美활동 특별조사위원회House Un-American Activities Committee'에서 1930년대 공산당 모임에 참여한 사람들의 '이름을 댔다naming names'는 얘기를 듣게 된다. 아서 밀러는 카잔이 자신의 이름까지 지목했을지 모른다는 사실을 깨닫고, 세일럼으로 달려가 <크루서블>을 집필하기 위한 자료 수집에 들어간다.

연극 연출가이며 영화감독인 엘리아 카잔은 아서 밀러의 <세일즈맨

의 죽음>을 1948년 연출했으며, 후에 <에덴의 동쪽> <워터프런트> 등의 영화를 감독했다. 그는 1950년대 자신의 행동이 정당했다고 주장하는 광고를 「뉴욕타임스」에 게재하기도 했으나, 세월이 흐른 뒤인 1972년, '다른 사람의 '이름을 대는 것naming names' 은 역겨운 일이었으며, 인간적으로 후회한다' 고 고백했다. 그는 1999년 아카데미상 시상식에서 공로상을 받았으나, 많은 사람들이 그에게 박수 보내기를 거부했다. 그는 2003년 세상을 떠났다.

<크루서블>은 1953년 뉴욕의 마틴벡 극장에서 막을 올렸다. 아서 밀러 자신의 표현대로, 이 초연 프로덕션은 '저항의 연극An Act of Resistance' 이었다. 매카시즘의 광풍 속에 힘겹게 지속되던 공연은 몇 주 만에 막을 내렸고, 주역으로 출연했던 배우들은 모두 '블랙리스트' 에 올라 고초를 겪었다. 아서 밀러 자신도 이후 이 작품이 벨기에에서 공연될 때 여권 갱신을 거부당했다. 1956년 '위원회' 에 출석한 아서 밀러는 '이름 댈 것naming names' 을 거부하고 형을 선고받았다.

I am trying to, and I will, protect my sense of myself. I could not use the name of another. I take responsibility for everything I have ever done, but I cannot take responsibility for another human being.

자신의 이름에 부끄럽지 않기 위해, 진실을 지키기 위해, '악마가 이웃사람과 함께 있는 것을 봤다' 는 거짓 고백을 거부하고 형장으로 끌려가는 <크루서블>의 주인공 존 프록터의 대사다. 나는 이 장면에서 뜨거운 것이 가슴속에 치밀어 오르는 것 같았다. 초연 이후 오랜 세월이 지난 지금, 나 같은 이방인에게도 이럴진대, 당시의 관객에게는 이 대사가 얼마나 심장 깊숙이 파고들었을까. 아서 밀러가 위원회 앞에서 증언을 거부하며 했던 진술 역시 이 대사였다고 한다.

연극에서는 관록 있는 배우 이언 글렌Iain Glen이 순박하고 강직한 농부 존 프록터 역을 맡았다. 자신과 한때 불륜관계였던 소녀 아비게일의 복수심에서 비롯된 거짓말이 온 마을을 휩쓰는 마녀사냥의 광풍으로 번지는 것을 막기 위해 애쓰지만, 결국은 그 광풍 속에 희생되는 역이다. 그는 평범한 사람이지만, 거짓을 거부하고 진실을 택한 고결한 인간이다. 영화의 존 프록터, 다니엘 데이 루이스도 훌륭했지만, 바로 눈앞의 무대에서 펼쳐지는 배우의 연기는 더욱 압도적이었다.

존 프록터가 아비게일의 거짓말을 밝혀내기 위해 법정에 서지만 결국은 실패하고 마는 심문 장면은 긴장을 한시도 늦출 수 없는 명장면이었다. 특히 존 프록터의 설득으로 아비게일의 거짓말을 증언하기 위해 나왔던 소녀 메리가, 악마가 보인다며 발작하는 다른 소녀들의 광기에 질려 '진실을 말하는 소수'가 되기를 포기하고 '거짓말하는 다수'에 속하기를 간청할 때, 그리고 아비게일이 마녀로 지목한 존 프록터의 아내 엘리자베스가 재판관 앞에 끌려나와 남편과 아비게일의 관계를 추궁당할 때, 무대가 뿜어내는 열기는 제대로 숨쉬기도 어려울 정도로 뜨거웠다.

'마녀사냥'을 자신에게 유리하게 끌고 가려는 권력자들, 거짓말을 은폐하기 위해 광적인 발작 연기도 서슴지 않는 소녀들, 죽음을 눈앞에 두고도 용기 있게 진실을 택하는 보통사람들……. '배신은 인간이 타고난

본능이지만, 이 본능에 굴복하기를 거부하는 것 또한 인간 본능'이라고 말했다는 아서 밀러. 그는 인간의 광기와 위선이 어디까지 갈 수 있는지를 묘사하면서도, 이 광기를 넘어서는 고결한 인간의 승리를 보여준다. 이 승리는 스스로 죽음을 선택함으로써 완성되는 것이기에 비극적이면서도 감동적이다.

뮤지컬과는 다른 연극의 묵직한 매력에 정신이 번쩍 들었다. 공연이 끝나고 극장을 나오면서 나는 가슴이 벅찼다. 작품에 감동했고, 배우들의 연기에 감동했고, 평일인데도 객석을 꽉 메운 관객들에게 감동했고, 이 작품을 선택해서 보길 참 잘했다는 생각에 나 자신이 대견스러워졌다. 나는 두 번째로 이 연극을 보고 나온 손진책 씨와 술 한잔 앞에 놓고 밤늦게까지 연극에 대한 이야기를 나누었다.

연극 <크루서블>은 1년 뒤, <시련>이라는 제목으로 한국 무대에 올랐다. 두 번째로 봐도 눈시울이 뜨거워지고, 가슴속에서 뭔가 뜨거운 것이 치밀어 오르는 듯한 느낌은 여전했다. 한국 공연의 연출은 뮤지컬 <명성황후>로 유명한 연출가 윤호진 씨가 맡았다. 그는 20여 년 만에 이 작품을 연출하게 된 남다른 감회를 털어놓았다.

윤호진 씨는 1970년대 유신 말기, 젊은 혈기로 사회비판을 담은 이 연극을 준비하던 중 10·26이 일어났고, 이어 집권한 5공 군사정권의 견제로 결국 공연은 무산되고 말았다고 말했다. '만나는 사람들마다 그 시절 그 이야기를 꺼내며 언젠가 꼭 이 작품을 다시 올려 내 한을 풀고 싶다고 노래했던' 그가 20여 년을 곱씹어 고대했던 날을 드디어 맞이한 것이다.

윤호진 씨는 왜 이 작품이 제목처럼 오랜 시간을 두고 '시련'을 겪어야 했는지 관객이 무대 안에서 그 열쇠를 찾기를, 그리고 우리 시대에도 일어나고 있을지 모르는 이런 사건들에 대한 아서 밀러의 '경고의 메시지'를 들을 수 있기를 바란다고 했다. 연극으로 출발했지만 오랫동안 뮤지컬에 몸담아온 윤호진 씨는 이 작품을 통해 고향에 돌아온 셈이다. '복잡한 도시 생활을 잠시 접고 고향집에 두고 온 애인과 재회한 것처럼 설레고 행복했다'고 한 그의 말을 100퍼센트 이해할 수 있을 것 같았다.

연극 <크루서블>을 본다는 것은 인간과 사회에 대해 다시 사유하게 만드는 진지한 체험이다. 이렇게 '진지한 체험'을 갈망하는 관객이 생각보다 많았던지, 한국 공연 역시 비평과 흥행 양쪽에서 좋은 성과를 거뒀다. 연극의 매력을 영국에서, 한국에서 다시 한번 느끼게 해준 <크루서블>. 한국 공연의 프로그램북에 실렸던 김윤철 한국예술종합학교 교수의 말을 인용하며 글을 마무리한다.

연극이 사회적 기능을 포기하고 사적인 담론으로 치닫는 세태를 향해 연극의 본질에 대해 다시 한번 성찰하게 하는 계기를 제공해주기를 희망한다. 짧고 가벼운 쾌락만 제공하는 연극이 주류를 이루는 요즘, 길고 무거운 사유를 자극하는 연극이 색다른 즐거움의 원천이 될 수 있음이 증명되기를 희망한다. 예술도, 종교도, 정치도 모두 상업적 마인드에 함몰돼 있는 이 종말론적 시대에 의롭고 선하고 진실하기를 힘쓰는 인간이 더욱 절실히 요구되기 때문이다.

뮤지컬 <지하철 1호선> 3천회 공연.

조승우·황정민 망가지다
뮤지컬 <지하철 1호선> 3천회 공연

뮤지컬 <지하철 1호선>은 폴커 루트비히가 쓴 독일 그립스 극단의 <Linie 1>를 극단 학전 김민기 대표가 한국적으로 번안, 연출한 작품이다. 장백산에서 만난 첫사랑 '제비'를 찾아 한국에 온 연변 처녀 '선녀'가 청량리 588과 서울역을 오가며 서울의 하층민을 만나는 얘기다. 모두 힘없고 가진 것 없는 밑바닥 인생들이지만 따뜻한 인간애를 지닌 사람들이다.

청량리 588에서 몸을 팔며 살아가는 '걸레'는 시위하다 청량리로 쫓겨 들어온 운동권 학생 '안경'(후에 시대변화에 맞춰 이 작품을 수정하는 과정에서 '안경'은 가짜 운동권 학생으로 배역의 성격이 바뀌었다)에 순수한 사랑을 품고 있다. 588의 '어깨' 철수는 겉으로는 양아치 같아 보이지만 속정이 깊다. 흑인

혼혈인 철수를 키운 사람은 서울역 앞에서 포장마차를 하는 곰보 할매다. 욕쟁이 할머니이지만, '산다는 게 참 좋구나, 아가야' 하고 선녀를 보듬어줄 수 있는 따뜻한 품을 가졌다.

<지하철 1호선>에서는 수많은 '서울 사람들'을 만날 수 있다. '가장 낡고 서민적인' 지하철 1호선은 잡상인, 평범한 직장인, 가출 청소년, 깡패, 백화점 세일 원정 가는 강남 과부들이 만나는 공간이다. 뮤지컬은 지하철 칸간이 넘쳐나는 이들의 이야기를 담아낸다. 풍자와 해학, 사회비판이 어우러진다.

원작은 외국 작품이지만, 해외 뮤지컬을 라이선스 공연할 때 흔히 느껴지는 '빠다 냄새'는 전혀 없다. 서울의 오늘을 생생하게 그려낸, 된장 냄새 진한 작품이 됐다. 원작자 폴커 루트비히까지 이 작품에 반해 '이것은 한국 뮤지컬이다'라고 인정하고, 저작권료 지불 의무를 면제해줄 정도였다.

이 작품은 국내 뮤지컬 사상 최장 기간, 최다 공연 횟수 기록을 계속 갱신해왔다. 1994년에 처음 운행을 시작해 15년 동안 달려왔다. 2008년 12월 31일 4천 회 공연을 기록했다. 그동안 이 작품을 거쳐 간 배우들은 300명 가까이 된다. 재즈 가수 나윤선이 초연 때 선녀로 출연했고, 설경구, 방은진, 장현성, 조승우, 황정민, 배해선 등 쟁쟁한 스타들이 모두 이 작품을 거쳤다.

<지하철 1호선>은 개인적으로도 최다 관람 작품이다. 횟수가 정확히 기억나지는 않지만 열 번은 되지 않을까 싶다. 2천7백 회, 3천 회 등 기념공연이 있었을 때는 물론이고, 출연진이 바뀌었을 때, 해외공연을 앞뒀

을 때, 공연장을 옮겼을 때, 원작자가 방한했을 때 등등 취재할 만한 '거리'가 있을 때마다 관람했다. 이 중 가장 인상 깊었던 공연은 2006년 3월에 열린 3천 회 기념공연이다.

3천 회 기념공연은 조승우, 황정민, 장현성, 배해선 등 역대 출연 배우들이 우정출연해 단역을 맡고, 당시 공연 중이던 신인 배우들이 주요 배역을 맡는 식으로 이루어졌다. 잡상인과 구걸인, 사이코 전도사, 양아치 등 현실에서도 지하철 1호선에서 만날 수 있는 인물들인데, 웃음을 던져주면서도 당대 서울의 모습을 풍자하는 재미있는 배역들이다.

조승우는 지하철에서 빨간 고무장갑을 파는 잡상인 역이었다. 검은색 트렌치코트에 모자를 쓰고 자못 근사하게 등장하더니, 곧 흘러나오는 쿵짝쿵짝 음악에 맞춰 춤추며 "절대 찢어지지 않는 강력 고무장갑"을 쫘르륵 펼쳐 보이며 "단돈 천 원" "IMF 때문에 손님들 덕 보는 거야" 하고 외친다. '진지한 청년 조승우'에 익숙했던 관객들은 모두 포복절도할 수밖에.

압권은 모자를 벗으니 나타나는, 숱 몇 가닥 남은 대머리였다. 게다가 본래 대본에 없던 애드리브까지! 지하철 좌석에 앉아 있던 수녀에게 고무장갑을 들이대며 "내 세례명이 라텍스"라고 너스레를 떠는데, 나는 뒤집어질 수밖에 없었다(김민기 대표는 한 줄 쓰는 데도 며칠이 걸릴 정도로 정교하게 계산해 쓴 대사를 배우들이 즉흥적으로 바꾸는 걸 별로 좋아하지 않는다. 하지만 우정출연한 배우들의 애드리브에 대해서는 "하루이틀 하고 말 놈들은 맘대로 하라 그래" 하며 너털웃음을 웃었다).

한동안 차내 분위기를 휘어잡던 '잡상인 조승우'는 곧이어 쫄티를 입고 얼굴에 반창고를 붙인 채 험악한 표정으로 등장하는 '양아치 황정민'에 밀려 장갑은 팔지도 못하고 한구석에 찌그러지고 만다. 자신의 전과기록을 들먹이며 사람들에게 겁을 줘서 돈을 뜯어내려는 황정민의 모습은 코믹하기 그지없다(예전에는 실제로 버스나 지하철에서 이런 사람들을 자주 봤는데 요즘엔 못 본 것 같다).

황정민은 말끝마다 "씨~ ㅂㄹ"을 연발하는가 하면, 누렇게 바랜 옛날 신문에서 흉악범 검거 기사를 오려 와서는 "여기 뒤돌아 서 있는 게 나여" 주장하더니, 쫄티를 확 걷어 올려 배에 그어진 칼자국을 보여준다. "하나만 더 그으면 제트여~" 하며. 그는 2막에서도 '구걸남'으로 출연해 다시 한번 확실히 망가졌다. 그리고 다른 배우들이 '지하철을 타세요~' 하고 노래하는 장면에서는 조승우와 함께 무대 양편에서 깜짝 등장해 막춤을 선보였다. 객석에서는 "꺅~" 소리가 터져 나왔고.

낯익은 배우들이 이렇게 열과 성을 다해 망가지는 모습이 얼마나 유쾌했는지 모른다. 조승우, 황정민 말고도 장현성, 배해선, 이미옥, 최무열, 김학준, 권형준 등 텔레비전과 영화, 연극과 뮤지컬을 넘나들며 활약하고 있는 배우들이 등장할 때마다 무대는 활기가 넘쳤고 객석은 들썩거렸다.

공연이 끝난 뒤 벌어진 뒤풀이 자리. <지하철 1호선> 출연 배우들과 제작진이 함께 늦게까지 술잔을 기울이며 3천 회 공연을 자축했다. 이들이 <지하철 1호선>이라는 작품에, 그리고 극단 학전에 갖고 있는 애정은 각별해 보였다. 황정민은 <지하철 1호선>이 '교과서 같은 작품이며 지금도 연기의 기본을 일깨워주는 작품'이라고 했고, 조승우는 '많은 것을 배운 학교'이며 '나의 휴식처'라고 했으며, 장현성은 '내 20대를 바

'양아치' 황정민과 '잡상인' 조승우.

친 친정 같은 작품'이라고 했다.

특히 줄곧 김민기 대표 옆에 앉아 있던 황정민이 김 대표의 손을 잡으며 "우리 선생님 그동안 많이 늙으셨어. 주름이 쭈글쭈글해. 어떻게 해요." 하는데, 그 모습이 얼마나 따뜻한지, 그 몇 달 전 황정민이 한 영화상 시상식에서 수상소감 첫머리에 김민기 대표의 이름을 언급한 것이 그냥 인사치레가 아니었음을 새삼 느끼게 했다. 황정민은 당시 "건방 떨지 말고 있는 그대로 연기하라는 가르침을 주신 김민기 선생님께 감사드린다"

고 말했다.

　　뮤지컬 <지하철 1호선>을 거쳐 간 배우들이 한자리에 모이자 왜 이 작품이 '배우사관학교'로 불리는지 실감할 수 있었다. 게다가 완벽주의자로 이름난 김민기 대표는 이날도 주요 배역을 맡았던 신인 배우들에게 '노트(연기에 대한 평가)'를 빼놓지 않았다. <지하철 1호선>에 출연하고 싶어 오디션을 볼 때, 극단 학전 김민기 대표가 '아침이슬'의 그 김민기인 줄은 꿈에도 몰랐다는 젊디젊은 배우들이었다. 이들은 "오늘도 대표님 '노트' 빼놓지 않을 줄 알았다니까요. 하여간 못 말려요" 하며 투덜거리는 척했지만, 김 대표의 말을 한 마디도 놓치지 않으려는 눈치였다.

　　유쾌한 잔치 같았던 <지하철 1호선>의 3천 회 기념공연. 나는 이 작품이 오랜 세월 공연을 이어온 비결을 이 자리에서 다시 실감했다. 작품 자체의 힘. <지하철 1호선>을 친정집으로 여기는 배우들의 애정. 묵묵히 공연을 뒷받침해준 스태프들의 노력. <지하철 1호선>에 함께 승차한 관객의 관심. 뮤지컬 <지하철 1호선>의 3천 회 안전운행은 이들 모두의 덕분이었다.

　　2008년 12월 31일, 나는 <지하철 1호선>의 4천 회 기념 공연도 관람했다. 4천 회 공연 역시 나윤선, 황정민, 방은진, 장현성 등 역대 출연 배우들과 원작자 폴커 루트비히까지 참여한 뜻 깊은 자리였지만, 3천 회 때와는 조금 느낌이 달랐다. <지하철 1호선>이 4천 회를 끝으로 멈춰 섰기 때문이다. 나는 오랜만에 공연을 보면서, 1990년대 말 IMF 체제 당시를 배경으로 한 이 작품이 경제 위기 속에서 서민의 삶은 더욱 궁핍해진 2008년 말에도 여전히 유효하다고 느꼈기에 '운행 정지'가 아쉬웠다.

물론 <지하철 1호선>이 영원히 멈추는 건 아니다. 김민기 대표는 남대문이 불타는 모습을 보면서 더 이상 '1998년 서울'에 한정된 20세기의 <지하철 1호선>으로는 변화된 한국의 모습을 담아낼 수 없다고 생각했다며, <지하철 1호선>의 21세기 버전을 만들겠다고 선언했다. 안 그래도 김민기 대표는 1994년 초연 이후 시대상의 변화에 맞춰 조금씩 작품을 수정해 왔는데, 이제 기존 작품을 '수정'하는 것만으로는 충분하지 않다고 판단한 것이다.

김민기 대표가 내놓을 <지하철 1호선> 21세기 버전이 어떤 내용일지는 아직 알 수 없다. 하지만 확실한 것은 그가 새 작품에서도 '밀리 반 세상의 이야기가 아니라, 우리가 조금만 관심을 돌리면 쉽게 접할 수 있는 우리의 이야기'를 할 것이라는 점이다. <지하철 1호선>은 우리 보통 사람들의 삶으로 가득한 이야기의 공간이니까.

<지하철 1호선>의 운행 재개를 기다린다.

기자 일기 엄마 일기

3

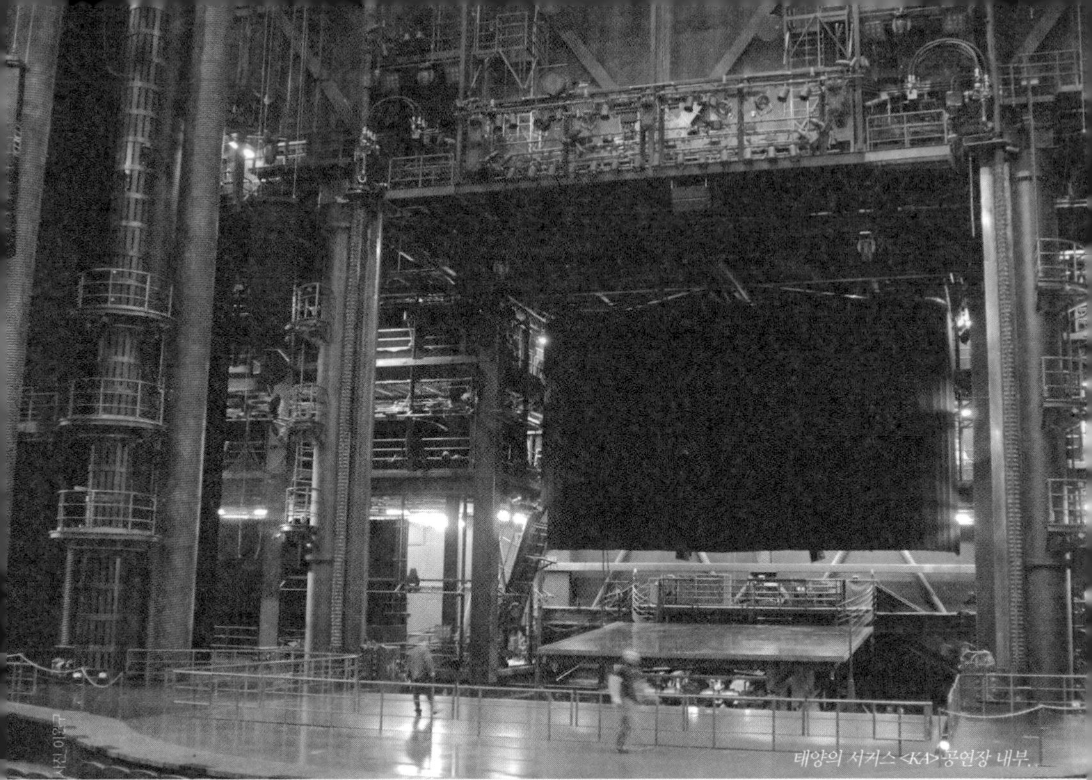

사진 이원구

태양의 서커스 <KA> 공연장 내부.

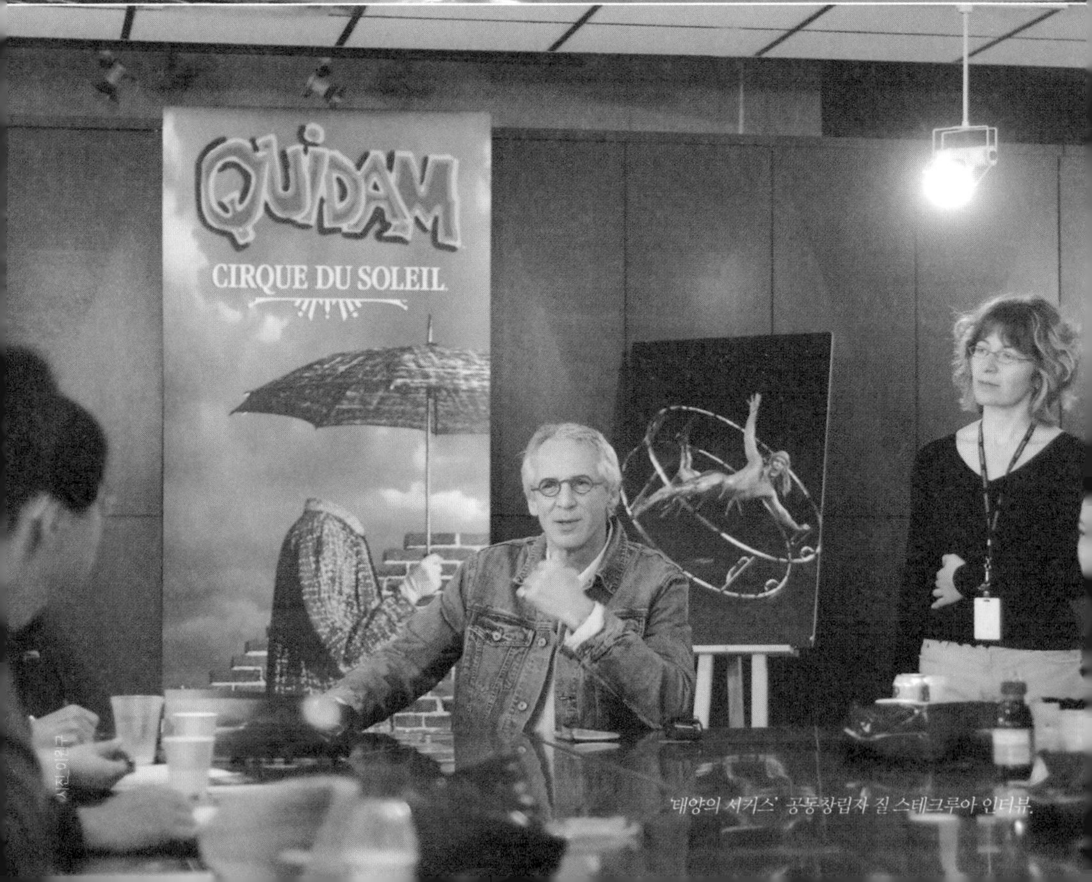

사진 이원구

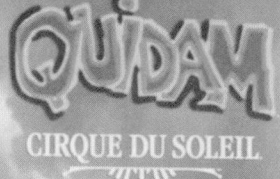

'태양의 서커스' 공동창립자 질 스테크루아 인터뷰.

이 공연 장르가 뭐예요?

'태양의 서커스' 내한 공연 기획사로부터 들은 얘기다. 우리 식으로는 '천막극장'인 빅탑 시어터에서 '태양의 서커스' 공연이 열린다고 하니, 주변에 냄새가 진동하지 않을까 걱정한 이들이 있었다고 한다. '서커스'라면 으레 동물들이 등장하는 것으로 여긴 탓이다.

'태양의 서커스'는 이름대로라면 '서커스단'이다. 하지만 전통적인 서커스처럼 동물들이 나오지는 않고, 이른바 '뉴 서커스New Circus'를 선보이는 단체로 알려져 있다. 내가 '태양의 서커스'에 대해 처음 관심을 갖게 된 것은 1999년이었다. 호주에 여행 갔다가 우연히 '태양의 서커스' 공연의 아이맥스 영화 판을 보게 되었다. 그냥 서커스라고 하기엔 너무나 독특하고 환상적인 느낌이었기 때문에, '태양의 서커스Cirque du Soleil'라는 낯선 공연 단체 이름이 머릿속 깊숙이 새겨졌다.

그리고 2006년, 문화부에서 뮤지컬 담당기자로 일하면서 '태양의 서커스' 작품들이 여럿 공연되고 있는 미국 라스베이거스와 본사가 있는 몬트리올에 출장을 가게 됐다. 맨 처음 본 공연이 라스베이거스의 초대형 호텔 MGM 그랜드에서 공연되고 있는 <KA>이다. <KA>는 '태양의 서커스'가 최초로 내놓은 '드라마가 있는' 공연이다. 물론 이전에도 '태양의 서커스'는 느슨한 내러티브가 있는 공연을 선보여 왔지만, <KA>처럼 처음부터 끝까지 완결된 드라마 구조가 지배하는 공연은 없었다.

<KA>는 생명을 주기도 뺏기도 하고, 전쟁을 일으키기도 평정하기도 하는 불의 이미지를 모티브로 한다. <KA>는 곧 '불'이요, 양면성을 상징한다. 드라마의 주인공은 신성한 왕국의 쌍둥이 남녀다. 이 쌍둥이가 운명 때문에 헤어졌다가 다시 만나게 된다는 줄거리에 삶과 죽음, 전쟁과 평화, 생명과 순환이라는 진지한 주제를 심어놓았다.

<KA>는 일단 그 스케일과 첨단 무대 메커니즘으로 관객을 압도한다. 망루 같은 구조물들이 객석 주변을 둘러싸고 있는 공연장은 세기말적 기운이 감도는 거대한 우주 도시를 연상케 한다. 이 공연 한 편 개발비가 1,850억 원이라고 하니, 어마어마한 규모다. <KA>에는 고정된 무대가 없다. 7개나 되는 무대 세트가 빈 공간에서 '떠오르고', 때로는 수평으로, 때로는 수직으로, 상하좌우 자유자재로 움직이며 입체적인 공간들을 창출한다. '메인 스테이지'로 불리는 큰 무대 세트 하나가 가로 25피트, 세로 50피트, 너비 6피트에, 무게는 무려 175톤에 달한다. 무대 세트들은 정교한 건축학적 구조물처럼 설계되었다.

출연자들은 전통적인 무대에서처럼 '걸어서' 무대에 등장하지 않

고, 움직이는 무대에 실리거나 허공을 날아 관객 앞에 모습을 드러낸다. 이들은 배우이고, 기계체조 선수이며, 서커스 곡예사이며, 무용수이며, 무술가이며, 때로는 음악가이다. 이들은 안전장치 없이 '죽음의 링' 같은 거대한 구조물 위에서 현란한 곡예를 보여주는가 하면, 1,800파운드나 되는 흔들리는 배 모양의 구조물 위에서 오직 사람의 힘만으로 균형을 유지하며 파도에 휩쓸리는 난파선의 모습을 드러내는가 하면, 까마득한 높이의 수직벽이 된 '메인 스테이지'에서 화살촉이 수없이 날아와 박히는 가운데 와이어 하나 매고 이 벽을 자유자재로 오르내리며 장대한 '전투 장면'을 연출한다. 첨단 영상과 무대 기술, 출연자들의 기량이 어우러진 결과다.

<KA>에서는 다음 장면을 상상할 수 없다. 긴장감으로 가슴 졸이는 순간이 있는가 하면, 다음 순간은 마치 한 편의 시 같은 서정미 넘치는 장면으로 이어진다. 동서양의 문화를 종횡무진 넘나들며 강력하고 생생한 이미지들을 관객에게 퍼붓는다. 장엄하고 환상적이며 아름다운 음악도 빼놓을 수 없다. '태양의 서커스'는 모든 공연의 음악을 새로 창작하고, 또 현장에서 라이브 연주하는 것으로 유명하다. <KA> 공연장은 모든 객석마다 스피커 2대씩이 장착되어 있어 온몸으로 강렬한 사운드를 체험할 수 있게 했다.

총연출을 맡은 로베르 르파주는 이미 세계적인 명성의 연출가이며, 크리에이티브 팀에는 안무 자크 아임, 인형 디자이너 마이클 커리 등 쟁쟁한 이름들이 즐비하다. 자크 아임은 자신의 작품 <디아볼로>로 한국 관객을 이미 만난 바 있다. <디아볼로>는 <KA>의 모티브가 된 작품으로

알려져 있는데, 인터뷰 때 자크 아임은 '내 작품에 강력한 아드레날린을 주사한 것이 바로 <KA>' 라고 말했다.

라스베이거스의 공연계는 '태양의 서커스' 가 지배하고 있는 것 같았다. 하루 평균 1만5천여 명의 관객이 라스베이거스에서 '태양의 서커스' 공연을 관람한다고 한다. 나는 라스베이거스에 머무른 며칠 동안 <KA>를 필두로, <O> <미스터리> <주매니티> <러브>를 숨 가쁘게 관람했다. 각각 뚜렷한 특색과 개성을 지닌 공연들이다. 공통점은 '한 마디로 설명할 수 없다' 는 것. 이 공연들을 도대체 뭐라고 불러야 할까.

몬트리올 본사에 취재 갔을 때 물었다. 당신들 작품을 뭐라고 정의하고 있는지.

"단지 '서커스' 라고 표현할 수는 없고……. <퀴담>은 '오페라적인 퍼포먼스 뮤지컬Operatic Performance Musical', 비틀스 음악을 바탕으로 한 <러브Love> 같은 작품은 '뮤지컬 아트 서커스' 라고 할까? 이야기와 음악, 퍼포먼스, 멋진 춤과 롤러스케이팅까지 뒤섞인……."

"하지만 <러브>에는 서커스적인 요소가 별로 없던데?"

"맞다. <러브>는 뮤지컬에 가깝다. 하지만 뮤지컬에 없는 퍼포먼스가 있다. 그런데 <러브>에 서커스적인 요소가 적다는 게 문제가 되나?"

문제가 될 리 없다. 나도 모르게 '고정관념' 을 갖고 있었나 보다. 서커스에는 당연히 동물이 나와야 한다고 생각하는 것이 '고정관념' 이라면, '태양의 서커스' 라는 이름의 단체가 하는 공연은 서커스 곡예가 주가 돼야 한다고 생각하는 것 역시 또 하나의 '고정관념' 이 아닐까. 마찬가지로

'태양의 서커스' 공연들을 딱 떨어지는 한 장르로 설명하려는 것 역시 고정관념의 결과일 터이다.

'태양의 서커스' 공연들이 서커스냐, 뮤지컬이냐, 연극이냐, 무용이냐 장르를 따지는 건 부질없는 일이다. '태양의 서커스'는 자신들의 표현대로 '새로운 종류의 공연 New Type of Show'을 선보이고 있고, 이건 이미 기존의 장르 구분을 넘어서며, 그 자체로 새로운 장르가 된 셈이니까. 서커스에서 시작했지만 가능한 모든 예술 장르를 해체하고 통합하고 창조하는 것. 'We reinvent circus'라는 모토로 성장해온 '태양의 서커스'가 21세기 공연예술의 혁명이라고 불리는 이유다.

그러고 보면 이렇게 '장르'를 명확하기 구분하기 어려운 공연들이 어디 '태양의 서커스' 뿐인가. 영국의 안무가 매튜 본은 팀 버튼의 영화를 바탕으로 만든 <가위손> 내한 공연 때, 공연 장르를 규정해달라는 질문에 이렇게 대답했으니.

"사실은 나도 잘 모르겠다. 공연 장소에 따라 무용으로도 연극으로도 불린다. 한국에선 '댄스 뮤지컬'로 규정하는 것 같다. 영국에서는 '댄스 시어터'라고 한다. LG아트센터 공연 안내를 보니, 이 공연이 '댄스'가 아니라 '엔터테인먼트'라는 범주에 들어 있더라. 내 작품의 장르를 규정하기는 정말 어렵다. 하지만 어떤 장르로 불리든 가장 중요한 것은 관객에게 재미를 선사하는 것이다."

다른 것과 틀린 것

같은 공연이라도 보는 사람에 따라 느낌이 다른 것은 인지상정이다. 그럼에도 불구하고 공연에 대한 대체적인 평가는 보통 비슷한 방향으로 수렴되기 마련이다. 그리고 가끔씩 예외는 있더라도 나의 평가 역시 대개 이 방향에서 그리 멀지 않다. 나는 공연에 관한 한 크게 '유별난' 취향을 가진 건 아니라고 생각해왔다.

그런데 특정 공연들에 대한 나와 다른 관객의 반응이 계속 엇갈려서 당황스러웠던 시기가 있었다. 시작은 대학로에서 인기를 끌었던 창작 뮤지컬 <뮤직 인 마이 하트>를 볼 때였다. 뮤지컬을 보면서 내내 주인공 남녀 둘이 왜 사랑에 빠지는지, 왜 이 사랑이 위기를 겪는지 도대체 공감이 가지 않았다. 그러니 주인공의 대사가 '닭살'로 여겨질 수밖에. 상상력이 빛나는 재미있는 장면들도 있었지만 그것만으로는 부족했다.

그러나 다른 관객의 열광적인 반응은 내가 어느 날 이 지구에 혼자 떨어진 외계인인 것처럼 느끼게 만들었다. 어어? 이거 왜 이러지? 왜들 이렇게 좋아하는 거야? 내가 이상한 건가? 그나마 동행한 후배가 나와 비슷한 반응을 보여서 다행이었다. 결국 우리는 '이게 요즘 젊은 사람들 취향인가 보다'는 데 의견일치를 봤다. 그럼 내 감각은 젊은 사람 기준으로 보면 '낡았다'는 뜻인가?

'태양의 서커스'를 취재하기 위해 갔던 라스베이거스 출장길. '태양의 서커스'의 최근작인 <러브>를 관람했다. 비틀스의 음악을 토대로 제작한 이 공연은 딱 꼬집어서 '어떤 공연'이라고 설명하기가 힘들었다. 서커스의 곡예와 힙합, 비보잉, 현대무용, 익스트림 스포츠, 영상, 이 모든 것이 뒤섞여 비틀스의 명곡들을 생생한 시각적 이미지로 무대 위에 구현하고 있었다. 게다가 무대 곳곳에 설치된 대형 스피커는 물론이고 의자마다 스피커가 붙어 있어, 그야말로 온몸이 음악에 흠뻑 젖는 느낌이었다.

공연은 비틀스의 생전 연주 영상이 대형 스크린에 비치면서 'All You Need is Love'가 울려 퍼지는 것으로 피날레를 맞는다. 관객도 함께 이 노래를 부르면서 대단원을 장식하게 되는데, 이 대목에서 갑자기 내 가슴속에서 뭔가 울컥 치밀어 올랐다. 비틀스에 대한 '존경의 염'이 뭉클뭉클 솟아나는 이 작품에서 나 역시 딴 작품을 볼 때와는 느낌이 달랐던 것이다.

'All You Need is Love'라는 가사가 왜 이렇게 감동적으로 들리는지. 감격에 겨워 공연장을 나서는데, 아, 이게 웬일인가. 함께 공연을 봤던 일행은 대부분 그저 그랬다는 표정이었다. 내 벅찬 감격을 나눌 사람은 찾기 힘들었다(아, 비틀스의 광팬인 듯한 중장년층 현지 관객들은 예외로 한다).

"좀 유치하지 않아요? 노래 가사에 너무 얽매인 것 같아. 'Octopus Garden' 노래 나올 때 무대에 해파리, 문어 이런 것들이 둥둥 떠다니고"

일행 중 한 명의 말이었다. 그렇긴 하다. <Love>는 마치 곡 하나하나의 뮤직비디오를 무대에 펼쳐놓은 것 같은 느낌이다. 때로는 정체불명의 잡탕 같기도 하다. 그래도 나는 좋았다. 새롭고 재미있었던 것이다. 비틀스의 음악이 워낙 좋아서 그랬을까. 어쨌든 이번에도 나는 '소수'가 됐다.

프랑스 뮤지컬 <돈 주앙>의 국내 초연을 봤을 때도 그랬다. 무척이나 재미있다고 많은 사람들이 칭찬해 마지않던 그 뮤지컬. 그런데 나는 중간에 졸았다. 노래 하나하나는 나쁘지 않은데, 계속해서 듣다 보니 그 노래가 그 노래 같이 들려 지루했다. 춤은 볼만했고 프랑스에서 온 배우들의 비주얼도 괜찮았지만, 결정적으로 드라마가 싱거웠다. 그럭저럭 볼거리로는 나쁘지 않았지만 만족스러운 작품은 아니었던 것이다.

그런데도 공연이 끝나자 곳곳에서 기립박수와 환호성이 울려 퍼졌다. 다른 관객은 나보다 훨씬 재미있게 이 작품을 봤나 보다. 공연 관계자에게 들으니, 이날은 좀 덜한 편이었고 거의 매일 전원 기립박수가 터진다고 했다. 이번에도 나이 탓을 해야 할까. 정말 내 감각이 무뎌지거나 낡은 건 아닐까.

그러고 보니 나는 정작 다른 사람들에게는 '걱정 말고 네 판단에 자신을 가지라'고 했었다. 딸아이와 함께 무용 공연 한 편을 봤을 때의 일이다. 나는 그저 그랬는데 딸은 재미있게 본 듯한 눈치라서 산통을 깰까봐 공연 얘기는 거의 하지 않고 집에 돌아왔다. 며칠 뒤 집에서 다시 그 공연이 화제에 올랐다. 내가 남편에게 '너무 잡스러워 도대체 무슨 얘기를 하려는 건지 모르겠더라' 고 했더니, 딸이 끼어들어 '맞아' 하고 거들었다.

"그래? 너는 재미있게 본 줄 알았는데?"

"아니야. 엄마가 뭐라고 할지 몰라서 그냥 가만있었어."

엄마도 딸도 서로 공연을 본 감상이 다를까 걱정한 나머지, 당시에는 별 얘기를 안 하고 넘어갔던 것이다. 딸은 이제야 엄마의 감상도 자신과 그리 다르지 않았다는 것을 깨닫고 마음 놓고 얘기하고 있는 것이다.

"은우야, 공연이 재미없으면 재미없다고 해도 돼. 엄마한테 재미있는 공연도 너한테는 재미없을 수 있고, 엄마는 재미없어도 너는 재미있을 수 있는 거야. 공연 보고 난 후의 생각은 다 다를 수 있어. 중요한 건 자기한테 재미있느냐 없느냐 하는 거지, 남들 생각이 아니야."

나는 딸에게 이렇게 얘기해놓고, 정작 나는 남들과 취향이 다른 것 같다고 걱정하고 있었으니, 딸이 들으면 웃을 일이다.

어쩌면 이런 걱정에는 '다르다' 는 것에 대한 두려움이 깔려 있기 때문인지도 모른다. 사람의 마음이라는 게 참 변덕스러워서, 어떤 때는 별 개성 없이 다른 사람들과 비슷한 데에 질색하면서도, 또 어떤 때는 다른 사람들과 비슷하다는 데 안도하기도 하는 것이다.

요즘 많은 사람들이 '다르다' 와 '틀리다' 라는 단어를 같은 뜻으로 쓴다. '다르다' 와 '틀리다' 는 본래 '다른' 말이다. '맞지 않다 wrong' 는 뜻의 '틀리다' 를 '다르다 different' 와 혼동해서 쓰게 된 것도 혹시나 은연 중에 형성된, '다른 것' 을 '틀린 것, 옳지 않은 것' 으로 보는 관념 때문이 아닐까.

    정말 내 감각이 무뎌졌는지, 낡아졌는지도 모른다. 하지만 내 취향을 무리하게 다른 사람들과 맞출 수도 없는 일이다. 사람은 '비슷하면서도 다른' 존재이니까. 게다가 한 사람의 취향 역시 바뀌지 않는다는 법도 없다. 당장 나부터, 뮤지컬 <렌트> 국내 초연 당시 다른 관객의 열광적인 반응에 소외감을 느꼈을 때만 해도 몇 해 뒤 내가 <렌트>의 매력에 푹 빠지게 되리라고는 상상하지 못했으니까. 그러니 결론은, 공연 볼 때 자신의 느낌과 감상을 믿을 것. 그러나 그것이 절대적이라는 믿음에 매달리지도 말 것.

음악가의 어머니가 부럽다

공연 분야를 취재하다 보면, 음악가들을 인터뷰할 기회도 종종 생긴다. 물론 인터뷰를 하는 것은 기사를 쓰기 위해서지만, 인터뷰를 하다 보면 개인적으로 느끼는 것도 많다. 훌륭한 예술가라면 어딘가 남다른 구석이 있게 마련이니까, 나 역시 그에게서 무언가를 배우고 자극을 받게 되는 것이다.

그런데 언제부터인가 신동으로 이름을 날린, 비교적 젊은 나이의 음악가들을 만날 때면 그 부모가 부러워지기 시작했다. 돌이켜보니 지난 2001년 첼리스트 장한나를 인터뷰했을 때부터 시작됐던 것 같다. 하버드 대학 입학 허가를 받아놓고 있었던 장한나는 또박또박 자신의 생각을 밝혔다. '비교하기 시작하면 본질은 사라진다'면서, '나의 길을 나의 속도로 가겠다'고 했던 말이 아직도 생생하다.

장한나

손열음

장한나의 이야기와 연주를 들으면서 감탄했다. 장한나의 어린 시절은 어땠을까 궁금해졌다. 그리고 묘한 질투심 같은, 낯선 감정이 따라왔다. 이 감정의 정체가 뭘까 생각하다가 당시 세 살이던 내 딸의 얼굴을 떠올렸다. 아하, 나는 지금 기자가 아니라 딸을 키우는 엄마로서, 장한나 같은 딸을 키워낸 어머니를 부러워하고 있는 것이구나. 혼자 아이가 없어 피식 웃었다.

같은해 프랑스 롱티보 콩쿠르에서 우승한 직후 귀국한 피아니스트 임동혁을 처음 만났다. 호리호리하고 가냘픈 체구의 이 소년은 피아노 앞에서는 나이가 믿기지 않는 열정과 감수성을 보여주었다. 형 임동민도 피아니스트라니, 부모는 어떻게 형제를 다 훌륭한 피아니스트로 키워냈을까. 얼마나 자랑스러울까.

국제 피아노 콩쿠르마다 배낭 메고 혼자 다녔다는 당찬 소녀(이제는 성년이 됐지만) 손열음을 봤을 때도 그랬다. 어린 나이에도 무대 위에서 당당한 자신감과 여유가 보통이 아니었다. 손열음은 해외유학 경험이 없는 '순수 국내파'로 일찌감치 두각을 나타냈다.

그래서 2004년 가을, 딸 은우가 피아노를 처음 배우기 시작할 때 내가 은근한 기대를 품었던 것도 사실이다. 그 부모를 부러워하게 한 음악가들을 무의식 중에 떠올렸는지도 모른다. 혹시 알아? 내 딸도 음악가가 될지. 어린 시절 한때였지만 피아노를 꽤 잘 친다는 얘기를 들은 적이 있는 나로서는, 내 피를 물려받은 딸도 어느 정도의 소질은 있을 것이라고 생각했다.

그러나, 그게 아니었다. 은우는 몇 달 지나지 않아 재미가 없다며 피아노를 멀리하기 시작했다. 연습을 하지 않으니 진도가 나갈 리 없었다. 오른손과 왼손을 같이 치니까 헷갈린다, 도레미파솔 범위만 벗어나면 악보를 못 읽겠다, 똑같은 걸 자꾸 쳐야 하니 지겹다, 팔이 아프다, 건반이 너무 많다……. 핑계도 가지가지였다.

피아노 때문에 아이와 씨름하는 날이 많아지기 시작했다. 주말과 휴일이면 아이를 피아노 앞에 앉혀놓고 연습을 봐줬다. 기껏해야 '다섯 번 쳐보기' 정도의 숙제인데도 딸은 몸을 비비 꼬면서 지겨워했다. 음악가로 키우기 위해 아이를 피아노 의자에 묶어놓고 피아노에서 멀리 벗어나지 못하게 한다는 어머니 얘기를 듣고 기겁한 적이 있는데, 아이들은 의지력이 없으니 이렇게 '억지로' 시킬 수밖에 없는 걸까.

속이 상해 어머니에게 푸념했다. 나는 어릴 때 안 그랬는데 얘는 왜 이런지 모르겠다고. 어머니가 웃으셨다. 어린애가 다 그렇지 뭐. 넌 좀 덜 했던 것 같긴 한데, 그래도 피아노 치기 싫다고 아픈 척한 적 있잖아. 기억을 더듬어 보니 그랬던 것 같기도 했다.

2006년 초 독주회를 앞둔 손열음을 인터뷰할 때, 어릴 때 피아노 치기 싫었던 적이 정말 한 번도 없었느냐고, 싫은데도 억지로 연습한 적은 없었느냐고 물었던 것도 이 때문이었나 보다. 손열음의 대답은 명쾌했다.

"그런 적은 없었는데요? 피아노 치는 게 정말 좋았거든요. 피아노를 안 치면 제가 못 살 것 같았거든요."

어릴 때부터 '정말 좋아서' 피아노를 쳤다는 것이다. 없으면 못 살 것 같았다는 것이다. 이런 사람이 피아니스트가 되는 거겠지. 어린 시절 피아노나 바이올린을 배웠다고 해서 모두 커서 음악가가 되는 건 아니지 않은가. 나는 딸이 피아노를 못 치더라도 속상해하지 말자고 다짐했다. 마음을 비우자.

지휘자 구자범을 인터뷰하면서 다시 깨달았다. 그는 자신에게 음악을 한다는 것은 '노는 것' 이었다고 했다. '열심히 잘 놀다 보니 여기까지 왔다' 는 것이다. 노력을 안 했다는 게 아니라, 음악을 하는 것이 그만큼 즐겁고 좋아서 미친 듯이 해왔다는 말이겠다. 나는 생각했다. 맞아, 음악은 즐겁게 해야 해. 억지로 시킨다고 되는 게 아니야.

은우는 바이엘까지 겨우 끝내고 피아노를 그만두었다. 그동안 은우에게 동생도 생겼지만, 역시 피아노에는 별 관심이 없다. 이제는 그러려니 한다. 아직 나는 '음악가를 만나면 그 부모가 부러워지는 증상' 에서 해방되지 않았다. 하지만 이제는 그 부모가 아이를 음악가로 키워낸 것 자체를 부러워하지는 않는다. 그보다는 아이가 가장 좋아하고 잘할 수 있는 것을 찾아내, 평생 그 일을 하면서 살 수 있도록 길잡이를 해줬다는 점을 부러워할 것이다.

내 아이들이 가장 좋아하고 잘할 수 있는 것은 무엇일까. 그게 뭐든 이것 하나만은 확실하다. 음악을 직접 하진 않더라도, 남이 하는 음악을 제대로 듣고 즐기면서 살 수는 있도록 해주고 싶다는 것이다. 음악을 듣고 즐기면서 사는 것. 내가 문화부 기자로 일하면서 행복했던 큰 이유이기도 하니까.

성수대교의 추억

둘째아이 출산을 앞뒀던 2004년 10월의 어느 날 아침, 신문을 보다가 한 기사에서 눈을 뗄 수가 없었다. 어느 조간신문의 1면에 난 기사였다. 10년 전 성수대교 참사로 딸을 잃은 어머니가 사회에 빛이 되고 싶어 한 딸의 생전 소원을 차례차례 이루어가고 있다는 내용이었다. 세상을 떠난 딸은 사고 당시 서울교대 3학년이었던 21세 이승영 씨. 나는 오래전 기억 속에서 가물가물한 이 이름을 건져 올렸다.

  1994년 10월 21일 아침, 성수대교 참사가 일어난 날. 당시 나는 사회부에서 사건사고 취재 담당으로 일하고 있었다. 새벽에 경찰서 기자실로 출근해 담당 구역에 큰 사건이 없다는 것을 확인하고, '시경 캡'으로 불리는 선배에게 '아침 보고'를 마친 뒤였다. 홀가분한 마음으로 아침식사를 하려는 참인데, 선배에게서 다급한 전화가 걸려왔다.

"성수대교가 무너졌으니 빨리 현장으로 가!"

함께 아침식사를 하려던 다른 언론사 기자들도 차례차례 비슷한 내용의 전화를 받았다.

"성수대교가 무너졌다는데? 무슨 얘기야?"

웅성거리다 TV에 비치는 화면을 보고는 경악하고 말았다. 교통방송 폐쇄회로 카메라가 잡은 화면이었는데, 정말로 성수대교가 거짓말처럼 두 동강이 나버린 것이다. 새벽에 출근할 때도 멀쩡하게 건너왔던 바로 그 다리, 성수대교였다.

다른 기자들과 함께 현장을 향해 출발했다. 내가 있던 동부경찰서에서 성수대교는 그리 먼 곳이 아니었지만, 교통 상황은 최악이었다. 강변대로가 엄청나게 막혀, 우리 일행은 결국 타고 가던 차를 근처에 세워두고 내려서 성수대교를 향해 뛰기 시작했다. 숨이 차오르는 것도 잊었다.

얼마를 뛰었을까. 나는 어느새 성수대교가 무너져버린 바로 그 자리에 서 있었다. 몇 발자국 앞으로 시퍼런 한강물과 추락한 차들의 잔해가 내려다 보였다. 두 눈으로 직접 확인하고 나니, 눈앞이 갑자기 하얗게 변하는 듯했다. 숨이 턱 막혔다. 이럴 수가, 어떻게 이럴 수가. 내 머릿속에서는 한동안 똑같은 말이 맴돌았다. 경악과 분노, 슬픔과 처참함, 그리고 무엇보다도 막막함이 목구멍에 치밀어 올랐다.

나보다 조금 먼저 도착한 회사 선배가 무전기를 들고 다급한 목소리로 회사 안에 보고를 하고 있었다. 곧 현장을 연결하는 모양이었다. 선배는 그때만 해도 연차 높은 기자들에게만 지급되던 휴대전화를 꺼내 들고 긴장한 목소리로 현장 생방송을 시작했다. 휴대전화는 방송 도중 끊기기도 했지만, 당시 상황에서는 그런 데 연연할 여유가 없었다.

그 순간 이후 며칠은 정말 정신없이 '전쟁처럼' 지나갔다. 성수대교 참사 같은 대형사고가 터지면 취재 경쟁도 치열하기 마련이다. 회사 숙직실이나 이후 수사본부가 설치된 경찰서 기자실에서 새우잠을 자고 현장으로 달려가는 나날이 반복됐다. 집에는 옷 갈아입으러 잠깐 들르는 정도였다.

며칠 후 나는 교생실습을 가다가 사고를 당한 한 여대생의 이야기를 취재해 뉴스 리포트로 제작하라는 지시를 받았다. 이 여대생이 바로 이승영 씨였다. 당시 이씨는 시내버스를 타고 장안동의 한 초등학교로 출근하다가 성수대교가 무너지면서 목숨을 잃었다. 교생실습을 시작한 지 닷새만의 일이었다.

군인이었던 이씨의 아버지는 1년 전 과로로 쓰러져 세상을 떠났다고 했다. 불과 1년 사이에 사랑하는 가족 둘을 잃은 어머니의 심정은 어땠을까. 어머니 김영순 씨는 딸의 죽음 앞에서 '내가 죽으면 장기를 기증하겠다' 던 딸의 소망을 떠올렸다. 그러나 딸의 시신이 수습된 것은 장기 기증 시한인 사후 6시간이 지난 뒤였다. 봉사 활동에 관심이 많았던 딸의 소원을 절반이라도 들어주고 싶었던 어머니는 시신을 고려대병원에 해부학 실습용으로 기증했다.

당시 이승영 씨의 빈소는 건대부속 민중병원에 차려졌다. 부랴부랴 달려갔다. 그런데 문제가 생겼다. SBS 카메라 기자가 도착하지 않아 인터뷰도 하지 못했는데, 벌써 다른 방송사 기자들이 여럿 다녀갔다는 것이다.

불길한 예감이 들었다. 이런 경우, 늦게 도착한 기자들은 취재를 거절당하는 경우가 대부분이기 때문이다.

사랑하는 사람을 잃은 유가족이 어떻게 생판 남일 뿐인 기자들의 질문에 일일이 응대할 수 있겠는가. 처음에는 경황없는 와중에 어떻게 응대를 해줬다 해도, 기자들의 질문이라는 게 대부분 비슷하게 마련인데, 계속해서 다른 기자들을 만나 똑같은 얘기를 되풀이하고 싶은 생각이 들겠는가. 신문 같으면 먼저 인터뷰한 다른 신문사 기자한테 어떤 내용이었는지 간접적으로 듣고 기사를 쓸 수도 있지만, 방송은 얼굴과 목소리가 나오는 인터뷰가 있어야 하니 더욱 어렵다.

아니나 다를까. SBS 카메라 기자가 허겁지겁 도착했지만, 유가족들은 아예 빈소에 기자들이 들어오는 것을 막았다. 딸을 잃은 어머니가 '시신을 기증한 것이 그렇게 떠들썩하게 자랑할 일이냐' 며 더 이상 인터뷰를 하고 싶지 않다고 했단다. 다른 유가족들은 '안 되겠다' 며 우리에게 돌아가라고 했다. 유가족의 심정은 충분히 이해가 갔다. 하지만 그대로 돌아갈 수도 없었다. 인터뷰는 안 하셔도 되니, 잠깐 촬영만 하게 해달라고 간곡하게 부탁했지만, 소용이 없었다.

회사에 상황을 보고하니 '그래도 리포트가 오늘 뉴스에 잡혀 있으니 계속 시도를 해보라' 는 지시가 떨어졌다. 난감했다. 나처럼 취재를 거절당한 다른 언론사 기자들은 이미 모두 철수한 뒤였다. 나는 카메라 기자와 함께 계속 빈소 밖을 서성대며 기다렸다. 강제로 밀고 들어갈 상황도 아니었고, 이렇게 계속 기다리고 있으면 잠깐이라도 들여보내 주지 않을까, 실낱같은 희망을 걸었다. 고려대병원, 사랑의 장기기증운동본부 관계자와는 취재 약속을 잡아놓은 상태였다. 하지만 정작 제일 중요한 빈소를 촬영한 화면조차 없다면 다른 화면은 아무 소용이 없다는 생각에 점점 초조해졌다.

한 시간 이상을 밖에서 기다리고 있었는데, 갑자기 병원이 떠들썩해졌다. 교육부 장관이 방문했다는 것이다. 이승영 씨가 교대생이었기 때문에 관련 부처인 교육부가 정부 측 조문객 대표로 온 모양이었다. 장관과 수행 공무원들이 빈소 안으로 들어가고 있었다. 유가족들은 장관의 조문까지 막지는 않았다. 그 와중에 우리도 함께 들어갔다.

장관이 조문을 하는 아주 짧은 시간 동안 겨우겨우 실내를 촬영할 수 있었다. 이승영 씨의 영정, 그리고 고인을 추모하는 흰 국화꽃다발들……. 그러나 이 기회에 이씨의 어머니를 인터뷰할 수도 있겠다는 기대는 헛된 것이었다. 어머니는 카메라 앞에서 아무 말도 하지 않고 얼굴을 돌렸다. 그리고 '정부가 무슨 할 말이 있겠느냐'며 장관을 책망했다. 장관은 고개를 들지 못했다. 기자랍시고 서 있던 나도 부끄러워졌다.

그게 다였다. 나는 장관이 빈소를 나설 때 함께 나왔다. 등 뒤에서는 흐느낌이 높아지고 있었다. 촬영을 조금 더 했으면 싶었지만, 내 마음은 이미 '이제 됐다, 나가자'고 말하고 있었다. 이 이상 취재를 강행하면 죄인이 될 것 같았다. 카메라 기자도 나와 똑같이 생각한 모양이었다. 여기서 시간을 더 끌 수도 없었다. 뉴스 시간이 다가오고 있었다.

나는 착잡한 심정으로 고려대 병원으로, 그리고 사랑의 장기기증운동본부로 달려갔다. 인터뷰와 촬영을 끝내고 회사에 돌아오니, 8시 뉴스까지 한 시간 반 정도밖에 남지 않았다. 숨이 차도록 기사를 쓰고 편집을 해서 겨우 넘겼다. 딸의 시신을 기증한 어머니의 인터뷰는 없었고, 얼굴도 정면으로 나가지 못했다. 대신 사랑의 장기기증운동본부 관계자 인터뷰가 나갔다. 완성도 면에서 아쉬움이 많은 리포트였다.

그러나 나는 기자 초년병 시절 가장 힘들었던 날 중 하루였던, 그 길고 길었던 날을 한동안 잊지 못했다. 딸의 시신을 해부학 실습용으로라도 기증해서 세상에 보탬이 되도록 한 어머니. 그토록 딸을 사랑했던 어머니. 그 얼굴에 서려 있던 한없는 슬픔과 결연한 각오 같은 것들이 선명한 인상으로 남았다. 하지만 세월이 지나면서 이 인상도 조금씩 흐려졌고, '이승영'이란 이름은 어느새 기억 저 밑바닥으로 가라앉았다.

성수대교 참사가 일어난 지 10년. 나는 신문 기사를 통해 이승영 씨와 그 어머니를 다시 만났다. 이 기사는 어머니가 딸을 먼저 떠나보낸 뒤, 딸의 일기장에 적힌 소원을 이루기 위해 지금까지 헌신해왔다고 적고 있었다. 딸의 일기장에는 '내가 일생동안 하고 싶은 일'이라는 제목 아래 이런 소원들이 적혀 있었다고 한다.

장학금을 만든다. 이동도서관을 강원도에 만든다. 복지마을을 만든다. 한 명 이상을 입양한다. 맹인(시각장애인)을 위해 무언가를 한다……

이미 시신 기증으로 '장기 기증'이라는 딸의 소원 하나를 이루어준 어머니는 차례차례 나머지 소원들을 이루어나가기 시작한다. 사고 직후 받은 보상금 2억5천만 원은 전액 교회에 기부해 '승영 장학회'를 만들었다. 어머니 스스로도 전도사가 되어 호스피스 봉사 활동에 나섰다. 그동안 형편이 어려운 신학대학원생 50여 명이 장학금을 받았다. 승영 장학금으로 학업을 마친 장학생 한 사람은 무의탁 노인들을 위한 공동체를 꾸리고 있다고 했다. '복지마을을 만든다'는 승영 씨의 소원은 이렇게 이루어진 셈이다.

이동도서관을 강원도에 만든다는 소원은? 2003년 8월 승영 장학회는 강원도 오지의 한 포병연대에 전천후 이동도서관 차량을 기증했다. 이 차량은 7개 부대 500여 장병들을 찾아갔다. 기사는 승영 씨의 소망이 담긴 이동도서관이 휴전선 바로 아래까지 식료품을 나눠주러 가는 '무료 PX' 역할, 그리고 군 생활을 힘겨워하는 사병들의 이동상담소 역할까지 한다고 적었다.

어머니는 또 사고 직후인 1995년, 딸이 초등학교 때 쓴 시를 묶어 책을 발간했다. '신앙 소설을 쓴다'는 소원은 이런 식으로 이뤄졌다. 이때 받은 인세 400만 원은 장애인 재활시설의 김장김치 비용으로 쓰였다. '맹인을 위해 무언가 한다'는 소원 역시 장학회가 조만간 시각장애인을 위한 점자책 보급을 시작하면 이루어질 것이라고 했다.

'한 명 이상의 아이를 입양하고 싶다'는 소원은 2004년 초 결혼한 동생이 이루겠다고 약속했다. 동생 이상엽 씨는 사고 당시 고등학교 3학년이었다. 그는 '누나는 인생을 길게 볼 수 있는 눈을 주고 갔다'고 회고했다.

어머니 김영순 씨는 딸이 세상을 떠난 이후, 자신의 모든 것을 이 소원을 이루기 위해 바치고, 교회 근처 연립 8평짜리 원룸에 혼자 살고 있다고 신문은 적었다. 어머니는 이번에도 취재에 응하지 않았다. 성수대교 10주년 추도식에도 참석하지 않았다. 이승영 씨의 외삼촌이 대신 유가족 대표로 참석했다. 자신이 한 일이 알려지면서 떠들썩한 취재의 대상이 되는 것을 원하지 않았던 모양이다.

내가 읽은 기사는 이렇게 마무리되었다.

하지만 어머니는 찾아간 기자에게 '나는 한 일이 없기 때문에 해줄 말이 없다'고 했다. '세상에 대한 미움 따위도 없다. 세상에 사랑이 이어지고 있으니 우리 딸, 아직 살아 있는 것 아니냐'는 말만 남기고 현관을 닫았다. 더 이상의 질문도, 사진 촬영도 응하지 않았다.

『조선일보』 2004년 10월 19일자 1면

나는 신문을 내려놓았다. 새삼 10년 전 그날의 풍경이 떠올랐다. 마치 내가 지금 그 어머니를 마주 대한 듯한 느낌이었다. 그리고 그날 그랬던 것처럼 갑자기 부끄러워졌다. 번듯한 새 다리가 놓였다고 해서 옛 성수대교의 붕괴가 없었던 일이 되는 것도 아닌데, 나는 그동안 까맣게 잊고만 살았다. 그저 나 사는 데만 바빠 다른 사람들은 어떻게 사는지 돌아볼 생각도 못했다.

나는 부끄러움 속에서도 한편으로는 기뻤다. 내가 영정으로만 만난, 꿈 많던 여대생 이승영 씨의 삶은 끝나지 않고 이렇게 이어지고 있었다. 동강난 성수대교처럼 막막한 절망과 슬픔 속에서 어머니가 건져 올린 희망은 이렇게나 아름다운 것이었다. 불현듯 뱃속 둘째아이의 태동이 느껴졌다. 나는 '어머니'라는 이름을 곱씹으며, 그렇게 한참을 앉아 있었다. 눈물이 흘러내리는 줄도 모른 채로.

다시 쓰고 싶지 않은
'단체관람' 관람기

많은 사람이 학창 시절 단체관람의 추억을 갖고 있을 것이다. 나도 중학교 때 단체관람으로 여러 편의 영화를 봤던 기억이 있다. 단체관람은 대개 시험을 끝내고 가는 경우가 많아서 즐겁고 신나는 이벤트였다. 그렇게 단체관람으로 봤던 영화가 <사관과 신사> <테스> <아마데우스>였다. 지금도 기억에 남는 영화들이다.

그래서 국립오페라단 홍보담당자에게서 오페라 <마탄의 사수> 최종 리허설을 단체관람 학생들을 위한 시연회로 개방한다는 얘기를 처음 들었을 때, 영화는 워낙 개인적으로도 많이 보러 다니니까 요즘은 공연을 단체로 보는구나, 하고 시대의 변화를 실감했다. 단체관람으로 오페라까지 보다니, 문화적 혜택을 보고 있는 요즘 학생들은 좋겠다고, 내 어린 시절을 떠올리며 부러워하기까지 했다.

<마탄의 사수> 시연회가 열린 2005년 3월 21일, 취재를 위해 예술의전당 오페라극장에 들어서자, 로비에 교복을 입은 학생들이 가득한 게 먼저 눈에 들어왔다. 8개 중학교 학생 2천 명이 왔다고 한다. 떠들썩한 정도가 조금 지나친 것 같기도 했지만, 예나 지금이나 단체관람 온 학생들이 들뜨는 것은 마찬가지다 싶어 잠시 학창 시절을 떠올리며 추억에 젖었다. 지금 생각하니, 너무 낭만적이고 순진했다. 이후 나의 공연관람은 전혀 순조롭지 않았으니까.

　　공연 시작을 알리는 예비 종이 울렸다. 공연을 최종 점검하기 위한 스태프들과 취재를 하러 온 기자들이 좌석 몇 줄을 차지하고, 나머지 좌석은 몽땅 학생들로 가득 찼다. 학생들은 여기저기서 괴성을 지르고, 뛰어다니며 소란을 피우고 있었다. 심상치 않았다. 조명이 어두워졌다. 공연 예정 시각이 지났다. 그러나 장내는 여전히 소란했다. 학생들은 휴대전화를 켜고 문자를 보내는가 하면, 부스럭거리며 과자를 먹기도 했다. 심지어 2층에서 아래층으로 침을 뱉으며 장난치는 아이들도 있었다.

　　학교 선생님 한 분이 앞에 나가 마이크를 잡고 조용히 해줄 것을 당부했다. 선생님의 당부에 한쪽에서 "우~~" 하는 야유가 터져 나왔다. 나는 기분이 점점 언짢아지기 시작했다. 안내방송 후에도 장내는 여전히 난장판이었다. 급기야 무대감독이 두 차례나 앞으로 나와 '시끄러워서 오케스트라가 연주를 시작하지 못하고 있다' 며 '조용히 해달라' 고 학생들에게 거의 사정하다시피 했다.

　　예정 시각을 30분이나 넘겨서야 겨우 오케스트라가 서곡을 연주하기 시작했다. 그러나 소란은 전혀 가라앉지 않았다. 학생들은 거리낌 없이 자리에서 일어나 돌아다녔고, 여기저기서 휴대전화 불빛이 번쩍였다. 통로로 기어 다니며 장난치는 학생들도 있었다. 도무지 음악이 들리지 않았다. 계속 웅성거리는 소리 때문에 머리가 지끈지끈 아파왔다. 내 자리 근처에는 독일인 연출가 볼프람 메링이 앉아 있었는데, 고개를 절레절레 흔들며 어이없어 하는 모습이 역력했다. 내 얼굴이 다 화끈거렸다.

휴식시간이 되자 학생들은 한꺼번에 바깥으로 몰려나갔다. 그야말로 고삐 풀린 망아지처럼 공연장 곳곳을 돌아다니며 시설물들을 쑥대밭으로 만들었다. 로비에 놓여 있던 의자는 마구 밟고 뛰어다니는 바람에 여기저기 흠집이 났다. 구내 매점은 물건이 없어지고 상품진열대가 파손되는 손해까지 입었다. 학생들이 질서 없이 몰려드는 바람에 유리벽이 무너질 뻔한 아찔한 순간도 있었다고 한다. 공연장을 관리하는 하우스매니저는 공연장 3,4층 발코니에서 천방지축 노는 아이들이 추락할까 십 년 감수했다며 땀을 닦았다.

휴식시간이 끝나고 다시 공연이 시작됐지만 사정은 변한 게 없었다. 여전히 장내는 아수라장이었고, 학생들은 '통제불능'이었다. 당황한 오페라단 직원과 하우스매니저, 선생님들이 장내 정리에 안간힘을 썼지만 아이들은 눈 하나 깜짝하지 않았다. 참다못한 오페라단 직원들이 몇몇 아이들을 퇴장시켰다. 공연 도중에도 부스럭거리며 과자를 꺼내먹고 떠들던 아이들이었다.

"뒤에서 얘기만 조금 했을 뿐인데 나가라고 했어요."

쫓겨나간 아이들은 늠름했다. 뭘 잘못했는지 모르는 것 같았다.

겨우겨우 공연이 끝난 뒤, 무대에 섰던 성악가들은 '정말 하기 싫었다'고 고백했다. 개막 전에 반드시 최종 리허설을 해야 하는 상황이었으니 '울며 겨자 먹기'로 공연을 끌어가긴 했지만, 너무 시끄러워서 오케스트라 반주가 들리지 않았다는 것이다. 한 출연자는 반주가 잘 들리지 않는 상태에서 지휘자의 손짓을 곁눈질로 보고 박자를 짐작하며 겨우 따라갔다고 했다. 공연을 계속하는 데 '초인적인 인내심'이 필요했다는 것이다. 그 소란 속에서 공연을 보는 데에도 '초인적인 인내심'이 필요했으니 공연을 직접 하는 사람들이야 오죽했을까.

나는 당초 공연 프리뷰 기사를 쓸 목적으로 현장에 갔지만, 기사 방향을 완전히 틀었다. 아무리 공부에 찌든 학생들이 일시적인 해방감에 젖었다고 해도, 아직 어린 학생들이 한꺼번에 모이다 보니 군중심리가 발동했다고 해도, 이건 웃고 넘어갈 만한 정도를 한참 지나쳤다고 생각했다.

기사는 '청소년 관람 질서 엉망'이라는 제목으로 전파를 탔고 반향도 적지 않았다. 예술의전당은 이를 계기로 단체관람 지침을 만들었다. 자체 기획공연이든 대관공연이든 학생들의 단체관람은 일정 인원 이상의 인솔자를 동행할 것, 안전문제를 고려해 전체 인원 수도 제한할 것, 오페라 극장의 3,4층은 학생 단체관람객에게 개방하지 않을 것, 그리고 학생들로만 구성된 단체관람 신청은 허가하지 않을 것 등이 그 내용이었다.

오페라단 관계자들은 이전에도 여러 번 단체관람 학생들을 경험해봤지만, 그렇게 심한 적은 없었다며 의아해했다. 그리고 선생님들이 좀더 적극적으로 빨리 장내 정리에 나섰다면 상황이 그렇게까지 되지는 않았을 것이라고 안타까워했다. 나는 단체관람을 그저 수업 쉬고 노는 것쯤으로 생각할 게 아니라, 좀더 적극적으로 '교육'의 장으로 끌어들여야 했다고 생각한다. 학생들은 단체관람 전에 공연에 대한 정보나 관람 예절에 대한 주의사항을 학교에서 들었다고는 했지만, 대부분 형식적인 절차에 그친 것 같았다.

단체관람 행사를 주관한 청소년문화운동 단체는 '이럴수록 아이들에게 문화체험을 할 수 있는 기회를 많이 줘야 한다'고 했다. 틀린 말은 아니다. 하지만 먼저 준비를 갖춰야 한다. '문화체험'을 삶을 풍요롭게 하는 경험으로 받아들일 수 있는 준비 말이다. 이건 가정에서부터 시작해야 할 일이다. 공연에 대해 관심을 갖고, 관람 예절을 지키고, 공공장소에서 남을 배려할 줄 아는 태도를 갖도록 가르치는 일 말이다.

사실 나는 그날 화가 나는 것을 넘어 심한 절망감까지 느꼈다. '교육의 위기'를 실감했다. 그날 가장 심한 소란을 피운 학생들은 서울에서 손꼽히는 '부촌'이라는 곳에서 온 아이들이다. 귀하게 자랐지만 남을 배려할 줄 모르는 아이들. 자신의 잘못을 지적하는 선생님의 말에 눈 한 번 깜짝 않는 아이들.

그날 이후 나는 내 아이들을 어떻게 가르쳐야 할 것인지를 더욱 고민하게 되었다. 과연 내 아이들은 제대로 자라고 있는 것인지, 나는 딸을 '남을 배려할 줄 아는' 아이로 키우고 있는 것인지. 각박한 세상, 남까지 생각할 여유가 없다는 핑계를 대며 살다 보니, 모르는 사이 아이들에게도 '나만 편하면 된다'는 일그러진 이기심을 물려주고 있는 건 아닌지.

이상이 나의 '마탄의 사수 시연회 관람기', 아니 '단체관람' 관람기다. 철없는 아이들이 많이 모이면 그럴 수도 있는 거지, 그걸 갖고 교육의 위기니 뭐니 하면서 비약할 필요는 없다고 하면 굳이 할 말은 없다. 결국은 아이들이 아니라 어른들이 문제라고 해도 할 말은 없다. 하지만 이것 하나만은 분명하다. 나는 공연 관람기 쓰기를 즐기지만, 이런 관람기는 또 다시 쓰고 싶지 않다는 것이다.

방송쟁이의 숙명, 방송사고

'방송쟁이'로 일하면서 자주 얘깃거리 삼는 것이 무용담이나 실수담이다. 기자 초년병 시절은 이런 이야깃거리가 많다. 지금은 혼자 씩 웃으면서 회상할 수 있지만, 나의 초년병 시절에도 아슬아슬 가슴 졸였던 순간이 꽤 많았다. 방송쟁이라면 방송사고의 공포에서 자유로울 수 없을 텐데, 방송사고를 아슬아슬하게 모면했다면 '무용담'이 될 것이요, 사고를 치고 말았다면 '실수담'이 될 것이다.

1994년 여름쯤이었나 보다. 당시 나는 수습을 떼고 사회부 기자로 몇 달째 일하고 있는 중이었다. 일에도 웬만큼 익숙해지고 해서 조금씩 기자하는 '맛'을 알아가던 참이었다. 오랜만에 일요일을 집에서 쉬면서 보내고, 월요일 아침 일찍 내가 맡은 관악경찰서로 출근했다. 지금도 그렇지만 사회부 사건팀 기자들은 아침에 자기가 담당한 구역에 특별한 사건

사고나 일정이 없는지 파악해서 사건팀장 격인 '시경 캡'에게 보고를 한다. 그날 나는 아침 6시쯤 출근해 내 담당구역에 특별한 일이 있는지 살피고 캡에게 보고하기 위해 전화를 걸었다. 마침 캡이 다른 후배들한테 보고를 받고 있어서 나는 수화기를 든 채 기다리고 있었다. 그런데 이때 갑자기 내 머릿속을 스쳐간 생각!

"앗! 오늘 아침 라디오 출연인데!"

매일 아침 라디오 8시 뉴스에는 그 전날 저녁 8시 뉴스에서 주요 기사를 담당했던 기자들이 출연해서 기사와 관련된 더 자세한 이야기를 전한다. 나는 일요일 저녁 8시 뉴스에서 리포트했던 기사와 관련해 월요일 아침에 출연하게 돼 있었다. 그런데 일요일에 나간 내 기사는 토요일에 '사전 제작'을 해놓은 기획기사였고, 나는 일요일 하루를 쉬면서 그만 라디오 출연이 예정돼 있다는 사실을 까맣게 잊어버렸다. 라디오 출연을 맡은 기자는 담당구역으로 출근하지 않고 회사로 가서 출연 준비를 해야 하는데도, 나는 평소처럼 내가 담당하는 경찰서로 출근을 해버린 것이다.

시계를 보니 6시 50분. 캡은 아직 전화를 받기 전인데, 도저히 기다릴 수 없어 그냥 수화기를 내려놓고 당장 회사를 향해 튀었다. 관악경찰서가 있는 신림동은 당시 SBS 본사가 있던 여의도와 그리 먼 거리가 아니라고 판단하고 택시를 잡았다. 여의도에 지하철역이 생기기 전이었다. 그런데 이게 웬일인가. 월요일이라 교통체증이 심한데다가 비까지 부슬부슬 내리기 시작했다.

마음이 급했다. 시간은 자꾸만 가는데, 택시는 시원스럽게 달리지 못했다. 회사에서는 연신 삐삐로 호출해댔다. 라디오 출연자가 나오지는 않고, 회사 공용기사 시스템에 출연 원고도 작성돼 있지 않으니 답답했을 것이다. 그런데 핸드폰도 없을 때라 회사의 호출에 응답할 방법이 없었다. 전화를 하려고 내리면 다시 차를 잡아타느라 시간을 보내야 하니 그럴 수도 없었다.

택시를 타고 가면서 출연 원고를 정리했다. 앵커에게 줄 질문 원고만 일단 수첩에 급하게 썼다. 그리고 내가 대답할 내용을 간단하게 메모했다. 초년병 시절이면 4,5분 분량의 출연 원고도 문장의 토씨 하나까지 미리 다 써놓을 때인데, 도저히 그럴 상황이 아니었다. 마음이 급하니 제대로 정리될 리 없었다.

택시가 대방동 지하차도 앞에 도착했을 때가 7시 50분. 지하도 내부도 차로 꽉 막혀 있었다. 일 시작한 지 몇 달 되지도 않아 방송을 펑크 내는 대형 사고를 친다? 으악! 이를 정말 어쩌지? 그야말로 하늘이 노래지고 있었다.

어찌어찌해서 택시가 지하차도를 빠져나왔다. 이미 시계바늘은 8시를 가리키고 있었다. 라디오 뉴스는 이미 시작했다. 내 출연 순서는 세 번째였으니, 8시 10분쯤까지는 가야 한다. 하지만 택시는 다리 위에서 꼼짝도 하지 않았다. 이런 상황이라면 방송 펑크는 불 보듯 뻔했다. 뭔가 수를 내야 했다.

"저 여기서 내려주세요!"

나는 기사에게 지폐를 건네주고는 급하게 택시에서 내렸다. 다리 한가운데였다. 거스름돈 받을 겨를도 없었다. 마침 옆을 지나가던 오토바이 한 대를 붙잡고 다급하게 소리 질렀다.

"아저씨! 저 방송 펑크 나요! 빨리 SBS 가야 해요! 좀 태워주세요!"

오토바이를 몰던 아저씨, 잠시 망설이더니 내 꼬락서니가 처량해 보였는지, 뒤에 타라고 한다. 생전 처음 타는 오토바이다. 꽤 오래 사용했는지 덜덜거리는 게 그리 빠른 속력을 낼 것 같지는 않았다. 그래도 이게 어디냐. 황급히 올라탔다. 아저씨는 내 재촉에 속력을 내기 시작했다. 빗줄기는 그동안 더욱 굵어졌고, 나는 흠뻑 젖어갔다.

너무 긴장해서 내 가슴이 터질 것만 같았다. 부릉부릉 하는 오토바이 소리보다 내 심장 고동 소리가 더 큰 것 같았다. 회사 앞에 도착하니 8시 8분. 급하게 내리면서도 이 아저씨에게 뭔가 사례를 해야 한다는 생각에 지갑을 찾느라 잠시 가방을 뒤졌다. 이 아저씨, 괜찮다며 방송 펑크 안 내려면 빨리 들어가라고 한다. 나는 "정말 고맙습니다!" 인사를 꾸벅 하고는 회사로 달려 들어갔다. 우물쭈물할 시간이 없었다.

비에 젖어 물에 빠진 생쥐 몰골로 라디오 스튜디오로 향하는 엘리베이터를 잡아탔다. 숨을 골라야 한다. 아무리 급해도 숨이 차면 제대로 방송을 할 수가 없다. 이제부터는 뛰는 가슴을 진정시켜야 한다. 스튜디오가 있는 10층까지 올라가는 짧은 시간 동안 심호흡을 했다. 땡! 10층에 도착했다. 빠른 걸음으로 스튜디오로 입장했다.

마침 야근하던 동기가 내가 어제 리포트한 기사를 뽑아 들고 앉아 있다가 날 보고 반가워한다. 방송을 펑크 낼 수는 없으니 대타로 올라왔나 본데, 1분 30초짜리 내 기사 외에는 별다른 자료가 없으니 무척 당황했을 것이다. 바로 내 앞의 출연자가 앵커와 이야기를 나누고 있었다. 택시 안에서 썼던 질문 원고를 앵커에게 건네주고 동기와 자리를 교대했다. 숨 돌릴 틈도 없이 금세 내 차례가 돌아왔다. 방송을 할 때도 내 정신이 아니었나 보다. 내가 무슨 말을 했는지 전혀 기억이 나지 않는다. 어쨌든 방송은 무사히 나갔다. 방송쟁이에게 '최고의 공포'인 방송 펑크만은 모면한 것이다.

오랜 세월이 지났지만 지금도 그날을 떠올리며 혼자 웃는다. 생각해보라. 무작정 다리 한가운데에서 내려 오토바이를 붙잡는 내 모습을. 덜덜거리는 오토바이 뒷좌석에서 "빨리! 빨리요!"를 외치던 모습을. 그것도 내리는 비에 흠뻑 젖은 채로. 한편으로는 아찔하기도 하다. 방송사고를 내진 않았지만 그 공포를 아주 실감나게 느낀 날이었으니까. 그만큼 절박했을 때가 살면서 몇 번이나 더 있었나 싶다. 이제는 얼굴도 잘 생각나지 않는 그 오토바이 아저씨한테 새삼 감사한다. 어쩌면 이 아저씨, 지금도 SBS 뉴스에서 나를 보면 "내가 태워준 기자"라며, 그날 아침의 추억을 떠올릴지 모르겠다. 그분은 기자 초년병 시절 나를 곤경에서 구해준 '은인'이다.

오토바이 아저씨 덕분에 방송 사고를 간신히 모면했던 이야기는 지금 생각하면 '무용담'에 가깝다. 하지만 진짜 방송사고를 냈다면 그건 영락없는 '실수담'이다. 지금도 손꼽는 내 인생의 '방송사고'는 역시나 초년병 시절에 일어났다. 사회부 이후 편집부에 갔을 때였다.

나는 뉴스 AD로서, 신문으로 치면 교열기자의 역할까지 맡고 있어서 8시 뉴스에 나가는 자막을 검수하는 일을 했다. 보통 취재 부서에서 작성한 8시 뉴스 기사 원고는 오후 6시쯤부터 편집부로 넘어오기 시작해 7시가 넘어가면 최고조를 이루게 되는데, 이상하게 대부분의 원고가 늦게 넘어오는 날이 있다. 원고가 온 다음에야 편집부가 본격적으로 일을 시작할 수 있으니, 이런 날은 무척 바쁘고 어수선해진다.

그날도 그랬다. 내가 봐야 할 자막도 무척 많았다. 편집부 선배들은 '오늘 같은 날 조심해야 한다'고 경고했다. 나는 눈이 빠져라 그래픽 담당 직원이 타이핑한 자막을 모니터 화면을 통해 들여다보며 오자가 있나, 이상한 단어가 있나 살폈다. 이날 내가 특별히 신경 쓴 자막은 성산대교 교통통제 기사 자막이었다. 이 기사는 촬영 화면 없이 교통통제 시간을 자세히 안내한 컴퓨터 그래픽 화면으로만 나가기 때문에 몇 월 며칠 몇 시부터 몇 시까지를 나타내는 숫자가 많았다. 틀리면 안 된다 싶어 시간 없는 와중에도 몇 번이고 숫자를 확인했다.

정신없는 가운데 8시 뉴스가 시작됐고 별 탈 없이 끝났다. 뉴스 스튜디오 부조에서 생방송을 진행한 편집부 직원들은 '오늘은 그래도 직전까지 어수선했던 것에 비하면 잘 나갔네' 하면서 보도국 사무실로 돌아왔다. 그때까지만 해도, 아무도 큰 사달이 난 것을 모르고 있었다. 그리고 걸려온 전화 한 통.

"네, SBS 보도국입니다."

"SBS죠? 오늘 성수대교 기사는 도대체 뭐예요?"

"네? 성수대교요?"

"아니, 성수대교가 무너지고 없는데 무슨 교통통제를 한단 말이에요?"

아뿔싸! 눈앞이 캄캄해졌다. 숫자에 신경을 쓴 나머지 가장 위의 큰 글자 제목인 '성산대교 교통통제'를 '성수대교 교통통제'로 쓴 실수를 발견하지 못한 것이다. 이 전화를 시작으로, 보도국의 온 전화가 일제히 울려댔다. 야근 기자들은 여기저기서 전화를 받으며 "죄송합니다. 착오였습니다"를 되풀이하고 있었다. 성수대교가 아닌 다른 다리로 잘못 나갔으면 그래도 조금 나았을 텐데, 하필이면 무너진 다리를 쓰다니……. 나는 편집부로 발령받기 전, 사회부에서 일하면서 성수대교가 무너진 것을 직접 취재까지 했던 터인데.

편집부의 선배들은 '방송사고가 일어나려고 하면 아무리 여러 사람이 지켜봐도, 아무리 여러 번 점검해도 난다'면서 나를 위로했다. 그 많은 편집부 직원들이 함께 뉴스 나가는 걸 지켜봤건만, 아무도 '성산대교'를 '성수대교'로 표기한 것을 발견하지 못했던 것이다. 하지만 그래도 최종 책임자는 자막담당자였던 나였다. 나는 하염없는 '자책'에 빠져들고 있었다. 이런 실수를 하다니, 내가 귀신에 홀렸나? 정신이 나갔나? 왜 그랬지? 왜, 왜, 왜…….

결국 나는 이날 방송사고로 시말서를 써야 했다. 그리고 한동안 컨디션이 안 좋은 날이면 비슷한 방송사고를 내는 악몽을 꾸기까지 했다. 이후로도 나는 수많은 방송사고를 겪었지만, '이미 무너진 다리를 통제한' 그날의 실수가 가장 기억에 남는다. 내가 최초로 낸 방송사고였으니까. 방송의 어려움을, 그리고 내 작은 실수가 어떤 파급효과를 미칠 수 있는지를 실감한 날이었으니까.

이날의 교훈 또 하나. 너무 작은 일까지 집착하다 보면 큰일을 놓친다. 나는 작은 숫자를 들여다보다가, 정작 가장 중요한 큰 글자 제목은 챙기지 못했다. 지도에서 지명찾기 놀이를 할 때, 아주 코딱지만한 곳만 들여다보느라, 대륙에 넓게 걸쳐 있는 중요한 지명은 정작 보지 못하는 경우처럼 말이다.

쇼팽 콩쿠르에 오버했다고?

문화부에서 공연담당 기자로 일한 몇 년 동안, 문화부에서 제작한 뉴스가 SBS 8시 뉴스의 가장 첫머리에 방영된 것은 내가 기억하기로 딱 두 번이다. 첫 번째는 1998년 일본 대중문화 개방 때, 두 번째는 지난 2005년 피아니스트 임동민·임동혁 형제가 쇼팽 콩쿠르에서 나란히 수상했을 때였다. 이들은 당시 2위 없는 공동 3위를 차지했다.

    2005년 10월 22일, SBS 8시 뉴스는 '이례적으로' 이들의 수상 소식을 세 꼭지로 나눠 보도했다. 첫 번째는 쇼팽 콩쿠르가 열린 폴란드 바르샤바로 출장 간 SBS 파리 특파원의 현지 리포트, 두 번째는 임동민·임동혁 형제의 약력 소개, 세 번째는 쇼팽 콩쿠르가 어떤 대회이며, 수상이 어떤 의미인지를 다룬 것이었다.

    나는 쇼팽 콩쿠르 결과 발표에 대비해 며칠간 준비를 해왔다. 기자들은 예상되는 뉴스 수요에 대비해 미리 기사를 써놓아야 하는 경우가 있다. 예를 들자면, 문화부 기자들은 매년 노벨문학상 발표를 앞두고 한국인 작가의 수상 가능성에 대비해 미리 리포트를 10개 이상 만들어 놓는다. 노벨문학상 수상자 발표 시각이 저녁 8시 뉴스가 시작할 때쯤이라 발표를 보고 나서 기사를 쓰기 시작하면 도저히 뉴스에 댈 수 없는 상황이기 때문이다. 누가 수상할지 모르니 여러 가능성에 대비해 많은 기사를 써야 할 수밖에 없다. 그러나 매년 노벨문학상은 외국 작가에게 돌아가니, 그야말로 매년 헛수고를 하는 셈이다. 쇼팽 콩쿠르도 수상자가 나오지 않으면 준비한 게 모두 헛수고가 될 상황이었다.

하지만 쇼팽 콩쿠르 최종 결선에 임동혁, 임동민, 손열음, 이렇게 한국인이 세 명이나 진출했다는 소식을 처음 들었을 때, 나는 이 중에서 반드시 수상자가 나올 것으로 확신했다. 그리고 현지 취재가 필요할 것이라고 판단해 데스크와 상의했다. 그 결과 폴란드와 가까운 파리 특파원이 출장을 가게 됐다. 지금까지 한국인이 한 번도 결선에 올라간 적이 없었으므로, 아마 한국 방송사가 쇼팽 콩쿠르를 취재한 것도 처음이었을 것이다.

퀸엘리자베스 콩쿠르, 차이콥스키 콩쿠르와 함께 세계 3대 콩쿠르로 불리는 쇼팽 콩쿠르. 피아노만을 위한 콩쿠르로 세계 최고 권위를 자랑하지만, 다른 콩쿠르에서는 무수한 수상자를 배출한 한국이 쇼팽 콩쿠르에서만은 한 번도 수상자를 내지 못했다. 바로 전 대회인 2000년 대회에서 피아니스트 김정원이 결선 문턱에서 아깝게 좌절한 게 화제가 됐을 정도였다. 그래서 2005년 대회에서 한국인이 처음으로, 그것도 세 명이나 결선에 올랐다는 것 자체로도 뉴스의 가치가 크다고 생각했다.

임동민, 임동혁

그리하여 나의 '고생'은 시작되었다. 수상자 발표는 결선 마지막 날 연주가 끝난 뒤 이루어지기로 돼 있었다. 시차 때문에 우리나라 시각으로는 토요일 새벽 6시를 전후한 시각이다. 금요일 뉴스 편집회의에서는 만약 한국인 우승자가 나올 경우 '속보 자막'을 먼저 '때리고', 정규 뉴스 시간에는 현지 특파원 리포트 한 개와 문화부 제작 리포트 두 개를 내보내기로 했다. 발표 시각이 아침 7시 뉴스와 맞물릴 가능성이 컸기 때문에, 금요일 밤 늦게까지 미리 기사를 대략 써놓아야 했다. 결선 진출자 각각에 대한 약력 기사 3건, 그리고 쇼팽 콩쿠르를 설명하는 기사 1건.

기사에 맞는 영상도 준비해야 했다. 기존 촬영 테이프를 미리 검색하고, 부족한 것은 음반사나 공연기획사 여기저기에 연락해 협조를 받았다. 쇼팽 콩쿠르를 소개하는 리포트를 하기 위해서는 과거의 우승자 자료 화면까지 필요했다. 부닌과 폴리니, 당 타이손과 윤디 리의 연주 장면을 구했고, 혹시 부족할까 싶어 바르샤바 필하모닉홀, 쇼팽의 흉상, 자필 악보, 피아노 등의 화면이 담긴 테이프도 구했다. 그리고 급박하게 리포트가 들어갈 경우에 대비해 임동민, 임동혁, 손열음이 연주하는 장면으로만 편집한 뉴스용 화면 세 개를 미리 만들었다. 이 때문에 나는 금요일 밤 자정 무렵에야 퇴근할 수 있었다. 집에 돌아와서도 쇼팽 콩쿠르 인터넷사이트에서 연주실황을 보느라 잠을 거의 자지 못했다.

쇼팽 콩쿠르 결과가 발표되는 토요일, 나는 아침 6시에 출근했다. 한국인 우승자가 나올 경우 아침 7시 뉴스에 제공할 리포트를 만들기 위해서였다. 그런데 발표가 생각보다 늦어졌다. 나는 사무실에서 콩쿠르 실황을 중계하는 인터넷 화면을 켜놓고 꾸벅꾸벅 졸다가 오전 8시가 되기 조금 전, 특파원의 전화를 받고서야 콩쿠르 결과를 알 수 있었다. 기쁘고, 아쉬웠다. 우승도 내심 기대했었으니까. 하지만 공동 3위만으로도 소중한 성과였다. 게다가 형제가 동시에 입상한 건 특별한 기록이었다.

토요일 아침, 뉴스 편집회의가 열렸다. 나는 두 꼭지로 다루면 좋겠다고 리포트 기획안을 써냈다. 그런데 편집회의 결과는, 이 소식을 리포트 세 개로 다루기로 했다는 것이다. 거기다 톱이라니! 어안이 벙벙했다. 많은 동료 기자들은 "그게 그렇게 중요한 거야? 세 꼭지는 너무 과한 거 아냐?" 했고, 나는 "중요하긴 중요해. 그런데 세 꼭지나 하게 될 줄은 나도 몰랐지"라고 대답했다. 평소에 문화 기사가 상대적으로 '홀대' 받는 것에 불만이었던 나로서는 사실 기뻐할 일이기도 했다.

나는 콩쿠르가 열리기 몇 달 전, 임동민·임동혁 형제의 '릴레이 콘서트'를 취재한 적이 있었다. 쇼팽 콩쿠르 출전곡으로 구성한 공연이었다. 그런데 정작 이때 만든 리포트는 운이 없어 매일 뉴스에서 빠지다가 결국 사장되고 말았다. 정치·사회·경제에 비해 한가한 뉴스로 느껴지는 문화뉴스의 비애다. 어쨌든 이때 취재하지 않았더라면 쇼팽 콩쿠르 수상 소식을 세 꼭지나 만드는 데 큰 어려움이 있을 뻔했다(후에 리즈 콩쿠르에서 우승한 피아니스트 김선욱의 경우도, 정작 콩쿠르 출전 이전에 취재했던 리포트는 8시 뉴스에 못 나가고 사장되고 말았다. 8시 뉴스에 못 나가면 콩쿠르에서 수상한다는 '징크스'가 생기는 거 아니냐며 아는 사람들끼리 웃었던 기억이 난다).

뉴스는 잘 나갔다. 수상자들의 소감이 생생한 인터뷰로 들어온 것이 돋보였고, 나머지 두 꼭지도 미리 준비해놓은 자료화면들을 '총출동' 시켜 그럭저럭 편집할 수 있었다. KBS나 MBC는 이 소식을 뉴스 후반부에 한 꼭지로 처리했다. 물론 현지 인터뷰도 없었고, 한국에서 별로 연주 활동을 하지 않았던 임동민의 연주 화면은 거의 없다시피 했다. 뿌듯했다.

그래서 쇼팽 콩쿠르 수상 기사가 '톱뉴스'로 세 꼭지나 나간 이날 뉴스는 최소한 내게는 '역사적인 의미를 지닌' 뉴스로 남게 되었다. 아마 이날의 뉴스 편집에는 평일 뉴스와는 차별화되는 주말 뉴스의 특성, 그리고 특파원의 현지 취재가 있었다는 점이 고려됐을 것이다. 8시 뉴스가 그렇게 나가고 나서도, 내가 괜히 어색하고 얼떨떨해 주변 사람들에게 전화해 물어보았다. 쇼팽 콩쿠르 3위 가지고 너무 '오버' 했다는 얘기가 나오지 않을까 싶어서.

"쇼팽 콩쿠르 수상 기사가 앞에 너무 길게 나갔다는 생각은 안 들어?"

"왜? 좋던데?"

"그래? 우승한 것도 아닌데?"

"야, 그래도 한국인 수상이 처음이라며? 그리고 형제가 같이 수상한 거잖아. 걔네 진짜 잘하긴 잘하나봐."

"응, 그래, 잘하지. 근데, 진짜 너무 길지 않았어? 오버한 거 같지 않아?"

"모르겠던데. 나는 정리가 잘돼서 좋던데?"

나의 자격지심이었을까. 문화뉴스에 대한 그간의 홀대에 나 자신부터 너무 익숙해져버렸던 걸까. 어쩌면 시청자들은 지금까지 하지 않았던 이런 뉴스 편집을 원했던 게 아니었을까. 나는 쇼팽 콩쿠르 수상 소식을 기사로 쓰면서 이런 기사를 쓰는 날이 더 많아지기를 바랐다. 이후 김선욱의 리즈 국제 피아노 콩쿠르 우승, 발레리나 김주원의 브누아 라 당스('발레계의 아카데미상'으로 불리는, 직업 무용수에게 주어지는 권위 있는 상) 수상 등을 취재하며 이 바람을 이룰 수 있었다. 하지만 쇼팽 콩쿠르 이후에는 문화부 뉴스가 '톱'을 먹은 적은 없었던 것 같다. 지금은 문화부를 잠시 떠나 있지만, 언젠가 문화부로 돌아가면 다시 한번 톱기사를 써보고 싶다.

공연 보며 울기

공연을 보며 울 때가 있다. 아주 감동적이거나 슬픈 공연을 만나면 눈시울이 뜨거워진다. 하지만 그렇게 자주 있는 일은 아니다. 어쩌다 공연을 보면서 울었을 때, 눈이 빨개진 채 공연장을 나서다가 아는 사람을 만나면 약간 당황스럽고 창피하기도 하다. 마치 뭔가 어른스럽지 못한 일을 하다가 들킨 느낌이라고나 할까. 그런데 공연을 보면서 정말 날마다 울었던 시기가 있었다. 2006년쯤이었나 보다.

  시작은 웨스트엔드 뮤지컬을 취재하기 위해 다녀온 영국 출장길에서였다. 영국에서 제일 처음 본 작품은 <미스 사이공>이었다. <미스 사이공>은 비극적인 내용 때문에 우는 사람이 많은 작품이긴 하다. 주인공 킴의 비극적인 죽음에 내 눈시울이 뜨거워졌을 즈음, 옆에 앉은 뮤지컬 평론가 ㅇ 씨가 아까부터 눈물을 펑펑 쏟고 있다는 것을 알아차렸다. 몸까지

들썩이며 훌쩍거려서 진동이 느껴질 정도였다.

"아니, <미스 사이공>을 여섯 번째 본다면서 아직도 그렇게 슬프세요?"

"모르겠어요. 예전에는 안 그랬는데, 나이가 들어서 그런가, 아이가 생겨서 그런가, 킴의 아들만 등장하면 너무 가슴이 아프더라고요."

이때만 해도 옆 사람을 놀려댈 여유(?)가 있었으니 좀 나았다. 다음에 본 공연은 당시 웨스트엔드에서 상종가였던 뮤지컬 <메리 포핀스>. 아주 유쾌하고 즐거운 작품이니 울 구석이 어디 있나. 그런데도 나는 눈물이

<미스 사이공> 버밍엄 공연 출연 배우들이 사인한 포스터.

났다. 가족들과 대화하는 데 서투르고 일이 전부인 줄만 알았던 중년의 아버지가 직장에서 해고당할 위험에 처해 자신의 삶을 돌아보는 장면에서였다. 이 아버지의 처진 어깨가 참 외로워 보인다고 생각했는데, 어느새 내가 눈물을 찔끔거리고 있었다. 당황해서 얼른 눈물을 훔쳤다. 마침 혼자 본 게 다행이라고 생각했다.

다음날 본 앤드루 로이드 웨버의 뮤지컬 <휘슬 다운 더 윈드Whistle Down The Wind>에서도 어김없었다. 그 유명한 노래 'No Matter What'이 흘러나오는 뮤지컬이다. 탈옥한 죄수를 예수님이라고 오인한 동네 아이들이 '다른 사람들이 뭐라 하든No Matter What They Tell Us 우리는 당신을 믿어요' 라고 노래한다. 집에서 소중히 안고 온 보물들(가짜 꽃과 소라 껍데기 같은 것들)을 '자신들의 예수님' 에게 선물하는 천진난만한 아이들. 그런데 왜 나는 여기서 눈물이 나는 거지? 다른 사람은 아무도 안 우는데. 이번에는 ○ 씨가 나를 놀려댔다.

절정은 뮤지컬 <빌리 엘리어트>였다. 내 눈물샘은 말 그대로 '터져버렸다'. 워낙 영화를 좋아하긴 했지만 그래도 이 정도일 것이라고는 생각하지 않았다. 극 초반, 빌리가 오래전 세상을 떠난 엄마의 편지를 발레 선생님에게 보여주는 장면에서부터 굵은 눈물이 방울방울 떨어지기 시작하더니 '눈물 퍼레이드' 가 이어졌다. 유쾌한 웃음을 터뜨리게 하는 장면들도 많았건만, 중간중간 하도 많은 눈물을 흘려서 공연 내내 마르지 않았다.

<빌리 엘리어트>를 보고 극장을 나서면서 기분이 묘해졌다. 내가 왜 이러는 거지? 며칠간 공연을 보며 날마다 울었던 것이다. 전에 없던

photo by David Scheinmann

뮤지컬 〈빌리 엘리어트〉

일이었다. 그런데 런던에 와서 본 공연들을 돌이켜보니 공통점이 있었다. 공교롭게도 모두 아이들이 등장했다. 아이들이 등장하고, 아이들을 키우는 부모의 이야기가 나올 때, 내 감정의 진폭이 커졌던 것이다. 아이를 집에 두고 혼자 출장 왔으니 아이 얘기가 더욱 사무쳤나 보다 생각했다.

한국에 돌아와서 한동안은 공연을 보며 우는 일은 일어나지 않았다. 그래서 런던에서의 일을 '예외적인 우연'으로 생각하고 있었다. 그런데 전혀 생각지 않은 공연에서 다시 눈물샘이 터지고 말았다. 바로 피아니스트 부닌과 바이에른 체임버 오케스트라의 내한 공연에서였다. 학창 시절 나의 우상이었던 부닌의 공연을 보는 것은 1989년 그의 첫 내한 공연 이후 처음이었으니, 17년 만의 만남이었다. 그런데 나는 무대로 등장하는 부닌을 보면서 가슴이 내려앉았다. 그는 무척 마르고 등이 구부정하고 왜소하고 지쳐 보였다.

외모에서도 연주에서도 예전 같은 광채는 느껴지지 않았다. 연주를 끝낸 부닌이 공손하게 고개 숙여 객석의 갈채에 답례하고, 총총걸음으로 퇴장할 때에야 내가 아까부터 눈물을 흘리고 있었다는 사실을 깨달았다. 당황스러웠다. 아이들이 나오는 공연도 아니고, 슬픈 곡이 연주되지도 않았는데, 왜 나는 또 울고 있는 거지? 가슴이 먹먹했다. 내 기억 속, 패기 넘쳤던 청년 피아니스트를 왜소한 중년으로 만들어버린 세월. 부닌이 나이를 먹은 만큼 나도 나이를 먹었다는 새삼스러운 깨달음이 가슴을 쳤다. 그리고 보니 <미스 사이공>을 보면서 나보다 훨씬 많이 울던 O 씨가 했던 말이 딱 '정답'이었다.

"나이가 들어서 그런가. 아이가 생겨서 그런가."

인기 뮤지컬 <아이 러브 유>에는 '슬픈 영화'라는 에피소드가 나온다. 한 남자가 여자와 최루성 멜로영화를 보러 극장에 갔다. 시시껄렁한 이런 영화는 딱 질색이지만, 그래도 데이트니까 참아준다. 그런데 이게 웬일인가. 어느새 이 남자, 자기도 모르게 영화를 보면서 눈물을 흘리고 있다. 당황해서 눈물을 참으려고 온갖 노력을 해보지만 소용이 없다. 그러다가 "자기야, 나는 울 줄 아는 남자가 좋더라"라고 말하는 여자친구의 말에 안심하고 '행복한 표정으로' 통곡을 한다.

이 에피소드에서는 성인 '남자'의 입장을 더 강조하고 있긴 하지만, 어쨌든 어른이 우는 것은 어린이가 우는 것과는 달리 '일상적'이지 않은 일로 받아들여진다. 때로는 나약함과 비정상적인 감정과잉의 표시로 여겨지기도 한다. 나 자신도 사회생활을 시작하면서 '울어서는 안 된다'는 다짐을 했고, 정말 한동안 눈물을 흘리지 않았다. 그런데 나이를 먹고 아이를 키우면서 예전에 못 하던 경험을 하게 되니 자연스럽게 공감할 일이 많아진 것 같다. 눈물 흘릴 일도 많아진 것 같다.

공연 보며 눈물 흘리는 것이 쑥스럽고 민망스럽기도 하지만, 억지로 참는다고 될 일은 아닌 것 같다. <아이 러브 유>의 남자도 '울면 안 된다'는 제약에서 벗어나 마음 놓고 통곡하면서 행복해하지 않았나. 나는 어쩌면 마음껏 눈물 흘릴 수 있는, 일상에서 벗어난 특별한 공간을 원해 왔는지도 모른다. 공연 관람에는 집단이 함께 하는 공간에서 가장 은밀하고 개인적인 체험을 즐길 수 있다는 묘한 매력이 있다. 어쩌면 공연예술이 주는 '카타르시스'라는 것에 이런 것도 포함된 것이 아닐까. 그러니 앞으로도 혹시나 공연장에서 내가 눈물을 찔끔거리는 걸 보더라도 너무 흉보지 마시기를. 그러려니 하고 지나쳐 주시기를.

진은숙의 <타악기 주자와 테이프를 위한 알레그로 마 논 트로포>의 연주 장면.

현대음악은 새우깡?

'현대음악' 하면 알레르기를 일으키는 사람이 많다. 나 역시 음악회를 자주 다니면서도 프로그램에 현대음악이 끼어 있으면 아무래도 먼저 생소함을 느낀다. 현대음악보다는 자주 듣던 모차르트, 베토벤, 슈베르트가 편한 것이다. 오래전부터 자주 접해 와서 그럴 터이다. 하지만 편하다고 해서 이런 음악만 들으란 법은 없다.

서울시립교향악단(이하 서울시향)은 진은숙 씨가 상임작곡가를 맡으면서부터 '아르스 노바', 즉 '새로운 예술'이라는 제목의 기획공연 시리즈를 통해 다양한 현대음악을 소개해왔다. 아무래도 친숙한 클래식 음악을 연주할 때보다 관객 동원은 많이 힘들다고 하지만, 생소한 현대음악을 소개하는 장으로서 훌륭한 평가를 받고 있는 기획공연이다.

2007년 봄, '아르스 노바' 공연 리허설을 취재하러 서울시향 연습실을 찾았을 때의 일이다. 이날 서울시향의 타악 주자인 에드워드 최는 진은숙 씨의 작품 <타악기 주자와 테이프를 위한 알레그로 마 논 트로포>의 연주 리허설을 준비 중이었다. 이 작품 때문에 이날 연습실에는 온갖 진기한 악기들이 들어왔다. 째깍째깍 소리 내는 알람시계, 컵, 뮤직박스 등이 죽 진열돼 있었다.

제일 먼저 눈에 띈 것은 맨 앞에 놓인 새우깡 박스였다. 새우깡 박스 여러 개를 붙여놓은 커다란 상자에 종이더미가 잔뜩 들어 있었다. 리허설을 찾은 진은숙 씨는 '새우깡'이라고 크게 써 있는 상자를 가리키며 서울시향 직원들과 몇 마디 대화를 나눴는데, 이 상자를 본 공연에 써도 되겠느냐, 좀더 커야 할 것 같다, 뭐 이런 얘기들이었다. '새우깡'이라는 상호가 드러나는 게 괜찮겠느냐는 직원의 말에 진은숙 씨는 웃으면서 "이게 더 재미있는데요"라고 말했다. 아마도 종이더미가 잔뜩 들어 있는 이 상자가 이 작품 연주에서 중요한 역할을 할 모양이었다.

그런데 취재에 동행한 카메라 기자는 이 대화를 못 들은 게 분명했다. 리허설 촬영 준비를 마치고는 오디오맨에게 그 상자를 가리키며 "야! 저 새우깡 치워라!"라고 지시했다. 무슨 폐지 넣어놓는 상자처럼 생긴 것이 다른 악기들 앞에 떡 하니 버티고 있으니, 시야를 가린다고 생각하고 치우라고 한 것이다. 화들짝 놀란 진은숙 씨가 외쳤다.

"안 돼요! 이게 제일 중요한 거예요!"

현장에 있던 사람들 모두 깔깔 웃어댔다. 카메라 기자는 당황해서 얼굴이 빨개졌고.

좀 있다 리허설을 시작하는데 정말 그 새우깡 상자는 중요했다! 곡이 시작되자마자 연주자는 이 새우깡 상자에서 종이뭉치들을 꺼내 마구 구기면서 소리를 냈다. 종이 구기는 소리, 그리고 연주자가 격하게 이 종이를 구기는 모습 자체가 이 작품의 일부가 되는 것이다. 중간에는 컵을 쓰레기통 안에 던져서 깨뜨리는 소리를 내기도 하며 이 곡을 '연주한' 연주자는 마지막에는 꺼내놓은 종이뭉치를 도로 새우깡 상자에 담고 테이프로 봉해 상자를 닫는 것으로 연주를 마쳤다. 새우깡 상자가 작품의 시작과 끝을 장식했으니, 정말 아주 중요한 '악기'였던 셈이다.

이 작품은 우리가 음악에 대해 갖고 있는 고정관념에 질문을 던진다. 과연 음악이란 무엇인가. 아름다운 화음, 매끄러운 선율이 있어야만 음악인가. 시계 소리, 컵이 깨지는 소리, 종이 구기는 소리, 테이프 뜯는 소리 같은 일상의 소음도 작곡가의 의도에 따라 배치됐을 때 음악이라고 부를 수 있는 것 아닌가.

'새우깡 사건'이 일어난 며칠 뒤, 통영국제음악제를 취재하기 위해 출장을 갔다. 작곡가 윤이상의 고향에서 열리는 통영국제음악제에서는 윤이상의 작품세계를 중심으로 현대음악이 많이 연주된다. 2007년에는 현대음악을 주로 연주하는 세계적인 현악 사중주단 크로노스 콰르텟이 참가해 많은 관심을 끌었다. 나는 통영에 내려가자마자 크로노스 콰르텟의 <선 링스 Sun Rings> 한국 초연 리허설을 취재했다.

<선 링스>는 미 항공우주국 나사NASA가 태양계 탐사선 보이저호 발사 25주년을 기념해 크로노스 콰르텟에게 위촉한 곡이다. 나사가 25년 동안 우주에서 채집한 소리를 기반으로 테리 라일리가 작곡했고, 비주얼 디자인은 U2, 롤링 스톤스 등의 공연에서도 함께 작업했던 윌리 윌리엄

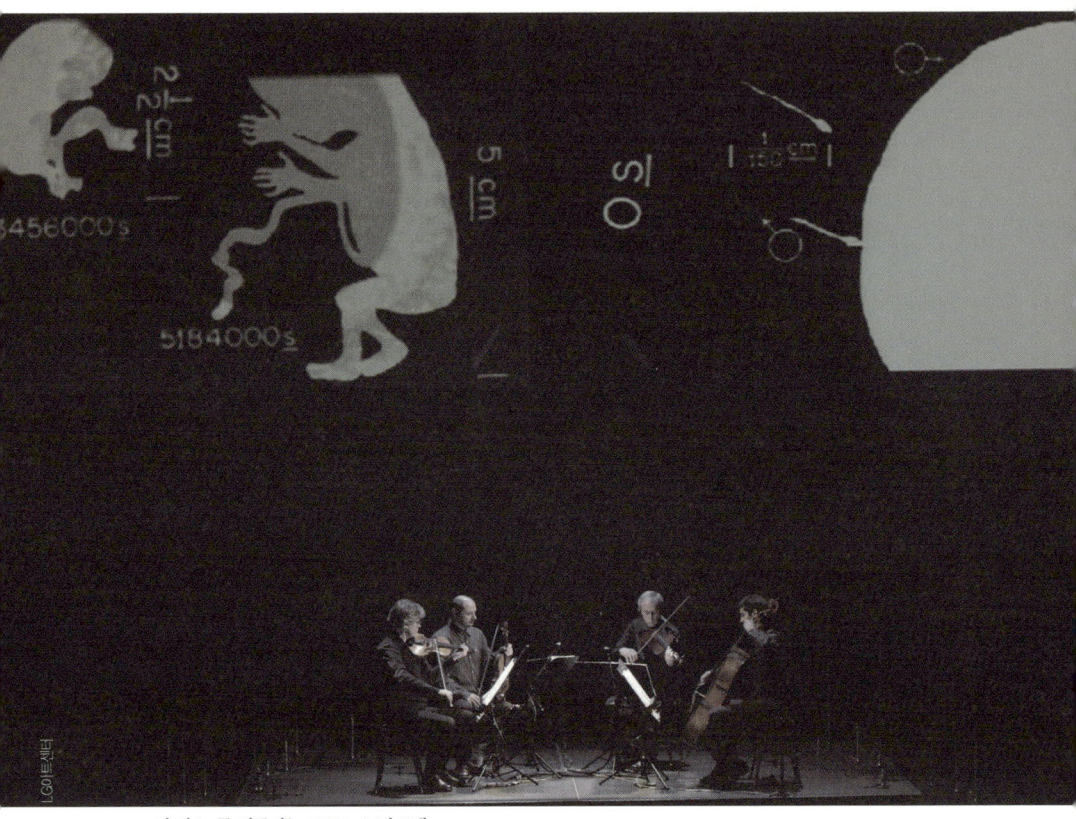

<선 링스>를 연주하는 크로노스 콰르텟.

스가 맡아 아주 생생하고 신비스러운 시각적 이미지를 창출했다.

나사가 제공한 우주의 사진과 필름, 연구원들의 메모, 그리고 골든 레코드(The Golden Record. 보이저 호가 싣고 떠난, 지구의 문명과 자연을 소개하기 위해 만든 자료. 나사는 우주탐사 중 외계 생명체와 조우할 경우에 대비해 음성과 소리, 사진으로 된 이 자료를 만들었다)를 활용해 윌리 윌리엄스가 만든 영상은 공연 내내 무대 뒤편 대형 스크린에 투사되었다. 스크린에는 밤하늘의 별똥별이 쏟아지기도 하고,

푸른 지구의 모습이 떠오르기도 하고, 행성 표면의 폭발 장면인 듯 용암이 부글거리는 듯한 장면이 비치기도 하는데, 장엄하고 신비스럽다.

10개의 악장을 '우주 경치'로 부른 테리 라일리는 연주자들이 우주 탐사선을 타고 태양계 이곳저곳을 여행하는 탐험자처럼 느낄 수 있도록 이 곡을 썼다고 한다. 실제로 거대하고 신비스러운 우주의 영상 아래에서 연주하는 크로노스 콰르텟의 모습은 시간 여행자, 혹은 구도자 같은 느낌으로 다가왔다. 연주자들은 은빛 막대의 숲으로 둘러싸여 있고, 새소리, 물소리, 잡음, 굉음 같기도 한 우주의 소리는 현의 선율과 교감하며 울려 퍼진다. 연주자들 앞에는 각각 봉이 하나씩 서 있다. 이 봉 위쪽을 손바닥으로 스칠 때마다 미리 녹음된 우주의 소리가 '랜덤'으로 재생된다. 합창단의 목소리가 더해지는 부분은 굉장히 종교적으로 느껴진다.

<선 링스>는 생생한 시각적 이미지와 함께 진행되어 흥미로웠지만, 역시나 많이 듣던 기존의 클래식 음악에 비하면 생소한 현대음악이다. 거창하게 '우주의 소리'라고 하지만, 쉽게 말하면 잡음 혹은 소음이 음악으로 다시 태어난 셈이다. 공교롭게도 이 출장에 동행한 카메라 기자가 바로 며칠 전 '새우깡 사건'의 당사자였다. 이 기자, 열심히 리허설을 촬영하고 나서는 땀을 닦으며 '이것도 그 새우깡 같은 거네?' 한다. 같이 한참을 또 웃었다.

진은숙 씨는 인터뷰에서 현대음악을 듣고, 연주하는 이유에 대해 이렇게 이야기했다.

"항상 낯익고 친숙하고 편안한 곡만 들으면 심심하잖아요. 현대음악은 그냥 편하게 듣는 곡이 아니라, 뭔가 생각하게 하는 음악, 항상 뭔가에 도전하게 하는 음악입니다. 그게 매력이고요."

　나는 당시 통영국제음악제에서 <선 링스>를 시작으로 다양한 현대음악 작품들을 접했다. 현대음악, 낯설다고 해서 즐길 수 없는 것은 아니다. 현대음악은 안주하지 않고 도전하게 하는 음악이다. 진은숙의 '아르스 노바'는 지금도 계속되고 있다. '새우깡 같은' 현대음악을 만나러 또 한 번 가야겠다.

세계 5대 뮤지컬?

디즈니 뮤지컬 <미녀와 야수>가 국내에서 처음 공연될 때의 일이다. 길을 가다가 '세계 5대 뮤지컬!'이라는 홍보문구가 선명한 광고물들을 발견하고는 고개를 갸웃했다. 흔히 '뮤지컬 빅 4'라면 <오페라의 유령> <미스 사이공> <레미제라블> <캣츠>를 꼽지만, '세계 5대 뮤지컬'이라는 말은 들은 기억이 없었기 때문이다.

궁금해서 <미녀와 야수> 홍보담당자한테 물었더니, 이 문구를 광고에 사용하기로 결정할 때 내부에서 반대 의견도 만만치 않았다고 실토했다. 공연계에서 어느 정도 통용되고 있는 '뮤지컬 빅 4'와는 달리, '세계 5대 뮤지컬'은 지극히 자의적인 문구라는 것이다. 하지만 이런 문제점에도 불구하고 국내 초연인 이 작품의 인상을 보다 강렬하게 하기 위해 '세계 5대 뮤지컬'을 이 작품의 홍보 콘셉트로 정했다는 것이다. 마침 뮤지컬 <오페라의 유령> 국내 초연이 큰 성공을 거둔 이후였다. <오페라의 유령>에 이어 최고의 뮤지컬을 또다시 선보인다는 느낌을 주고 싶었을 것이다. 나는 <미녀와 야수>를 재미있게 보기는 했지만, '세계 5대 뮤지컬'이라는 홍보문구는 역시 좀 마음에 걸렸다.

유명한 소프라노 캐슬린 배틀이 한국을 방문했을 때도 '흑인 3대 소프라노'라는 표현이 등장했다. '흑인 3대 소프라노'라면, 캐슬린 배틀과 바바라 헨드릭스, 제시 노먼을 지칭한 말이라는 짐작은 가지만 별로 탐탁지 않았다. '흑인 3대 소프라노'를 따로 꼽는다면 '백인 3대 소프라노'도 있어야 하는 건가. 홍보문구에 거론된 본인들이 직접 들어도 기분이 별로 좋지 않으리라는 느낌이 들었다.

발레리나 강수진이 활약하고 있는 독일의 슈투트가르트 발레단이 왔을 때는 어김없이 '세계 5대 발레단'이라는 말이 따라붙었다. 재미있는 사실은 이 '세계 5대 발레단'이 꼽는 사람에 따라 다르다는 것이다. 슈투트가르트와 함께 러시아 키로프와 볼쇼이, 파리 오페라, 영국 로열 발레단을 꼽는가 하면, 뉴욕 시티 발레단이나 아메리칸 발레 시어터를 포함시키느라 다른 단체들을 제외하는 사람들도 있었다. 그리고 슈투트가르트는 훌륭한 단체이긴 하지만 세계 5대 발레단에 들어갈 정도는 아니라는 의견도 만만치 않았다.

비슷한 일이 소프라노 신영옥이 2002년 도이치 오퍼 베를린과 함께 <피가로의 결혼>을 공연할 때도 벌어졌다. 당시 도이치 오퍼 베를린은 라 스칼라, 메트로폴리탄과 함께 '세계 3대 오페라 극장'으로 소개됐지만, 이의를 제기하는 사람들도 많았다.

많은 공연들이 '세계 5대'니 '세계 3대'니 하는 화려한 수식어로 홍보된다. 공연 주최 측은 '세계 5대 발레단'이 어떤 단체들인지, '세계 3대 오페라 극장'이 어떤 극장들인지가 중요한 게 아니라, 당장 열리는 공연이 그만큼 유명하고 대단해서 꼭 봐야 한다는 것을 알리기 위해 이런 수식어가 필요했던 것이다.

한 대형 공연장의 신년 사업계획을 밝히는 기자회견장에서 '세계 10대 아트센터로 도약한다'는 목표가 발표되었다.

"세계 10대 아트센터가 어디어디를 말하는 건가요?"

내 질문에 이 열 곳을 하나하나 나열하는 관계자는 없었다. 그저 '세계 10대'라면 그 정도로 정상급이라는 의미로 받아들여달라는 얘기였다.

사실은 나도 기사를 쓸 때 이런 표현의 유혹에 넘어갈 때가 많다. 진부한 줄은 알지만, 최소한 그 분야에서 어느 정도 통용되는 표현이라면, 이런 '세계 몇 대'라는 정보가 기사에 신뢰성을 더해줄 것으로 기대하기 때문이다. 세계에서 다섯손가락 안에 들어갈 정도, 즉 '세계 5대'라고 표현하는 것이 그냥 '정상급'이라고 하는 것보다 훨씬 구체적으로 들리는 건 사실이니까.

'세계 몇 대'라는 표현에는 순위 매기기와 비교하기를 좋아하는 사람들의 심리가 반영돼 있다. 이 '몇 대'에서 빠지는 대상은 순위에서 뒤쳐진 셈이다. 예술 분야에서도 '순위 매기기'는 현실적인 힘을 지니고 있다. 각종 콩쿠르에서는 순위를 매겨 예술가들을 시상한다. 그리고 이 콩쿠르 자체에도 '세계 몇 대 콩쿠르' 운운하는 딱지가 붙기 마련이다.

그럼에도 불구하고, 나는 이런 표현들이 때로는 알게 모르게 예술의 본질을 흐린다는 생각을 지울 수가 없다. '세계 몇 대'를 꼽는 기준에는 역사와 전통, 작품의 질, 규모, 관람객 수 등 여러 가지가 있을 수 있다. 일반적으로 사람들은 '세계 몇 대'라는 표현을 듣는 순간, '세계에서 가장 뛰어난 몇 작품'을 가리키는 것으로 받아들이고 가치를 부여하게 된다. 하지만 이런 표현들을 들여다보면 사실 얼마나 허망한가.

어느 정도 인정되는 표현인 '뮤지컬 빅 4'만 봐도 그렇다. <렌트>나 <맘마 미아>나 <명성황후> 혹은 다른 어떤 작품을 인생 최고의 뮤지컬로 여기는 사람들에게 '뮤지컬 빅 4'에 관한 정보가 얼마나 대단한 의미가 있겠느냐 말이다. 더구나 홍보의 필요성 때문에 뚜렷한 기준 없이 자의적으로 남용되는 '세계 몇 대'라면 그것처럼 의미 없는 정보가 또 있을까. 그런데도 대형 공연 때마다 이런 표현이 난무하는 현실을 보면, 한국인이 유난히 '유명세'에 약하기 때문에 이런 홍보문구가 특별히 더 힘을 발휘하는 것인지도 모르겠다.

'세계 몇 대'를 내세우는 공연은 대부분 외국에서 온 대형 공연일 경우가 많다. 이런 공연에 열광하는 자체가 나쁘다는 얘기는 아니다. 이런 공연들이 대개는 '이름값'도 한다. 하지만 우리는 때로 '세계 몇 대' 공연에만 집착하느라, 작지만 알찬 공연들을 놓치고 있는 것은 아닐까. '세계 몇 대'를 내세우지 않으면 작품 자체도 별것 아닌 것처럼 착각하고 있는 것은 아닐까.

볼쇼이 발레단의 전설적인 안무가 유리 그리가로비치가 국립발레단과 공동작업을 할 때의 얘기다. 그는 기자회견에서 '한국 국립발레단 수준이 볼쇼이 발레단과 비교해서 어떤가'를 묻는 기자들에게 이렇게 말했다.

"그런 질문에는 대답할 수 없습니다. 한국의 국립발레단과 러시아의 볼쇼이 발레단은 서로 '다른' 발레단입니다. 국립은 국립의 발레가 있고, 볼쇼이는 볼쇼이의 발레가 있어요."

오래전 첼리스트 장한나가 인터뷰에서 한 이야기를 나는 지금도 잊지 못한다.

"저는 남과 비교해서 제 연주가 어떻다, 이런 얘기를 하고 싶진 않아요. 남과 비교하지 않고 제 길을, 제 속도로 갈 거예요. 데카르트가 이런 말을 했거든요. '어떤 사물이 두 개 있으면 이 두 개를 비교하게 마련이지만, 비교하기 시작하면 이 사물의 본질은 사라진다'고요."

평양 순안공항.

조용필 평양 콘서트.

평양, 다르지만 같았다

2005년 8월 18일. 인천공항을 출발한 지 1시간도 지나지 않아 평양 순안공항에 도착했다. 조용필 평양 콘서트를 취재하기 위해서였다. 푸른 하늘 아래, 공항 청사에는 '평양'이라는 글자가 선명했다. 김일성 주석의 커다란 초상화도 보였다. 북녘 땅은 생전 처음 밟는 것이었지만 별로 흥분되지 않았다. 담담했다.

2000년, 처음 남북문화교류를 취재할 때 나는 담담하지 못했다. 그럴 수가 없었다. 남북정상회담이 열렸고, 이산가족이 상봉했고, 문화교류의 봇물이 터졌다. 평양 학생소년예술단과 평양 교예단이 처음으로 서울을 찾았다. 남측 KBS교향악단과 북측 조선국립교향악단의 합동공연도 열렸다. 현장에서 취재하는 것 자체가 감격이었다. 북한의 음악을 '새롭게 발견'했고, 북측 예술가들과 대화를 나눌 기회도 있었다. 이제부터는,

뭔가, 바뀔 것 같았다.

하지만 감격은 급격히 식었다. 늘 그래왔던 것처럼 남북 관계는 '긴장'과 '대화'의 두 봉우리를 사이에 두고 오르락내리락 시소를 탔다. 여전히 남은 남이고 북은 북이었다. 변한 건 없었다. 남북문화교류가 계속되긴 했지만, 열기는 금세 식었다. 나는 평양 땅을 밟으며, 너무 기대하지 말자고, 너무 감격하지 말자고 다짐했다.

공연은 23일이니, 며칠 빨리 도착한 셈이었다. 조용필 콘서트 준비 상황 외에도 평양시민의 생활을 취재할 계획이었다. 이 밖에도 조선국립교향악단과 윤이상 연구소, 백두산 관광도로 건설 현장, 용천 복구 모습 등을 취재하고 싶다고, 평양 도착 전부터 북측에 통보해놓은 터였다. 평양출장 경험이 있는 동료들은 취재 계획을 듣고 웃었다. 조용필 콘서트만 취재하는 것도 힘들 걸. 공항에서 우리를 맞은 북측 안내원들도 똑같은 얘기를 했다. 이렇게 오셨는데, 푹 쉬고 공연이나 보고 가시지요.

취재팀에는 나처럼 초행인 사람이 많았다. 취재 의욕이 넘쳤다. 우리 팀을 맡은 북측 안내원들 중에도 남측 언론을 처음 상대해보는 사람이 많았다. 원칙만을 내세우는 것이 고지식하기가 이를 데 없었다. 이들은 뉴스 제작과 취재에 대한 개념이 기본적으로 우리와 달랐다. 말이 통하지 않았다. 북측이 정해놓은 일정 외에는 안 된다고 했다. 미리 통보했던 취재 계획서를 내밀며 협조해주기로 하지 않았느냐고 따지자, 자기는 모르는 일이라고 외면했다.

김일성 주석 생가인 만경대와 주체사상탑, 동명왕릉, 김정숙 탁아소 등등, 일단은 북측이 정한 일정대로 따라다닐 수밖에 없었다. 촬영은 가능했지만, '풍경 스케치' 뿐이었다. 사람들을 촬영하거나 인터뷰를 시도하면 즉각 안내원이 나타나 제지했다. 날마다 싸웠다. 유화책도 시도했다. 마침 출장 기간과 겹친 내 생일을 '핑계'로 함께 술잔을 기울이기도 했다. 하지만 헛일이었다. 화가 나고 답답했다. 이렇게 며칠을 보내고, 우리 취재팀은 이런 결론에 도달했다.

"황석영 씨가 북녘을 다녀와서 '사람이 살고 있었네' 라고 했는데, 앞에 중요한 말을 빠뜨린 것 같아, '우리와 다른' 이라는 말을."

우리는 북측이 정한 참관 일정을 모두 거부하고 강력하게 항의했다. 북측 고위층에게 항의가 전달됐는지, 우리의 요구 일부가 받아들여졌다. 길고 긴 투쟁과 토론 끝에 북측도 우리의 취재 스타일을 약간은 이해하게 됐고, 우리도 그들의 '업무'를 어느 정도는 파악하게 됐다. 이 취재에는 인원 제한으로 오디오·조명담당자가 동행하지 못했기 때문에 내가 무거운 카메라 삼각대와 조명장비들을 들고 다녀야 했다. 처음에는 두고만 보던 안내원들이 며칠이 지나자 자청해서 들어주기 시작했다. '우리도 SBS 보도 일꾼이다' 하면서.

조용필 씨를 비롯한 공연단 본진이 도착한 것은 공연 전날인 22일이었다. 우리 취재팀은 본진 도착을 취재하기 위해 평양 순안공항으로 나갔다. 본진보다 며칠 먼저 도착했을 뿐인데, 어느새 그동안 '현지'에 적응한 나는, 스스럼없이 북측 말투를 따라 하고 있었다.

"열렬히 환영합네다!"

조용필 씨의 평양 도착 일성은 '참 가깝네요' 였다. 그랬다. 평양의 물리적 거리는, 심리적 거리보다 훨씬 더 가까웠다.

조용필 씨는 숙소인 고려호텔에 짐만 풀어놓고 공연장인 평양 유경 정주영체육관으로 직행했다. 먼저 도착한 무대기술팀들이 무대를 다 설치해놓은 뒤였다. 조용필 씨는 일일이 무대를 점검하고 공연 리허설에 몰두했다. 우리 취재팀도 이날부터 뉴스 생방송을 시작했다. 평양에서 진행하는 생방송. '방송사상 처음'은 아니지만, 나에게는 처음이었다. 뉴스가 끝난 뒤에도 리허설은 계속되었다. 노래도 노래이지만 무대 규모가 정말 굉장했다. 기술팀은 150톤에 이르는 무대 장치를 옮겨오느라 무척 애를 먹었단다.

23일, 공연 당일.

공연 시각은 저녁 6시였다. 오후 5시쯤부터 고운 한복과 정장을 차려 입은 평양 시민이 긴 줄을 이뤄 공연장에 입장하기 시작했다. 공연장 앞에는 이들이 타고 온 버스들이 늘어섰다. 이 자체가 장관이었다. 하지만 한가하게 구경할 시간이 없었다. 6시부터 8시까지 공연을 녹화해서 서울로 송출하고, 8시면 뉴스 시작이다. 시간이 촉박했다.

공연이 시작됐다. 객석이 꽉 찼다. 7천여 명의 평양시민이 무대를 주시했다. 조용필 씨는 약간 긴장한 것 같았다. 객석도 마찬가지였다. 첫 곡인 '태양의 눈'부터 시작해 세 번째 곡인 '못 찾겠다 꾀꼬리'까지, 빠르고 음량이 큰 곡들이 이어졌지만, 객석의 분위기는 엄숙하다 못해 경건했다. 남측 표현대로라면 '썰렁한 분위기'였다. 나는 객석 중간에 앉아 열심히 손뼉 치고, 목청껏 노래를 따라 부르며 분위기를 띄워보려 애썼다. 관객들이 나를 이상하다는 듯 흘깃흘깃 쳐다보았다. 조용필 씨의 열창도, 화려한 무대 연출도 감탄스러운 것이었지만, 관객들은 쉽사리 긴장을 풀려 하지 않았다.

살얼음이 깨지기 시작한 것은 조용필 씨가 '친구여'를 부르면서부터였다. 조용필 씨 자신도 공연이 끝난 뒤, 이때부터 관객들의 표정이 풀리기 시작했다고 전했다. 관객들은 공연장 무대 오른편 스크린에 떠오르는 가사 자막을 보면서 노래를 음미하는 표정이었다. 하지만 여전히 모자랐다. 이젠 뭔가 터져 나와야 했다.

조용필 씨가 북측 노래를 부르기 시작했다. 북측의 인기가수 전혜영이 부른 '자장가', 김광숙이 부른 '험난한 풍파 넘어 다시 만나네'. 꼼짝 않고 고개만 무대에서 자막 스크린으로, 또 스크린에서 무대로 돌리던 관객들이 움직이기 시작했다. 손뼉 치며 박자를 맞추고, 따라 부르는 사람도 있었다. 아, 이제 됐다 싶었다.

1950년대 이전 옛 노래인 '봉선화'와 '황성옛터'에 이르자, 관객들의 표정은 점점 아련해지고 있었다. 혼을 다하는 노래가 가슴 깊은 곳에 사무쳐 왔다. 우리 민족의 아픔과 한을 담은 이 노래들에 남과 북이 어디 따로 있으랴. 나는 이즈음부터는 무대가 아니라, 관객석을 더 자주 바라보았다. 조용필 씨의 노래에 눈시울을 붉히는 북녘 동포들의 표정을 자꾸자꾸 보고 싶었다.

마지막 노래인 '꿈의 아리랑'. 커다란 한반도기가 무대에 내려졌다. 수만 개의 종이꽃잎이 흩뿌리는 가운데, 조용필 씨는 관객들과 함께 '아리랑'을 합창했다. '꿈의 아리랑'의 가사대로, '아리랑'은 더 이상 눈물이 아니라 희망을 이야기하고 있었다.

"생애 가장 의미 깊은 공연을 하게 해주신 평양시민께 감사드립니다."

조용필 씨는 노래를 끝내고, 감격에 찬 목소리로 천천히 인사했다. 관객들은 비록 서로 눈치를 살피는 기색이 역력하긴 했지만, 하나 둘씩 자리에서 일어나기 시작했다. 아주 이례적인 기립박수다. 재창, 앙코르를 요청하는 목소리도 들렸다.

조용필 씨가 준비한 앙코르 곡은 '홀로 아리랑' 이었다. 공연 직전까지 진행된 리허설에서 조용필 씨는 이 곡을 집중적으로 연습했다. 미리 준비했던 곡이 아니라, 북측이 공연 당일 특별히 요청한 노래였기 때문이다. 조용필 씨는 이 노래를 처음 불러보는데다, 북측이 급하게 구해온 악보가 남측 악보와 표기가 달라 무척 애를 먹었다고 한다.

하지만 '홀로 아리랑' 은 이날의 하이라이트였다. 북측에서도 '독도 아리랑' 으로 잘 알려져 있다는 노래다. 관객들은 손뼉 치며 '홀로 아리랑' 을 따라 불렀다. 무대 중앙 스크린에는 중계 카메라가 잡은 관객들의 생생한 표정이 비쳐졌다. 객석과 무대는 하나였다. 나도 목청껏 '홀로 아리랑' 을 따라 불렀다. 가슴이 울컥했다. 이때만큼은 담담할 수 없었다.

공연이 끝나자마자 평양시민은 썰물처럼 빠져나갔다. 공연이 끝나면 로비에 삼삼오오 모여서 그날 공연에 대해 이야기꽃을 피우는 남측 공연장 풍경에 익숙한 나에게는 무척 섭섭한 일이었다. 누구든 붙들고 이야기를 나누고 싶었다. 그러나 안내원의 '취재 협조' 를 받아 시도한 인터뷰에서는 "통일의 날이 하루 빨리 오기를 바랍니다" 정도의 지극히 의례적인 내용밖에 듣지 못했다.

공연 다음날, 나는 북측의 안내로 묘향산을 둘러봤다. 아니, 정확히

SBS 8시 뉴스 세트 앞에서.

말하면 묘향산 자락의 '국제친선전람관'을 참관했다. 김일성 주석과 김정일 위원장이 해외에서 받은 선물들을 전시한 곳. 그들은 이 시설에 엄청난 자부심을 갖고 있는 듯했다. 계속해서 단체 관람객들이 입장하고 있었다. 모든 전시품에는 예외 없이 '어느 나라 누구누구가 김정일 장군님께 올린 선물'이라는 설명이 붙어 있었다. 안내원의 설명을 들으면서 나는 웃을 수도, 울 수도 없었다. 다만 전망대 앞에 펼쳐진 묘향산의 수려한 절경, 그리고 잠시 들렀던 유서 깊은 사찰 보현사의 고즈넉함에 마음을 두었을 뿐.

　　이날 취재팀은 평양에서의 마지막 8시 뉴스를 끝냈다. 중계차도 방송장비도 모두 철수다. 우리는 '여기는 평양'이라고 써 있는 뉴스 세트를 어떻게 할까 잠시 고민했다. 서울로 다시 가져가봤자 쓸 수도 없으니 버리고 갈 참이었다. 그런데 중계감독이 세트를 맡기고 가자고 했다. 언제 여기 다시 와서 방송을 하게 될지 모른다는 것이다. '누가 맡아줄까요?' 했더니, 씩 웃으며 '그동안 여기 사람들하고 친해졌거든' 했다. 중계감독과 함께 체육관의 방송실 한 구석에 세트를 세워놓고 나왔다. 체육관 직원들에게, '우리 꼭 다시 올 거니까 잘 맡아주세요' 하면서. 순하게 생긴 직원은 미소 지으면서 그러겠다고 했다.

평양의 마지막 밤. 취재팀은 북측 안내원들과 함께 뒤풀이를 했다. 술이 몇 잔 돌자, 어느새 우리는 농담을 주고받을 정도로 친숙해져 있었다. 남측에 내려오면 다시 만나자고 약속했다. 여럿이 어깨동무를 하고 '다시 만납시다'를 불렀다. 나는 대학에서 음악을 전공했다는 안내원에게 넌지시 물어봤다.

"음악 전공까지 하셨다니 진지하게 물어보는 건데, 조용필 씨 공연 어땠어요?"

그의 대답은 '장군님께서 내리신 좋은 음악의 정의에 맞지 않기 때문에' 조용필 씨가 노래를 잘하긴 하지만, 그의 음악은 좋은 음악이 아니라는 것이었다. 그는 '좋은 음악'이란 '인민들이 쉽게 따라 부를 수 있고 함께 즐기는 음악'이라고 했다. 조용필 씨의 노래에 짙게 드러나는 록음악의 특징도, 사랑과 이별, 고독, 삶의 무상함 같은 이야기를 담은 가사도 그는 받아들이지 못하는 것 같았다.

하지만 그는 알고 있었을까. 조용필 씨의 평양 공연이 몇 차례 난항을 겪으면서도 성사된 것은 김정일 위원장이 개인적인 관심을 표명한 뒤였다는 사실을. '그 겨울의 찻집'이나 '모나리자' '허공' '돌아와요 부산항에' 같은 노래들은 북측의 '특별한' 요청으로 프로그램에 포함됐다는 사실을.

8월 25일, 평양 출장을 끝마치고 서울로 돌아왔다. 인천 공항에 도착해 조용필 씨 팬클럽 회원들의 환영을 받았다. 조용필 씨를 '오빠'라고 부르던, 30~40대 주부로 보이는 회원들은 취재팀에게도 '수고하셨다'며 일일이 인사를 건넸다. 북측에서 절대 볼 수 없었던 남측의 오빠 부대, 그 열광과 환호를 보면서 나는 서울에 돌아왔음을 실감했다.

그리고 또 몇 년이 흘렀다. 여전히 남과 북은 너무 다르다. 남북 관계는 그동안 더욱 악화됐다. 이제 남북문화교류도 거의 찾아볼 수 없다. 2005년 열렸던 조용필 평양 콘서트는 그럼 아무 의미가 없는 것일까. 하지만 나는 조용필 씨의 노래를 함께 따라 부르던 평양시민의 표정을, '울밑에 선 봉선화야. 내 모양이 처량하다'에 눈물짓던 그들의 모습을 생생히 기억한다. 쉽지는 않았지만 평양의 관객들은 결국 조용필 씨의 노래에 마음을 열었다. 나는 짧은 순간이나마 남과 북이 하나 된 순간을 목격한 것이다. 내가 본 그들은 우리와 달랐지만, 또 같았다.

조용필 씨는 '음악은 정서요, 마음으로 통하는 것'이라고 했다. 그렇다. 낯설음과 생경함, 답답함으로 점철됐던 나의 평양 출장은 이렇게 '마음이 통하는' 짧은 순간들로 보상받았는지도 모른다. 이런 순간들은 모르는 사이에 차곡차곡 조용히 쌓이며 훗날을 예비하게 될 것이다. 당장 눈에 보이지는 않더라도.

평양의 체육관 방송실에 세워놓고 온 뉴스 세트가 떠오른다. 그 세트가 먼지 쌓인 채 버려져서는 안 될 것 같다. 지금은 남북 관계가 경색돼 기약이 없지만, 언젠가는 SBS 취재팀이 평양에 가서 그 세트를 다시 사용하게 될 날이 반드시 올 것이라고, 또 와야 할 것이라고 믿는다. 그때 나는 또다시 평양 출장을 자원하게 될 것 같다.

나의 살던 고향은

나는 북한 출장을 두 번 다녀왔다. 2005년 조용필 평양 콘서트를 취재하기 위한 평양 출장이 그 첫 번째였고, 두 번째가 2006년 4월 윤이상 평화재단이 창립 1주년 기념으로 금강산에서 주최한 윤이상 음악회를 취재하기 위한 것이었다. 윤이상 음악회에는 북측에서 평양 윤이상 관현악단, 남측에서 TIMF 앙상블과 국립국악원 창작악단이 참가했다.

이미 평양에 일주일간 다녀왔던 경험이 있었기 때문에 북녘 땅을 밟고 북측 사람들을 만나는 데 따르는 약간의 긴장이나 호기심 같은 것은 덜했다. 하지만 육로로 버스를 타고 민통선, 군사분계선을 통과해 북녘 땅을 들어가게 되는 것이라 비행기로 평양 순안공항에 도착했을 때와는 느낌이 조금 달랐다.

이 출장에서 나는 음악회뿐 아니라 남측 기자단을 상대로 한 이수자

금강산 윤이상 음악회.

여사(고 윤이상 선생의 부인)의 첫 공식 기자회견, 평화재단 창립 1주년 기념식과 추모식을 취재했다. 반나절 정도의 여유가 생겨 금강산 관광 코스에 참가했고, 옥류관 냉면도 맛보았다. 하지만 이 출장에서 가장 기억에 남는 순간은 취재를 모두 마치고 돌아오는 버스 안에서 겪었다.

기자단이 탄 버스를 담당했던 '관광 조장(현대아산 측 가이드)'은 아주 싹싹하고 부지런한데다, 이야기도 재미있게 잘하는 청년이었다. 그가 들려주는 갖가지 일화들을 모으면 책을 한 권 써도 될 정도였다. 그는 버스가 남북 접경을 통과해 달리기 시작하자, 이번 여행을 마치기 전에 마지막으로 들려드리고 싶은 얘기가 있다며 이야기를 시작했다.

어느 날 지방의 한 마을 사람들이 단체로 금강산 관광을 왔어요. 모두 일행이 있었는데, 할아버지 한 분만 일행 없이 혼자더라고요. 이 할아버지는 버스 맨 앞자리에 혼자 앉아 여정 내내 아무런 말씀도 없으셨어요. 처음에는 별 신경을 안 썼죠. 그러다 버스가 금강산이 보이는 곳에 접어들면서부터 제가 설명을 드리다보니까 아 글쎄, 이 할아버지가 눈물을 흘리고 계신 거에요.

처음에는 제가 앞에 앉은 할아버지 발을 밟아 아파서 그러나 했죠(폭소가 터졌다). '어디 편찮으세요?' 했더니 그건 아니라고 하시는데, 버스가 호텔에 도착할 때까지 계속 하염없이 눈물만 흘리고 계시더라고요.

손님들 다 내려드리고 나서 할아버지 사연을 들었죠. 이 할아버지는 고향이 북쪽인데, 어떤 사정으로 가족은 북에 남고 혼자만 남쪽으로 내려오셨다고 했어요. 평생 북에 남겨둔 가족을 그리워하면서 사셨는데, 금강산이라도 보면 좀 나아질까 싶었다는 거죠. 그런데 막상 보니까 하염없이 눈물만 났다는 거예요.

다음날 관광이 시작됐는데, 이 할아버지는 금강산에 올라가지 않겠다고 하셨어요. 대신 가족들을 찾아보겠다고 하시더라고요.

"아니, 어떻게 가족을 찾으시려고요?"

"내 고향이 바로 금강산 온정마을이거든……."

할아버지는 '정말로' 고향 마을에 오신 거예요. 그동안 가족을 찾으려고 백방에 알아봤는데, 다른 분들은 소식을 모르겠고 고모님 한 분만 살아계신다는 이야기를 언뜻 들었다고 하셨어요. 이산가족상봉 신청은 했지만, 언제 차례가 돌아올지도 모르는데 나이는 팔순이 넘었고, 그래서 고향마을 근처에 가면 혹시나 고모님을 찾을 수 있을까 해서 마음먹고 혼자 왔다고 하셨어요.

금강산 옥류관 옆쪽으로 온정마을 사람들이 지나다니는 길 보셨죠? 북측 주민들을 개인적으로 접촉할 수도 없고, 군인들이 지키고 있어서 가까이서 볼 수는 없지만, 조금 멀찍감치 떨어져서 보면 괜찮을 것 같아서 약간 떨어진 곳에 의자를 갖다 드렸어요. 할아버지는 지나가는 주민들 중에 혹시 낯익은 사람이 있으면 얼굴이라도 보고 한을 풀겠다고 하시더라고요.

할아버지는 아침부터 밤까지 그 자리에 꼼짝 않고 앉아 계셨어요. 마을 사람들 지나갈 때마다 혹시나 하는 기대감으로 살펴보시고는 한숨을 쉬시곤 했죠. 다른 관광 조장들이 버스 타고 지나다니다가 할아버지를 보고는 저한테 물어요. 저 할아버지는 왜 저기 저렇게 계속 앉아 있는 거냐

이수자 여사 공식 기자회견.

고요. 그래서 제가 사연을 얘기해줬죠. 그랬더니 이 이야기가 조장들 사이에 쫙 퍼져서 다들 북측 가이드를 통해서 혹시나 가족이 어디 있는지 알아보겠다고 하더라고요. 그리고 다른 손님들께도 할아버지 사연을 말씀드렸대요.

그러고 나서 참 많은 사람들이 할아버지 곁을 지날 때마다 손도 잡아드리고, 어깨도 주물러 드리고, 마실 것도 사다 드리고, 꼭 가족을 만나실 거라고 얘기도 해드리고 하더라고요. 그런 거 보면 우리나라 사람들 참 정이 많아요.

할아버지는 결국 며칠 동안 그 자리에 하염없이 앉아만 계시다가 집으로 돌아가셨어요. 관광 조장들이 여기저기 수소문해봤지만, 할아버지의 가족 소식을 알 길이 없더라고요. 별 소득 없이 돌아가시는 할아버지 얼굴을 보며 저도 안타깝고 가슴이 아팠어요. 그래도 할아버지는 '내 나이 팔순인데 또 언제 이렇게 고향마을을 가깝게 보겠느냐 고 하시면서, 한을 풀었다고, 고맙다고 하셨어요.

나는 길고 긴 이야기를 들으며 윤이상 선생과 이수자 여사를 떠올렸다. 이수자 여사는 남측 기자단과 첫 공식 간담회에서 이렇게 말했다.

"남편의 명예회복이 이루어져서 제가 고향에 갈 수 있게 되면 통영 바다에 가서 남편의 넋이라도 위로해드리고 싶습니다. 그게 제 평생의 소원입니다."

이수자 여사는 윤이상 선생 추모식에서 TIMF 앙상블이 연주하는 '엄마야 누나야' 선율을 들으며 눈물을 훔쳤다. TIMF 앙상블은 윤이상 선생의 고향인 통영에서 선생의 음악세계를 기리기 위해 열리는 통영국제음악제의 상주악단이다.

윤이상 선생이 그렇게도 그리워한 고향 땅. 동백림 사건 이후 평생 타향에서 떠돌던 그의 심정은 어떠했을까. 그의 침대 머리맡에는 항상 통영의 빛바랜 사진이 걸려 있었다고 한다. 1994년 윤이상 음악제가 대규모로 추진되며 선생의 귀국이 가능할 듯한 분위기가 조성됐을 즈음, 선생은 이런 내용의 편지를 썼다.

"고국에 돌아가면 나는 흙 가까이 입을 대고 이렇게 말할 것입니다. 나는 당신을 사랑합니다…나의 충정은 변함이 없습니다."

그러나 정부는 그에게 준법서약서와 사과를 요구했고, 선생은 그 다음해인 1995년 11월 3일 고향 땅을 밟지 못하고 세상을 떠났다. 그토록 그리던 고향 마을, 비록 가족은 만나지 못했을망정, 종일 금강산 고향 마을의 흙을 밟고, 고향 마을의 공기를 들이마신 그 할아버지는 그것만으로도 행복했을지 모른다. 고향은 그런 것이다. 출장 내내 별 감흥이 없었던 내가, 가이드가 들려준 '고향 이야기'에 어느새 눈시울을 붉히고 있었다.

세월이 흘렀다. 남편의 명예회복이 되지 않는 한 돌아오지 않겠다고 했던 이수자 여사는 마침내 고향 땅을 밟았다. 통영국제음악제는 지금도 매년 윤이상 선생의 음악세계를 기리고 있다. 생전에 고향 땅을 다시 밟지 못하고 세상을 떠난 윤이상 선생의 한이 조금이나마 풀렸을 것 같다. 하지만 북녘이 고향인 사람들, 북녘에 가족을 두고 온 사람들의 한은 아직도 다 풀리지 않았다. 금강산 관광도 남북 관계 악화와 함께 중단된 지 오래다. 금강산 관광이 중단되면서 일자리를 잃었을 그 가이드는 지금쯤 어디서 뭘 하고 있을까. 그의 '고향 이야기'는 언제쯤 다시 이어질 수 있을까.

고 윤이상이 마지막 순간까지 그리워한 고향 통영

공연장에서 자다

공연을 보다가 졸 때가 있다. 흔히 재미없고 지루한 공연을 볼 때 졸게 되지만, 재미있는 공연이라도 조는 경우가 있다. 특히 해외 단기 출장에서의 공연 관람은 쏟아지는 잠과의 투쟁이 되기 일쑤다. 공연이 다른 나라 언어로 진행되는데다가 시차적응이 안 된 상태라면 고개가 절로 떨어지고 눈이 스르르 감긴다. 아무리 재미있는 공연이라도 할 수 없다.

2000년대 초였던 것으로 기억한다. 유럽 출장길에 영국에서 뮤지컬 <캣츠>를 보았다. <캣츠>는 1981년 초연된 이후 당시까지 뮤지컬 최장기 공연기록을 세우고 있는 중이었다. 처음 만나는 작품에 대한 기대는 컸지만 낮에 빡빡한 취재 일정을 소화하느라 고단했던 터여서 공연이 시작하기 전부터 졸지나 않을까 걱정스러웠다. 아니나 다를까, 공연 초반부터 잠이 쏟아지기 시작했다. 뮤지컬 본고장에서 <캣츠>를 보는 건데 졸음이 웬 말이냐, 각오를 다지며 잠을 쫓았다.

<캣츠>의 무대는 객석 쪽으로 돌출한 원형이었고, 고양이들은(정확히 말하자면 고양이 분장을 한 배우들은) 객석 사이 통로를 누비고 다녔다. 나는 고양이들이 오가는 통로 가까이에 앉았기 때문에 공연 도중에도 고양이들은 내 자리 바로 앞을 지나다니면서 나를 빤히 쳐다보기도 하고, 고양이 울음을 내며 내 가방을 빼앗아 갔다 돌려주는 장난을 치기도 했다.

그런데 옆자리에 앉은 선배가 졸지 않고 잘 보고 있는지 궁금해 눈길을 돌렸을 때였다. 선배 바로 앞에 새침한 표정으로 쭈그리고 앉아 있는 고양이와 눈이 딱 마주쳤다. 이 고양이는 꾸벅꾸벅 조는 선배의 얼굴을 바로 코앞에서 빤히 들여다보고 있었다. 언제부터 저러고 있었는지 모르겠다. 당황해서 선배의 옆구리를 쿡쿡 찔렀더니, 이 선배, 눈을 뜨자마자 바로 앞의 고양이를 마주 대하고는 소스라치게 놀랐다. 고양이는 놀라는 선배 표정을 보며 빙긋 웃더니 앞다리를 들어올리며 "야옹!" 하고는 가버렸다. 졸다가 고양이한테 혼난 셈이다.

<캣츠>에는 여러 가지 캐릭터의 고양이 '군상' 들이 나오지만, 이 중에서 극장 고양이 거스가 특히 인상적이었다. 셰익스피어를 낳았고, 무대예술이 발달해온 영국이란 나라에 아주 잘 어울리는 캐릭터라는 생각이 들었다. 거스는 찬란했던 젊은 시절을 회한과 그리움으로 회상하는 원로배우다. 이제는 늙고 병들었지만 무대에서만큼은 영원한 '배우' 이고 싶어 하는 캐릭터이다.

그런데 몇 년 뒤 한국에서 다시 <캣츠>를 만났을 때, 내가 영국에서 본 공연과 조금 다르다는 생각이 들었다. 거스의 젊은 시절이 나오는 극중극 장면이 매우 생소하게 느껴졌던 것이다. 무대 장치로 배가 등장하고, 고양이들이 로프를 타고 오르내리는 등 상당히 스펙터클한 부분인데, 전혀 내 기억에 없었다.

그래서 나는 당시 <캣츠> 내한 공연 홍보담당자에게 '이번 프로덕션은 원래 버전에서 많이 바뀐 것 아니냐'고까지 물었는데……. 그게 아니었다! '졸다가 고양이한테 혼난 선배와는 달리 나는 졸지 않았다'고 생각한 것은 완전히 착각이었다. 나는 극장 고양이 거스가 젊은 시절을 회상하는 부분에서 깨어 있었을 뿐, 정작 젊은 시절을 묘사한 극중극이 이어지는 동안에는 완벽하게 잠이 들었던 것이다. 거스의 캐릭터를 인상적이라고 생각했으면서도 그가 등장한 많은 장면을 놓쳐버렸고, 그렇게 졸았던 사실 자체도 전혀 모르고 있었던 것이다!

그렇다. 사실 의지력만으로는 쏟아지는 잠을 쫓는 데 역부족이다. 그래서 나는 공연에 들어가기 전에 커피를 즐겨 마신다. 카페인의 힘에 기대는 것이다.

뉴욕 출장길, 브로드웨이에서 뮤지컬 <오페라의 유령>을 볼 때도 공연 몇 시간 전부터 '줄커피'를 마셔댔다. <오페라의 유령>이라면 음반으로 처음 접했던 고등학교 때부터 좋아한 작품이라 설마 졸기야 하랴 하는 생각도 있었지만, 시차적응이 안 돼 전날 밤 침대에서 뒤척거리기만 하다가 나온 터라 예방 차원에서 커피를 여러 잔 마셨던 것이다.

공연이 시작되었다. 과연 커피 덕택인지 전혀 졸리지 않았다. 그러나 생각지도 않았던 부작용이 나타났다. 알려져 있다시피 커피에는 이뇨작용이 있다. 공연이 1막의 중반을 넘어서면서부터 나는 맹렬한 '요의'

를 느꼈다. 공연이 한참 진행되는데 화장실 간다고 자리를 뜰 수는 없는 일이었다. 미국의 뮤지컬 극장은 객석 간격이 그리 넓지 않다. 게다가 내 자리는 통로에서 멀었다. 어쩔 수 없이 나는 자리를 지켰고, 눈은 무대를 향하고 있었지만, 마음은 자꾸만 흐트러졌다. 크리스틴과 라울의 감미로운 사랑의 이중창이나, 사랑을 원했지만 배신당했다는 생각에 몸을 떠는 유령의 분노에도 나는 온전히 정신을 집중할 수 없었다.

<오페라의 유령> 전반부는 유령의 분노가 폭발하며 오페라 극장의 샹들리에가 추락하는 그 유명한 장면으로 끝나는데, 이전에 그렇게 흥미진진하게 보았던 이 장면에도 나는 '아, 이제 드디어 끝났다'는 '안도감'만을 크게 느낄 뿐이었다. 막이 내리면서 관객들의 박수가 나오면 배우들의 막간 인사가 이어지지만 나는 막이 내려가자마자 용수철처럼 자리에서 일어났다.

"Excuse me !"를 연발하며 통로까지 가는 길은 참 멀기만 했다. 나는 출입구를 일단 통과하자마자 화장실을 향해 뛰기 시작했다. 복도는 좁고 길었다. 나와 함께 뛴 사람들 중에는 같이 '줄커피'를 마셔댔던 내 동행도 있었고, 낯모르는 미국인 아줌마 관객도 몇 명 있었다. 뛰면서 이 미국인 아줌마들, 계속해서 "Oh, my god !"을 외쳐댔다. 급한 마음에도 웃음이 나왔다.

화장실에 도착해 각자 빈 칸으로 쏜살같이 들어갔다. 드디어 용무를 마치고 나오는데 절로 안도의 한숨이 나왔다. 나와 같이 뛰어왔던 미국인 아줌마들도 나 같은 심정이었는지, "후유 !" 하고 숨을 돌리고 있다. 아직 다른 사람들은 도착하지도 못한 화장실에서 우리는 누가 먼저랄 것도 없이 서로 얼굴을 쳐다보며 깔깔 웃었다. 한국인이든, 생판 모르는 미국인이든, 우리는 위기를 함께 넘긴 '동지들'이었던 것이다. 이후 이어진 2막은 정말 편안한 마음으로, 최고의 집중력으로 볼 수 있었다.

　이제 공연장에서 졸리면 억지로 깨려고 애쓰지 않는다. 그냥 있다 보면 어느 순간인가 잠이 확 깨는 순간이 온다. 잔 것도 아니고, 깬 것도 아니고, 비몽사몽 상태에서 공연을 보는 것보다는 차라리 잠깐이라도 푹 자고 나서 맑은 정신으로 보는 게 낫다는 생각에서다. 만약 공연이 계속 무성의하고 지루하다면 차라리 그냥 죽 잠을 청하는 게 나을 수도 있다. 이렇게 나는 공연을 보면서 조는 데 초연(?)해졌지만, 요즘도 공연 보기 전 커피 마시는 걸 빠뜨리지 않는다. 물론 '줄커피'는 삼간다. 그리고……무슨 일이 있어도 공연장 들어가기 직전 화장실에 간다!

택시 기사 아저씨의 회한

나는 출퇴근 때 대중교통을 이용한다. 평소 특별히 건강관리를 위해 운동을 하고 있는 것도 아니어서, 출퇴근 시간에 잠깐이라도 걸어야겠다는 생각에 차를 놓고 다닌다. 출근할 때는 대개 버스와 지하철을 이용하지만, 퇴근할 때는 꾀가 나서 택시를 탈 때도 꽤 있다. 업무가 늦게 끝난 날이나, 회식이 있는 날에는 어김없이 택시를 타게 된다.

  어느 피곤했던 날 저녁, 나는 업무를 마치고 '탈까 말까' 잠시 망설이다가 택시를 불렀다. 미터 요금대로 받는 콜택시였다. 나는 택시에 오르자마자 기사 아저씨한테 행선지를 얘기하고는 눈을 감았다. 무척 피곤했기 때문에 집에 가는 동안 잠시나마 눈을 붙일 생각이었다. 그런데 이 아저씨, 자꾸 말을 걸어왔다.

  택시 기사 중에는 이렇게 승객과 이야기하는 것을 즐기는 사람들이 있고, 나도 화제가 적당할 때는 곧잘 대화를 하는 편이다. 하지만 내 경험상, 때로는 그 '이야기'라는 것이 대개 '요즘 경기 너무 안 좋다, 정치하는 놈들은 뭐 하는지 모르겠다', 그러다가 (내가 방송국 앞에서 택시를 탔으니까) '방송국에서는 나라 꼴이 이 모양인데 도대체 뭐 하는 거냐' 이렇게 이어지기 십상이었다. 그 와중에 핏대를 올리며 흥분하는 아저씨들도 꽤 봤기 때문에, 이런 대화에 무리 없이 응대할 수 있는 '컨디션 좋은' 날이라면 모르되, '잘 모르는 척, 못 들은 척' 하고 넘어갈 때도 많다.

그날도 나는 그냥 '잘 모르는 척, 못 들은 척' 전략으로 넘어갈 생각이었다. 그래서 기사 아저씨가 "아, 정말 큰일이네." 하고 얘기를 꺼냈을 때도 그냥 아무 대꾸 없이 가만히 있었다. 그런데 이 아저씨, 내가 반응을 하건 말건 이야기를 계속했다. 요즘 택시 영업 너무 안 된다는 얘기부터 시작해서, 경기가 이렇게 나쁠 수가 없다, 잘사는 놈들만 계속 잘사는 세상이다, 정치하는 놈들이 제대로 안 해서 그런 거다, 그러더니 갑자기 추석 때 고향에 내려갔던 이후로 이날 처음 손님 받고 운전하는 거라고 말했다.

이때쯤, 나도 계속 무반응으로 일관한 것이 약간 미안해졌다.

"왜요?"

"시골 집에 내려갔더니 일할 사람은 아무도 없고, 그래, 일하다가 올라오려고 하는데, 아버지가 갑자기 쓰러지셔서 말이죠."

"네에……"

"동네 병원을 갔더니 왜 그런지 몰라요. 그래서 아버지 모시고 서울에 있는 병원까지 왔죠. 입원시키고 온갖 검사를 다 했어요. 그랬더니 급성뇌경색이 왔다네요."

몇 년 전에도 아버지가 쓰러진 적이 있는데, 서울의 한방 병원에 입원시키고, 온갖 정성으로 간호해서 회복되셨다고 했다. 당시 아저씨는 버스 운전을 하면서 병상의 아버지를 뒷바라지했는데, 치료비가 '장난이 아니었다' 고 한다. 그런데 이번에 또 쓰러지셨으니……

"연세가 몇이신데요?"

"일흔다섯 살이요. 그놈의 미친 영감탱이, 술 처먹어서 그래요(나는 아저씨의 격한 말투에 조금 놀랐다). 차 태우고 올라올 때, 내 엄마한테 그랬어요. 나 아버지 중간에 버려뿔라, 그랬더니 엄마가 그래, 그래, 버려뿌려라, 하데요. 말은 그리 해도 그럴 수가 있나. 효자는 아니라도 불효자식은 되지 말아야죠. 그래도 속이 하도 상해 그랬죠."

다행히도 아버지는 죽을 고비는 넘겼다고 한다. 다만 병원에 오래 입원해 있어야 하는데, 돌볼 사람이 없어서 걱정이라 했다. 아저씨는 남동생 둘이 다 결혼해서 사는데, 자꾸만 애들 핑계, 아내 핑계를 대고는 병원에도 잘 와보지 않는다고 한탄했다. 결국은 아버지를 곁에서 계속 돌봐줄 사람이 없어 어머니가 시골에서 올라오기로 하셨단다.

"내일 어머니가 서울에 올라오세요. 내가 역에 나가 모시고 병원에 가야지. 엄마도 적은 나이 아닌데, 꼬챙이처럼 삐쩍 말라가지고 온몸이 아픈데 간병까지 하게 생겼으니. 노인네, 병원에서 제대로 밥이나 챙겨 먹을 수 있을지 걱정이요."

아저씨의 이야기는 계속 이어졌다.

"그래도 그 영감탱이 살 복은 있는 모양이야. 의사들이 걱정 말래요. 그렇게 속을 썩이더니, 그래도 아직은 더 살 운인가 봐요."

우리 동네에 들어서서 마주친 첫 번째 신호에 걸려 대기선에서 기다리는 동안 아저씨는 이렇게 말했다.

"손님도 부모님한테 잘하세요. 언제 편찮으실지 몰라요. 사람 일이 어떻게 될지 아무도 몰라요. 오늘 멀쩡하다가 자는 동안 죽는 사람도 있잖아요. 그리고 참, 아버지가 이렇게 되고 나니까 형제들끼리도 얼굴 붉히게 되고…… 평소 형제 간 우애가 이럴 때 다 드러난다니까요."

백미러에 비친 아저씨 얼굴을 언뜻 쳐다봤다. 눈가를 손으로 훔치고 있었다. 눈물을 닦은 것이었을까. 어두워서 잘못 봤는지도 모르겠다. 하지만 아저씨의 목소리에, 그리고 표정에 깊은 '회한'이 묻어 있는 건 분명해 보였다.

택시가 내가 사는 아파트 단지로 들어섰다. 아저씨가 조금 밝아진 목소리로 말했다.

"역시 경기도 공기가 서울보다 맑네요. 서울은 정말 공기 나쁜데. 나는 이 차만 팔리면 고향으로 내려가려고요. 내려가서 땅 파먹고 살아야지. 이것저것 다 필요 없어요."

나는 그냥 "네에" 하고 고개를 끄덕일 수밖에 없었다. 아저씨는 누구에게든 이야기를 털어놓고 싶었던 것이고, 마침 내가 그 이야기를 듣게 된 것이다. 택시가 집 앞에 도착하자 나는 요금으로 지폐를 건네고는 이 말밖에 하지 못했다.

"거스름돈은 놔두세요."

아저씨는 고맙다는 인사와 함께 나를 내려놓고는 휭 하니 멀어져 갔다.

아이를 맡겨놓은 친정에 가니, 어머니가 아직 어린 둘째아이를 안은 채 나를 맞이하셨다. 아버지는 큰아이와 놀아주고 계셨다. 평소에 무심하게 넘겼을 정경이 이날은 정말 새삼스럽게 다가왔다. 감사하다고, 그리고 죄송하다고 말씀드리고 싶었는데, 속으로만 그러고 말았다.

앞집 할머니의 추억

예전에는 새 집으로 이사할 때 이웃에 시루떡을 돌리며 인사를 다녔다. 이사하는 날 엄마 심부름으로 동네에 떡 돌리던 어린 시절 기억이 있다. 그래서 신혼살림을 차린 아파트에 처음 이사했을 때 나는 아래윗집과 옆집에 시루떡은 아니지만 음료수를 돌렸다. 하지만 그때뿐이었다. 이후에는 이사할 때 특별히 이웃에 인사하러 다녀본 기억이 없다. 아침 일찍 출근하고 밤늦게 퇴근하는 생활이 계속되다 보면, 현관을 마주보고 있는 앞집에 어떤 사람들이 사는지 도통 모르고 살게 된다.

  하지만 지훈이네는 예외였다. 지훈이는 내가 2007년 여름에 영국으로 연수 가기 직전까지 살던 아파트 바로 앞집에 살던 남자아이다. 나는 둘째 은형이 출산 직전에 그 아파트로 이사했고, 출산휴가를 예정일보다 조금 일찍 냈다. 휴가 기간 동안 낮 시간에 집에 있다 보니 오다가다 앞집 지훈이네 할머니와 마주치게 됐고, 서글서글한 할머니와 곧 친해졌다.

할머니는 직장 생활을 하는 딸 내외와 함께 살면서 외손주들을 돌보고 계셨다. 할머니는 지훈이가 첫째 은우와 동갑이라는 것을 알고는 친구가 생겼다고 좋아하셨다. 당시 유치원에 다니던 은우는 지훈이네 집에 자주 놀러갔고, 지훈이도 가끔 여동생을 데리고 우리 집에 놀러오곤 했다. 바로 앞집이라 아이들은 한 번 만나면 밤늦게까지 시간 가는 줄 모르고 놀곤 했다.

할머니는 여유 있고, 대범하고, 항상 큰 소리로 밝게 웃는 분이셨다. 집에 도둑이 들었을 때 잠꼬대 하는 척 소리를 질러서 도둑이 놀라 도망가게 했던 '무용담'을 재미나게 들려주셨고, 아이들끼리 나가 논다고 하면 전혀 걱정하는 기색 없이 '그래 그래!' 하고 내보내주셨다.

나는 둘째를 출산하고 2주 동안 산후조리원에서 지내다가 집으로 돌아왔다. 지훈이 할머니는 며칠 뒤 '은우 엄마가 있다가 없으니 너무 심심했다'며 집에 찾아오셨다. 어떤 아기가 태어났는지 매우 궁금했다고도 하셨다. 갓난아기 은형이를 보고 할머니는 '어이구 예쁘다!' 하고 활짝 웃으셨다.

할머니는 은우에게는 종종 과자를 주셨고, 내게는 산후조리 때는 잘 먹어야 한다며 맛있는 나물을 무쳐 갖고 오시기도 했다. 크리스마스 전날에는 은우 선물로 알록달록한 예쁜 풍선 수십 개를 안고 오셨다. 은우는 풍선들을 보고 눈이 동그래지며 뛸 듯이 좋아했다. 이 풍선들은 바람이 빠질 때까지 한동안 우리 집을 축제 분위기로 장식해주었다. 우리도 지훈이한테 장난감 자동차를 선물했다.

하지만 출산휴가가 끝나고 내가 다시 출근하게 되면서 지훈이네와의 왕래는 점점 뜸해졌다. 지훈이는 해외 근무를 하게 된 아빠를 따라 외국으로 갔고, 집에는 지훈이 할머니와 할아버지만 남아 계셨는데, 휴일에나 가끔 볼 수 있을 뿐이었다. 유치원에 다니던 은우는 초등학교에 입학했고, 그렇게 세월이 흘렀다.

은우가 2학년으로 올라간 지 얼마 지나지 않아, 지훈이가 다시 아파트 단지에서 자전거를 타고 다니는 걸 보고 지훈이가 외국에서 돌아왔다는 걸 알았다. 지훈이는 동네에서 마주치면 나에게는 꾸벅 인사했지만, 은우에게는 아주 살짝 아는 척만 했다. 한동안 못 봤던데, 이제 조금 컸다고 쑥스러워하는 모양이었다.

그러던 어느 날, 은우가 학교에서 '이웃집 조사하기'를 과제물로 받아왔다. 이웃집 식구는 모두 몇 명이고, 몇 살이고, 어떤 일을 하는지, 뭘 좋아하는지 등등 이웃집에 사는 가족에 대한 조사를 해오라는 것이었다. '누구네 집을 하지?' 하고 걱정하는 은우에게 '지훈이네 집 조사하면 되잖아!' 하고 얘기해주었다.

"지훈이네는 식구도 많으니까 쓸 것도 많겠다. 할아버지, 할머니, 아빠, 엄마, 지훈이, 지훈이 동생, 다 쓰면 되잖아."

마침 토요일이라 아이들을 데리고 동네 슈퍼마켓에 가려고 집을 나섰는데, 역시 아이들을 데리고 나온 지훈이 엄마와 마주쳤다. 이렇게 만난 김에 잘됐다 싶어서 은우 숙제 얘기를 꺼냈더니, 지훈이 엄마는 활짝 웃으면서 은우에게 '그럼 지금 궁금한 거 물어봐!' 라고 말했다. 은우는 잠시 망설이다 '인터뷰'를 시작했다.

"그러면…… 식구는 모두 몇 명이에요?"

"으응, 우리 가족은 다섯 명이야."

내가 무심코 끼어들었다.

"어? 여섯 명 아닌가요?"

"아, 어머니가 얼마 전에 돌아가셨어요."

가슴이 쿵 내려앉았다. 그러고 보니 한동안 지훈이 할머니를 본 기억이 없었다. 야근한 다음날 아침 집에 들어오다가 할아버지가 지훈이 동생을 데리고 유치원에 가는 걸 몇 차례 보기는 했지만, 할머니는 언제 마지막으로 뵈었더라, 잘 기억이 나지 않았다. 굉장히 젊어 보였던 할아버지가 요즘 부쩍 늙었다는 생각을 했던 게 새삼스러웠다.

지훈이 할머니는 1년 전 암 진단을 받고 치료 때문에 몇 달간 병원에 계셨다고 한다. 그리고 상태가 호전되어 집에 돌아오셨다가 다시 악화돼 세상을 떠나셨단다. 나는 무슨 말을 해야 할지 몰라서 말을 더듬거렸다.

"아, 그런 줄도 모르고……"

그렇게 건강하고 기운이 넘치던 할머니가 암으로 돌아가셨다니. 그런데도 이웃인 나는 까맣게 모르고 있었다니. 지훈이 엄마와 헤어져 돌아서면서 너무나 슬프고 죄송스러워 눈물이 나려 했다. 며칠 뒤 영국 연수를 위해 출국하기 전, 나는 과일을 사들고 지훈이네 집에 인사차 들렀다. 집 안 곳곳에 할머니의 숨결이 느껴지는 것 같았다.

영국에서 1년을 살고 돌아와 보니 지훈이네는 다른 동네로 이사 가고 없었다. 같은 아파트 단지에 사는 친정어머니로부터 지훈이네가 이사 갔다는 이야기를 듣고 왠지 마음이 허전했다. 우리도 다른 집으로 이사했다. 이번에도 아파트다. 앞집에 어떤 사람이 사는지 아직 잘 모른다.

    며칠 전 조금 일찍 퇴근했더니 앞집에서는 저녁 준비가 한창인지, 구수한 된장찌개 냄새가 났다. 지훈이네 집에서도 이런 된장찌개 냄새가 자주 났다. 굳게 닫힌 현관문 사이로 새어나오는 냄새를 맡으며 나는 조만간 앞집 사람들과 인사를 해야겠다고 생각했다. 그리고 지훈이네 할머니를 떠올렸다. 갑자기 눈물이 핑 돌았다. 할머니, 진작 인사 못 드려서 죄송합니다. 그곳에서도 평안하세요.

크리스마스이브
딸과 함께 야근하다

방송기자에게 야근과 휴일 근무는 숙명이다. 방송기자들에게 야근은 '밤새 일하는 것'을 뜻한다. 신문기자들도 야근을 하지만 대개는 밤늦게나 새벽에 퇴근한다. 방송국 보도국에서 야근 기자들은 마감뉴스와 아침뉴스를 담당하는데, 내신·외신으로 나뉘어 근무한다. 다큐멘터리 등을 만드는 보도제작 부서를 제외하고는 보도국에 근무한다면 어떤 기자든 야근에서 예외가 될 수는 없다.

　　연차가 낮거나 사회부에서 근무하는 기자들은 내신 야근조에 배정돼 한밤중, 새벽을 가리지 않고 사건현장을 뛰어야 하고, 조금 연차가 높거나 국제부에서 근무하는 기자들은 외신 야근을 담당해 밤새 국제뉴스 기사를 공급한다. 뉴스 모니터를 하는 것도 중요한 업무 중 하나다. 편집부에도 마감뉴스와 아침뉴스 편집을 위한 야근조가 따로 있다(물론 큰 사건이 터지면 미리 정해진 야근 일정과는 상관없이 며칠씩 야근을 해야 하는 경우도 종종 있다).

큰 사건이 없는 평온한 날이라면 회사 소파나 숙직실에서 잠깐 눈을 붙일 수는 있지만, 계속 빠진 기사가 있는지 신경을 곤두세워야 하는 '스탠드바이' 상태로 밤을 보내고 다음날 아침 퇴근할 무렵이면 완전 녹초가 돼버린다. 야근한 다음날 영화를 보거나 친구를 만나는 등 낮 시간을 활용하기도 하지만, 언제부터인가는 야근하고 나면 집에 가자마자 쓰러져 시체처럼 잠만 자다가 저녁에 일어난다. 아무리 낮잠을 자도 피로가 풀리지 않고 며칠간 지속된다. 입사 초기에는 야근한 뒤에도 퇴근하지 못하고 계속 근무해야 했는데, 도대체 어떻게 버틸 수 있었는지 나도 궁금할 따름이다.

결혼 전 편집부 야근조에서 일할 때는 3교대로 오후에 출근해서 아침에 퇴근했다. 우리 아파트 경비 아저씨는 내가 오후에 출근해서 다음날 아침 초췌한 얼굴로 퇴근하는 걸 보고 처음에는 이상하다고 생각했단다. 도대체 이 아가씨가 밤새 뭘 하고 다니나 궁금했던 것이다. 결혼한 뒤에도 나는 한동안 사흘에 한 번씩 외박을 해야 했고, 역시나 자세한 사정을 모르는 이웃들의 의아해하는 시선을 느낀 적이 있다.

야근한 다음날로 신혼 집들이 날짜를 잡고 남편 직장동료들을 초대했는데, 시장만 봐놓고 야근의 피로가 몰려와 잠들었다가 늦게 일어나서 허둥댔던 기억도 있다. 남편의 증언.

"그날 내가 조금 일찍 퇴근했잖아. 벨 눌러도 문을 안 열어줘서 열쇠로 열고 들어와 보니 시장바구니는 현관 옆에 풀지도 않은 채 놓여 있고, 너는 세상 모르게 자고 있더라. 정말, 집들이가 1시간밖에 안 남았는데, 식은땀이 다 나더라고."

결국 나는 친정어머니의 도움으로 겨우겨우 집들이를 치렀다.

그러고 보면 야근이 숙명인 방송기자는 참 피곤한 직업이다. 영국에서 1년간 연수하며 석사 과정을 밟을 때 숙제나 논문 작성 때문에 밤을 새는 일이 종종 있기는 했지만, 그래도 큰 사건이 터져서 보도국 야근을 밥 먹듯 하던 때와 비교하면 훨씬 수월하다고 생각했다. 어쩌면 숱한 야근을 버텨온 '근성' 덕분에 연수 가서 별 어려움 없이 잘 적응했는지도 모른다.

야근은 피곤하고 귀찮은 것이긴 하지만 '즐거움'도 있다. 아침뉴스는 대부분 야근 기자들이 작성한 기사로 채워지기 때문에 내가 작성한 기사가 여러 건 뉴스에 반영될 수밖에 없다. 내가 쓴 기사가 방송에 나올 때마다 신기했던 초년병 시절은 지나갔지만, 지금도 야근의 성과물인 뉴스가 무사히 방송되고 나면, 나른하면서도 기분 좋은 피로와 안도감이 밀려온다. 홀가분한 기분으로 야근자들끼리 구내식당에서 같이 아침을 먹으며 수다를 떤다. 그리고 다른 사람들이 출근할 때 나는 퇴근한다!

하지만 이런 야근이 휴일 전날이나, 휴일 당일에 걸리면 조금 억울하다. 평일 야근이라면 다음날 아침 퇴근하면서 휴일을 하루 번 것 같은데, 휴일 전날 야근하면 어차피 휴일인 다음날 하루를 날려버리는 기분이다. 휴일 당일에 야근이면 저녁 때 아이들을 떼어놓고 집을 나서야 한다. 차라리 휴일 낮근무까지 걸려서 아침에 출근하는 게 낫지, 같이 있다가 저녁 때 아이들을 떼어놓고 출근하기는 쉽지 않다. 가족과 함께 많은 시간을 보낸 연수 기간이 끝나고 나자 아이들은 더욱더 엄마의 야근을 싫어했다.

그런데 영국 연수 마치고 돌아오자마자 얼마 지나지 않아 크리스마스이브에 야근이 걸렸다. 야근이야 교대로 돌아오는 것이니 운이 나쁘다고 할 수밖에 없다. 마침 남편도 장기 해외출장 중이었다. 큰딸 은우에게 '엄마 24일 야근인데 어쩌지?' 했더니 야단이 났다. 할아버지, 할머니가 파티를 해주겠다고 해도 '약발'이 듣지 않았다.

잔뜩 짜증을 내던 은우는 학교 숙제로 만든 <가족신문>에다 떡 하니 이렇게 써놓았다.

"올해의 사건! 은우가 크리스마스를 혼자 지낸 일."

아직 크리스마스가 지나지도 않았고, 엄마는 크리스마스날 아침이면 돌아올 거니까 '크리스마스를 혼자 지냈다'는 표현은 잘못된 거 아니냐고 항의해도 소용이 없었다. 선생님이 이 <가족신문>을 보고 어떻게 생각할까 약간 걱정이 되긴 했지만, 그렇다고 억지로 고치게 할 수도 없었다. 명색이 기자인 엄마가, 은우의 <가족신문> 편집권을 그렇게 쉽게 침해할 수는 없는 일 아닌가.

"세상에 크리스마스이브에 딸을 혼자 놔두는 엄마가 어딨어? 딴 엄마들은 다 집에 있는데."

"엄마는 '엄친아' '엄친딸' 얘기 안 하는데 너는 왜 자꾸 엄마를 다른 엄마랑 비교하니?(우리 집에선 '딸친엄-딸 친구 엄마'가 문제야)."

나는 고민하다가 크리스마스이브 야근에 은우와 동행했다(둘째는 아직 어려서 친정에 맡겼다). 밤 시간대, 특히 휴일 전날에는 근무자가 그리 많지 않으니, 내가 국제부에서 야근하는 동안 옆에서 책이나 텔레비전을 보게 하면 될 것 같았다. 은우가 좋아하는 케이크도 사들고 갔다. 은우는 모니터

앵커석에 앉은 은우.

용 텔레비전이 곳곳에 설치된 걸 보고 아주 좋아했다. 그리고 내 옆 구석자리에 앉아 텔레비전도 보고, 그림도 그리고, 책도 읽었다.

마감뉴스 준비를 대략 끝낸 뒤 야근자들끼리 모여 케이크 커팅을 했다. 은우도 끼었다. 크리스마스이브에 야근하는 '동병상련'이 있어서 그랬는지, 다른 근무자들도 은우를 따뜻하게 환영해주었다. 조촐한 파티가 된 셈이다. 케이크를 먹고 나서 은우는 국제부 소파에서 잠이 들었고, 나는 마감뉴스가 끝나고 세계의 크리스마스 기사를 쓴 뒤 은우를 숙직실 침대에 눕혔다.

평온한 밤이었다. 나는 은우 옆 침대에서 잠깐 눈을 붙이고 일어나 아침뉴스를 준비했다. 야근할 때 아침 시간은 정말 빨리 지나간다. 뉴스를 끝내고 아침 8시쯤 은우를 깨우러 갔더니, 은우는 '아웅, 잘 잤다' 하며 만족스러운 얼굴로 기지개를 켰다. 그러더니 은우는 "엄마, 야근 별 거 아니잖아!" 했다. 엄마도 그때까지 자기 옆 침대에서 잔 것으로 생각한 것이다.

은우와 함께 구내식당에서 아침을 먹고, 뉴스 스튜디오를 구경시켜 주었다. 은우는 8시 뉴스 앵커 자리에도 앉아보고, 기상 캐스터들이 날씨 소식을 전하는 스크린 앞에도 서보았다. 로비를 장식한 크리스마스트리도 구경했다.

"어때, 좋지? 엄마랑 같이 오길 잘했지?"

은우는 배시시 웃더니 "나쁘지 않았어" 했다. 아마 은우는 SBS 보도국 숙직실에서 밤을 보낸 최초의 어린이로 기록될 것이다. 은우와 함께한 야근, 나도 '나쁘지 않았다'. 방송기자의 숙명인 야근 덕분에 특별한 추억을 갖게 된 셈이다. 하지만, 그래도, 크리스마스이브에 야근은 사양하고 싶다. 방송기자 일을 때려치우지 않는 한, 숙명인 야근을 피해갈 수는 없는 일. 다만 앞으로는 내 야근 일정표에 좀더 운이 따르기만을 바랄 뿐이다.

대본 던지기의 '업보'

은우가 초등학교 2학년일 때, 학교에서 연극을 한다고 며칠 동안 수선을 피운 적이 있다. 담임선생님이 반 아이들을 몇 조로 나눠서 동화를 간단한 연극으로 공연하도록 했다고 한다. 은우는 자기 조에서 대본 쓰기와 해설을 맡았다. 은우는 고심 끝에 안데르센의 동화 <인어공주>를 바탕으로 간단한 대본을 썼다. 선생님이 내용을 조금 바꿔도 된다고 하셨다며 나름의 창작을 덧붙였다.

원래 동화에서는 왕자를 보고 사랑에 빠진 인어공주가 다리를 얻고 육지로 나가는데, 은우의 대본은 반대로 인어공주에게 반한 왕자가 인어가 되어 바다 속 궁전으로 찾아간다는 내용이다. 왕자는 '육지 마녀'를 찾아가서 1년 동안 가정부로 일한 뒤 '인어가 되는 약'을 얻게 된다. 황당하기도 하지만, 어린이다운 상상력이 느껴지는 대본이었다.

그런데 이렇게 완성된 대본을 학교에 가져갔던 아이가 집에 와서는 울고불고 난리가 났다. 왕자 역을 맡은 친구가 이런 대본으로는 못하겠다고 했단다. '내가 미쳤냐, 이런 말을 하게?' 하면서 대본을 던져버렸단다. 문제는 왕자가 처음 인어공주한테 반하는 장면이었다.

왕자 : 아, 어쩌면 저렇게 예쁠까. 당신은 누구세요?
인어공주 : 저는 인어공주예요.

'아, 어쩌면 저렇게 예쁠까' 라는 대사에 왕자 역을 맡은 아이가 강한 불만을 표시한 것이다. 그러자 다른 아이들도 이런저런 불만을 토로하기 시작했고, 결국은 아이들끼리 되니 안 되니 다투느라 시간만 낭비했다고 한다. 은우는 공연이 얼마 안 남았는데 자기 조만 연습을 하나도 못했다며 걱정이 태산이었다.

은우가 징징대는 모습을 보면서 갑자기 나의 대학 시절의 한 장면이 떠올랐다. 1학년 가을, 단과대 연극반에서 공연을 앞두고 한창 연습에 열중하던 때였다. 내가 다니던 단과대에 여학생이 적어서, 즉 여배우가 적어서 나는 등 떠밀려 연극에 참여했다. 우리가 공연할 연극은 나보다 1년 위의 선배가 대본을 쓴 창작극이었다.

대학 연극의 현실참여 성격이 강할 때였다. 작가는 5월 광주부터 노동과 계급, 남북문제까지 참 많은 내용을 연극에 담으려 했고, 대본은 마치 요즘 일일드라마 '쪽대본' 처럼 하루에 한 장 두 장씩 나왔다. 그러면 우리는 각자의 '정치적 노선' 에 따라 갈려 극의 내용과 대사를 놓고 격론을 벌이곤 했다. 솔직히 엉성한 구석도 많은 대본이었지만, 참여하는 사람들의 열정만은 대단했던 것 같다.

그런데 나의 가장 큰 고민은 사실 정치적 노선보다는 첫 대사에 있었다. 내가 맡은 역은 진부하리만큼 전형적인 인물 '강남의 벼락부잣집 딸, 오렌지 여대생'이었다. 천박하고, 문란하고, 자기보다 약한 사람을 가차 없이 짓밟는, 틀림없는 악역이었다. 이 여자의 '교성'이 무대 뒤편에서 흘러나오며 연극이 시작되면, 한 사내가 엉거주춤 바지를 끌어올리며 무대를 가로질러 가는 설정이 있었다. 당시 대학연극 치고는 꽤 파격적인 장면이었던 것으로 기억한다.

나는 대본이 처음 나오던 날 주로 '교성'으로 구성된 내 첫 대사를 보고 기겁을 했다. 아무리 연습을 해도 이 장면은 자연스럽지 않았다. 선배들은 왜 그것밖에 못하냐며 볶아댔다. 중요한 건 내가 이 대사를 잘 못했다는 것보다도, 하기 싫었다는 점이다. 내가 맡은 역이 얼마나 천박하고 못됐는지 보여주는 장면은 안 그래도 많은데, 왜 굳이 시작부터 선정적으로 가려 하는지 납득이 되지 않았다.

선배들한테 읍소하기도 하고, 항의하기도 하며, 이 장면을 고쳐달라고 요청했다. 내 의견에 동조하는 사람들도 꽤 있었다. 하지만 조연출과 대본을 맡은 선배가 꼭 필요한 장면이라며 강경하게 버텼기 때문에, 여러 차례 대본이 수정됐지만 이 대사만은 살아남았다.

나는 이 장면을 연습할 때가 되면 혀가 굳는 것 같았다. 공연 날짜가 다가올수록 자신이 없어졌고, 내 연기는 나아지기는커녕 날마다 퇴보하고 있었다. 이 장면 때문에 연극 자체가 하기 싫어져 도저히 견딜 수 없는 지경에 이르렀던 날, 나는 연습 도중 연습실을 뛰쳐나와 버렸다. 대본을 집어던져버리고 말이다.

내가 그렇게 대본을 던져버렸던 것처럼, 왕자 역을 맡은 은우 친구도 대본을 던져버린 것이다. 대본을 던지게 된 이유도 본질적으로는 비슷하다. 대사가 마음에 안 들었던 것이니까. 당시 대본을 던지고 뛰쳐나갔던 내 모습에 은우 친구가 대본을 던지는 장면이 오버랩됐다. 세상일은 이렇게 돌고 도는 것일까. 비약인지 모르지만, 내가 그때 대본을 집어던졌던 대가를 지금 딸이 치르고 있는 것은 아닐까. 당시 나의 돌발행동에 놀란 선배들은 긴급회의를 열었고, 결국 그 대사는 내 주장을 받아들여 삭제되었다.

"은우야, 친구랑 다시 한 번 얘기해보고, 그래도 정 못하겠다고 하면 그 대사는 그냥 빼버려라. 없어도 줄거리에 지장은 없잖아."

'그래도 그 대사가 있어야 더 재미있단 말이야' 하던 은우는 결국 눈물을 머금고 이 대사를 빼기로 했다. 다행스럽게도 이렇게 대본을 수정한 이후 왕자 역을 맡은 친구뿐 아니라 다른 아이들도 모두 열심히 맡은 역을 연습했다고 한다. 그동안 대본 때문에 티격태격하느라 연습 시간을 허비했으니 그만큼 더 열심히 한 셈이다.

은우가 연극을 준비하는 과정을 지켜보면서 공연 한 편 올리는 게 쉬운 일이 아니라는 것을 새삼 실감했다. 어린이들이 10분도 안 되는 간단한 극 한 편 올리는 데도 이렇게 '작가와 배우의 갈등' 같은 고전적인 문제가 발생하는데, 하물며 예술을 업으로 삼는 사람들이 만들어내는 본격적인 공연은 어떻겠는가.

공연 한 편을 무대에 올리는 것은 장르마다 조금씩 차이가 있긴 하지만, 작가와 배우, 연출가, 제작자와 기획자, 기술 스태프 등 무대에 관여하는 모든 사람이 함께 하는 과정일 터이다. 결국 공연은 본질적으로 여러 사람이 때로는 갈등하고 때로는 타협하며 이루어내는 합의의 산물인 것이다. 담임선생님이 반 아이들에게 연극을 하게 한 것도 이런 '과정'을 경험하게 하려 했던 것이 아니었을까.

공연 발표가 있던 날, 은우는 학교에 다녀와서 만족스러운 얼굴로 발표가 순조롭게 진행됐다고 전했다. 그러면서도 일말의 아쉬움이 남는 듯 이렇게 덧붙였다.

"에이, 그 친구는 좀 촌스러워. 연극에서 하는 얘기는 진짜로 하는 얘기도 아닌데, 그것도 모르고. <신데렐라> 연극한 아이들도 있었는데, 걔들은 '오! 신데렐라! 사랑합니다. 저와 결혼해주세요' 이런 말도 잘했단 말이야."

이 말에 내가 또다시 뜨끔해졌다. 그럼 그때 나도 촌스러워서 그랬던 걸까. 마치 은우가 나를 책망하고 있는 듯한 느낌에 사로잡혔다. 은우야, 엄마 촌스러웠는지도 모르겠는데, 그래도 정말 열심히 했어. 그 대사는 없어도 되는 거였다고. 엄마 연기 그렇게 나쁘지 않았어. 하지만 엄마가 대학 다닐 때 연극하던 사연을 알 리 없는 은우에게 나는 그냥 이렇게 말해주고 혼자 웃고 말았다.

"그래, 엄마도 그 친구가 좀 촌스러운 것 같아. 하지만 은우야, 이런 점도 생각해야 돼. 아무리 대본이 좋아도 그 대본을 배우가 싫어하면 좋은 연극이 나올 수 없는 거야. 연극은 혼자 하는 게 아니라 여럿이 같이 하는 거니까."

태클을 피하는 법

나의 공연 보기 일정에 비상이 걸렸다. 공연 보러 나서려다가 가족의 '태클'에 걸려 포기한 적이 한두 번이 아니다. 마음 같아서는 이 강력한 '태클'에 '경고'로 대응하고 싶지만, 주로 태클을 거는 쪽인 남편은 오히려 내가 경고감이라고 주장한다. 두 아이를 키우는 엄마가 평일은 회사 다니느라 바쁘고, 금쪽같은 주말과 휴일은 공연에 바쳐버리면 아이들은 언제 챙기느냐는 것이다.

둘째가 태어나기 전에는 상황이 좀 나았다. 남편도 공연 보기를 즐기는 편이라 큰아이를 부모님께 맡기고 주말마다 함께 공연을 보러 다녔다. 그런데 둘째가 태어나고, 큰아이가 나이 먹고 부쩍 엄마를 더 많이 찾게 되면서 상황이 바뀌었다. 애들은 어쩌고 공연을 보러 가! 남편이 심각한 표정으로 이렇게 나오면 어쩔 수 없다.

'공연 사랑'과 '육아'를 양립하기란 정말 힘든 일이다. 하긴 육아와 쉽게 양립할 수 있는 일이 어디 그리 많겠는가. 하지만 그 중에서도 한정된 시간, 한정된 장소에서만 가능한 공연 관람을 취미로 갖는다는 것은 아이 키우는 엄마에게는 치명적이다. 문화부에서 일할 때는 공연이 열리는 밤 시간에 취재 다니느라 자정 무렵에야 퇴근하는 날이 많았다. 그러고도 놓친 공연은 주말과 휴일에 보러 다녔다. 그러고 보면 공연애호가 중에 독신이 많다는 건 정말 당연한 일이다. 자유롭게 공연 보러 다니기 위해 아이를 안 갖는다는 '애호가 부부' 얘기를 들은 적도 있다.

남편의 태클을 피할 수 있는 가장 좋은 방법은 아이도 함께 볼 수 있는 공연을 찾는 것이다. 은우가 보고 싶어 한다는 '핑계'를 대고 아이를 데리고 둘이 공연을 보러 가는 것이다. 이럴 때 남편은 둘째와 함께 집을 본다. 은우가 공연에 흥미를 보이면 같이 나들이 가자고 꾄다. 그리고 은우와 함께 당당하게 집을 나선다.

2007년 예술의전당에서 공연된 오페라 <돈 조반니>를 보러 갈 때도 그랬다. 베이스 연광철이 출연하는 작품이라 놓치기 싫었다. 초등학생도 입장할 수 있다고 했다. 은우에게 '<돈 조반니> 같이 보러 갈래?' 했더니, 제목이 '돈 줘봤니?'로 들린다면서 깔깔 웃어댔다. 은우가 관심을 보인 덕분에 둘째를 남편에게 맡기고 '당당하게' 주말 저녁에 집을 나설 수 있었다.

공연장에 들어가기 전 은우에게 예습을 시켰다. '돈 조반니라는 아저씨가 여자친구 사귀는 걸 너무 좋아해서 남의 여자친구도 빼앗고 나쁜 짓을 하다가 벌을 받는 내용'이라고. 은우는 공연장에서 가장 어린 관객이었다. 어린이에게는 부적합한 내용이 아닌지 뒤늦게 걱정도 됐다. 은우는 열심히 자막을 따라가며 오페라를 관람했다. 노골적인 성인용은 아니더라도 어린이에게 보여주기에 조금 찜찜할 장면에서는, 정말 고맙게도 잠이 들어주었다. 은우는 공연장을 나오면서 하품을 하며 말했다.

"엄마, 돈 조반니는 정말 웃겨. 왜 여자만 보면 쫓아다니는 거야?"

영국에 살 때도 나는 둘째 은형이를 남편에게 맡기고 은우를 데리고 공연을 보러 다녔다(남편이 영국 펍을 들락거릴 때 군말 않은 대가였는지도 모른다). 주로 도보 10분 거리의 워릭 아트센터, 혹은 차로 30분 거리의 버밍엄 심포니 홀에서 열리는 음악회였다. 한국보다 관객층 연령대가 훨씬 높은 클래식 음악회에서 은우는 항상 최연소 관객이었다. 영국 할머니들은 '참 기특하구나. 음악회가 재미있니?' 하고 은우에게 자주 말을 걸어왔고, 은우는 으쓱한 기분에 얌전히 앉아서 공연을 보곤 했다.

그러나 은우는 곧 음악회에 싫증을 내기 시작했다. 결정적인 계기는 피아니스트 알프레드 브렌델의 독주회였다. 브렌델이 은퇴를 앞둔 고별 연주여행 중 버밍엄에 왔을 때였다. 내가 몇 달 전부터 별러서 예약한 공연이었다. 그런데 많은 사람이 감동해 마지않은 노대가의 공연이 은우에게는 너무나 정적이고 지루했나 보다(피아노 독주가 다른 연주에 비해 좀 심심하긴 하다). 은우는 곡 사이사이 '언제 끝나?' 하고 묻다가 정규 프로그램을 끝낸 브렌델이 몇 차례 커튼콜 끝에 앙코르를 위해 다시 피아노 앞에 앉자, '끝난 거 아니야? 왜 또 해?' 하고 한숨을 푹푹 내쉬었다. 다른 청중은 좋아서 '와~' 하고 환호성을 질러대는데 말이다.

그래서인지 한국에 돌아와서 은우는 엄마한테 영 협조를 안 해준다.

공연 같이 보러 가자고 해도 심드렁하다. '빅뱅'이나 '소녀시대'가 출연하는 방송 프로그램이면 모를까, 엄마가 좋아하는 음악회에는 관심도 없다. 아빠의 '태클'에 '맞아, 엄마 공연 보는 거 너무 좋아하는 거 아냐?' 하고 가세하기도 한다. 그러니 이제는 태클이 들어오기도 전에 내가 지레 겁이 나서 '플레이'를 미리 포기할 때가 많다.

하지만 돌이켜보면 은우가 엄마 공연에 억지로 따라다니기만 했던 것은 아니다. 은우가 더 좋아했던 공연들도 많다. 뮤지컬 <라이온 킹>이나 <미녀와 야수> <치티치티 뱅뱅>이 그런 것들이다. 뮤지컬 <메리 포핀스>와 <빌리 엘리어트>도 그렇다. 모두 나와 은우의 '이해관계'가 맞아떨어진 가족 공연들이다. 내가 뉴욕에서 본 뉴욕 필하모닉의 공연은 아기들도 들어갈 수 있는 'Young People's Concert'였다. 당시 네 살이었던 은우가 공연 시작하기 전 바지에 '실례'를 했던 기억이 생생하다. 대충 화장실에서 휴지로 닦고 '오줌 자국'을 긴 겉옷으로 가린 채 들어갔는데, 은우가 공연을 재미있어 해서 다행이었다.

이번 주말에는 볼만한 공연 없을까. 정말 은우도 좋아하는 양질의 가족 공연이 많아졌으면 좋겠다. '어른들 공연이지만 아이들도 들어갈 수 있는' 공연 말고, 진정 어린이와 어른이 같이 즐길 수 있는 '가족 공연' 말이다. '가족 공연'을 내세우는 공연들은 많지만, 지나치게 유치하거나, 단순한 훈계조에 그치거나, 성인용 코미디를 답습하며 관객을 웃기려 드는 '얼치기' 말고 제대로 된 '가족 공연'을 만나기란 쉽지 않다.

은우가 빨리 자라서 엄마의 취향을 이해하고 뮤지컬이든, 오페라든, 음악회든, 어떤 공연이든 같이 보러 다닐 수 있게 됐으면 좋겠다. 아, 완벽하게 남편의 태클에서 벗어나려면 둘째도 빨리 커야 한다. 온 가족이 함께 공연장에 다닐 수 있도록. 아이들이 빨리 큰다는 것은, 그만큼 내가 빨리 늙어간다는 얘기지만, 마음 놓고 공연을 보러 다닐 수 있게 된다면 그 정도는 감수할 의향이 있다. 좋은 공연을 보고 느끼는 행복감도, 내가 사랑하는 사람들과 함께 한다면 더 커질 테니 말이다.

오페라 <니벨룽의 반지> 마린스키 극장 프로덕션.

나는 오빠부대 해리엇 비튼

이제 클래식 음악 공연장에서도 '오빠 부대'가 낯설지 않다. 김선욱이나 임동혁, 임동민, 리처드 용재 오닐 같은 연주자들은 공연마다 열성팬들을 몰고 다닌다. 나는 이들을 향한 소녀들의 들뜬 한숨과 떠들썩한 환호성을 수없이 들었다. 하지만 내가 만나본 '최고의 열성팬'은 이들이 아니다. 내가 공연장에서 만난 최고의 열성팬은 해리엇 비튼이라는 이름의 미국 할머니였다.

내가 해리엇 비튼을 처음 만난 것은 2005년 봄, 러시아 볼쇼이 극장에서였다. 볼쇼이 극장은 당시 대규모 보수공사를 앞두고 있었다. 볼쇼이 극장이 장기 휴관을 앞두고 마지막으로 고른 대작이 바로 바그너의 음악극 <니벨룽의 반지>였다. 한국에는 '키로프 극장'으로 알려진 러시아 상트페테르부르크 마린스키 극장 프로덕션이었고, 마린스키의 수장인 발레리 게르기예프가 지휘했다. 이 공연은 같은해 가을 한국에 상륙할 예정이었다.

<니벨룽의 반지>는 '라인의 황금' '발퀴레' '지크프리트' '신들의 황혼'으로 이어져, 흔히 '반지 4부작'으로 불린다. 나흘간 공연에 총 16시간이 걸리는 대작이다. 세상을 지배하는 힘을 지닌 반지를 둘러싸고, 권력과 탐욕, 사랑과 배신, 희생과 구원의 장대한 드라마가 신들과 인간 세상을 넘나들며 펼쳐진다.

북구의 신화와 게르만족의 전설에서 영향을 받아 바그너가 직접 쓴 대본에는 신과 인간의 관계, 물질적 탐욕과의 투쟁, 세상을 구원하는 사랑 같은 주제가 담겨 있다. 그 유명한 톨킨의 소설 「반지의 제왕」에 많은 영향을 미친 것으로 알려져 있다. 바그너는 기존의 오페라를 넘어, 음악과 드라마가 완벽하게 결합되는 종합예술로서 '악극'을 꿈꿨고, <니벨룽의 반지>는 그가 꿈꾼 '악극'의 '결정판'이었다.

그러나 하룻밤에 짧아도 2시간 반, 길면 5시간 반에 이르는 공연 시간은 관객과 연주자 모두에게 큰 부담일 수밖에 없다. 바그너 전문가수들은 우렁찬 성량과 깊이, 테크닉과 체력을 동시에 갖춰야 한다. 바그너 전문가수는 '영웅적인Helden'이라는 형용사를 붙여 '헬덴테너' '헬덴소프라노'로 불린다. 포효하는 오케스트라의 울림(영화 <지옥의 묵시록>의 폭격 장면에 삽입돼 더욱 유명해진 '발퀴레의 비행'을 떠올려보라)을 뚫고 객석을 압도할 수 있는 바그너 전문가수들은 그리 많지 않다.

게다가 라인 강 밑바닥에서 천상과 지상, 그리고 지하세계까지 오가는 공간적 배경, 여기에 인간과 요정, 신, 거인과 난쟁이에 이르는 다양한 등장인물들은 수준급의 연출력과 제작비가 뒷받침되지 않으면 무대에 제대로 구현될 수 없다. 따라서 <니벨룽의 반지> 4부작을 모두 볼 수 있는 기회는 그리 흔치 않다.

그래서 전 세계의 바그네리안들은 매년 여름 독일의 소도시 바이로이트에서 열리는 바그너 축제에 기꺼이 '순례객'으로 참가한다. 2천석 규모의 바이로이트 축제극장은 바그너가 직접 완성한, 오로지 이 축제만을 위한 공연장이다. 축제 기간 외에는 문을 닫는다. <니벨룽의 반지>는 바로 1876년 이 극장 준공기념으로 공연된 오페라이다. 바그너는 인종주의자였고 히틀러가 유난히 그의 음악에 심취했다는 이유로 자주 비난의 대상이 되기도 하지만, 바그너 음악을 사랑하는 팬들의 열성은 상상을 초월한다.

볼쇼이 극장 2천여 객석도 전 세계에서 온 <니벨룽의 반지> 팬들로 가득 찼다. 공연 내내 빈 자리 하나 찾아볼 수 없었다. 볼쇼이 극장에서도 <반지> 4부작이 모두 공연되는 것은 1970년대 이후 처음이라고 했다. 한 러시아 할머니는 젊은 시절 볼쇼이 극장에서 <니벨룽의 반지> 4부작을 모두 본 것이 바로 엊그제 같다면서 감개무량해했다.

해리엇 비튼은 '라인의 황금'을 볼 때 내 옆자리에 앉은 관객이었다. 오페라글라스를 한 손에 든 해리엇은 공연 내내 몸을 앞으로 기울인 채 무대에 집중하고 있었다.

나는 쉬는 시간에 해리엇과 이야기를 나누면서 미국 뉴욕에 사는 그녀가 단지 이 공연을 보기 위해 러시아에 왔다는 것을 알게 됐다. <니벨룽의 반지>가 공연되는 곳이라면 세계 어디라도 찾아간다고 했다. 해리엇은 게르기예프가 정말 탁월한 지휘자라며, 상트페테르부르크에서 마린스키 극장의 다른 공연을 보고 모스크바에 온 길이라고 했다. 이 공연이 서울에서 열릴 예정이라는 사실도 알고 있다며, 서울에도 갈 것이라고 말했다.

<니벨룽의 반지>는 이렇게 열성적인 관객들을 실망시키지 않았다. 공연 도중에는 아무리 멋진 아리아가 나와도 박수를 치지 않는다는 '바이로이트의 전통'을 충실히 따른 관객들은 막이 끝날 때마다 열광적인 박수를 보냈다. 고대 거석문화를 연상시키는 거대한 무대 장치, 시시각각 변하며 강렬한 인상을 창조하는 조명, 시간적 배경을 '역사의 시원'으로 되돌린 무대는 무척 간결하고 상징적이며, 현대적인 느낌을 물씬 풍겼다.

언제나 게르기예프가 직접 발탁한다는 마린스키의 가수들은 넓은 공연장을 꽉 채우고도 남는 우렁찬 성량과 테크닉을 자랑했다. 오케스트라는 때로는 속삭이고, 때로는 울부짖으며 무수한 이야기를 만들어냈다. 게르기예프의 열정적인 지휘에서 이 거대한 공연을 이끄는 그의 카리스마가 느껴졌다.

공연이 끝난 뒤 나는 해리엇을 인터뷰하기로 했다. 망설이는 해리엇을 설득했다. 실내에서는 더 이상 촬영이 안 된다고 해서 극장을 배경으로 인터뷰를 촬영하기로 했다. 극장을 나오는 길에 공연 주최 측인 마린스키 극장의 홍보담당자와 마주쳤는데, 해리엇과 안면이 있는 듯했다. '워낙 열성적인 외국인 팬이라서 알게 됐나 보다'라고 짐작했다.

세계 곳곳으로 바그너 공연을 보러 다닌다니 형편이 좋은가 보다 생각했는데, 밖에 나와서 보니 해리엇의 행색은 결코 '귀부인'이 아니었다.

'열성팬' 해리엇 비튼.

어두운 실내에서 봤을 때보다 나이가 많아 보였고 한쪽 다리가 불편한 듯 목발을 짚고 있었다. 옷차림도 지극히 수수했고, 번쩍번쩍한 핸드백 대신 낡고 허름한 천 가방을 들고 있었다.

해리엇은 카메라 앞에서 상당한 음악적 지식을 과시하며 '전 세계 공연장을 순례하는 바그너 애호가'로서의 인터뷰를 마쳤다. 그리고는 곧 '돈 없는 여행객'의 모습으로 돌아가 혹시 모스크바 시내의 싸고 좋은 숙소를 아느냐고 물어왔다. 세계 곳곳에서 열리는 공연을 보기 위해서는 허리띠를 졸라매야 한다며, 가는 곳마다 대개 민박집에 묵는다고 했다. 모스크바가 처음인 나로서는 저렴한 숙소 정보를 알 길이 없었다. 해리엇은 인터뷰하느라 버스가 끊겼다며 걱정하기 시작했다. 나는 해리엇이 택시를 탈 수 있도록 약간의 인터뷰 사례비를 건넸다. 해리엇이 탄 택시가 모스크바의 밤거리로 사라지는 모습을 나는 오래도록 바라보았다.

몇 달 후 <니벨룽의 반지>가 한국에 왔다. 화제가 풍성했다. 바그너 오페라 공부 바람이 불었고, 공연을 모두 보기 위해 휴가를 냈다는 사람이 숱했다. 공연 시간이 길다 보니 중간 휴식 시간에 식사하려는 관객들로 공연장 주변 식당들이 북적거렸다. 도시락을 싸오는 사람들도 있었다. 나는 공연을 보기 위해 야근을 자청했다(야근한 다음날은 아침에 퇴근해 쉴 수 있기 때문이다). 그리고 해리엇을 다시 만났다. '발퀴레' 공연의 중간 휴식 시간, 공연장 로비에서였다.

목발을 짚고 수수한 옷을 입은 해리엇의 모습은 별로 변한 것이 없었다. 새로운 장소에서 새롭게 공연을 발견하고 있는 듯 해리엇의 얼굴은 무척이나 상기돼 있었다. 그녀의 세계 공연장 순례 목록에 이제 한국의 세종문화회관도 포함된 것이다. 그녀는 나를 알아보고는 반가워했다. 그리고는 자신의 인터뷰가 어떻게 방송되었는지 궁금해했다. 나는 회심의 미소를 지으며 그녀에게 VHS 테이프를 건네주었다. 아무래도 해리엇을 다시 만나게 될 것 같아 모스크바 출장을 다녀와서 만든 뉴스 리포트를 미리 녹화해서 가지고 다녔던 것이다. 해리엇의 인터뷰가 포함된 그 리포트 말이다.

"여기, 테이프에 다 들어 있어요. 당신의 인터뷰는 <니벨룽의 반지> 볼쇼이 극장 공연실황 하이라이트, 그리고 마에스트로 게르기예프 인터뷰와 같이 방송됐어요."

"정말이예요? 나하고, 마에스트로하고?"

해리엇의 얼굴에 황홀한 행복감이 번졌다. 마치 '짝사랑하던 남자가 나에게 관심을 표명했을 때 짓는' 소녀의 표정 같았다. 나는 그 순간 직감적으로 깨달았다. 해리엇은 <니벨룽의 반지>의 팬이기도 하지만, 사실은 게르기예프의 열성팬이라는 사실을. 그녀의 오페라글라스는 열정적으로 지휘하는 게르기예프 쪽을 오랫동안 향하고 있었을 것이라는 사실을. 해리엇과 인사하고 돌아서면서 나는 혼자 빙그레 웃었다. 요즘 '오빠부대'의 대선배시군요. 할머니, 주책이세요. 그래도 귀여우세요.

나는 <니벨룽의 반지> 한국 공연에 개근했다. 다시 해리엇을 만나지는 못했다. 하지만 해리엇도 틀림없이 한국 초연 <니벨룽의 반지>에 개근했을 것이다. 지금도 해리엇은 게르기예프를 따라 세계 곳곳의 공연장을 목발 짚고 순례하고 있을까. 노년의 삶, 좋아하는 음악가의 공연을 따라 세계를 여행하는 것도 괜찮은 선택 아닌가. <니벨룽의 반지>는 이렇게 나에게 해리엇 비튼과 발레리 게르기예프라는 이름 없이는 추억할 수 없는 공연이 되었다.

<니벨룽의 반지> 서울 공연 커튼콜

영국에서 살아보니

4

김수현

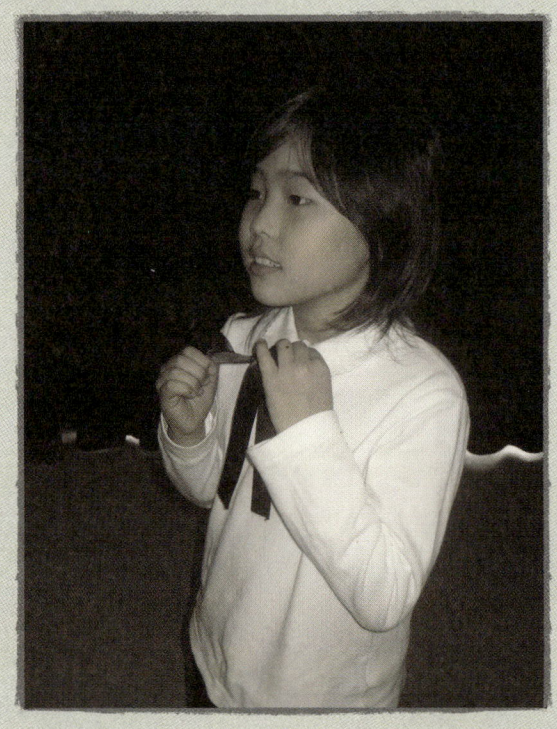

우리 아이가 공연해요

영국 영화 <러브 액추얼리Love Actually>에는 아이들 학예회 얘기가 나온다. 영화를 보면서 영국 사람들은 이 학예회를 유별나게 중요한 행사로 여기는 것 같다고 생각했다. 영국에서 실제로 살아보니, 과연 그랬다. 아이들이 출연하는 공연들이 참 많고, 사람들의 관심도 크다. 큰딸 은우가 2007년 말 합창단의 일원으로 영국 무대에 '데뷔' 한 것도 그 덕분이다.

공연 이름은 '코랄 네트워크 콘서트Choral Network Concert'. 은우는 워릭셔 카운티('카운티' 는 영국의 행정 단위)의 '중부 소녀합창단Central Area Girl's Chorus' 소속이었다. '중부 소녀합창단' 이라고 하니 거창하게 들리지만, 사실은 워릭셔 카운티 뮤직 서비스(주립 음악교육센터 정도가 될 것 같다)에서 운영하는 '중부 뮤직센터Central Area Music Centre' 에서 일주일에 한 번 1시간씩 노래를 배운 아이들을 모아놓은 것이다. 은우가 출연한 공연은 그러니까 이런 뮤직센터에서 음악을 배우는 어린이, 청소년 합창단들이 함께 출연하는 콘서트였다.

한국에 있을 때 은우의 학교 강당에서 열리는 공연에 몇 번 가본 적이 있다. 솔직히 객석 분위기는 엉망이었다. 여기저기서 휴대전화 벨소리가 울려대고, 공연이 시작돼도 굉장히 어수선해서 무대에 집중하기가 어려웠다. 대부분 자기 아이가 출연할 때 무대 바로 앞까지 나가 사진을 찍거나 캠코더로 촬영을 한다. 좀더 좋은 장면을 잡으려고 이리저리 이동하기도 한다. 그리고 자기 아이 순서가 끝나면 나가버린다. 그래서 공연이 끝날 때쯤이면 객석은 마지막 출연자의 부모를 빼고는 거의 빈 상태가 돼버리기 일쑤다. 그때는 아이들 학예회가 뭐 다 그렇지, 생각했다.

그런데 은우가 출연한 공연을 보니 사뭇 다르다. 물론 관객의 대다수가 출연하는 어린이의 친지나 가족이라는 점은 같다. 하지만 뭔가 격식을 제대로 갖춘 분위기이다. 일단 입장료를 내야 했다. 어른은 4파운드, 어린이는 2파운드(1파운드는 한화로 2,000원 조금 안 되는 돈이다). 공연이 열린 곳은 내가 살던 집 근처 워릭 스쿨의 강당인 '가이 넬슨홀' 이었는데, 제법 규모가 컸다.

은우는 세 번째 출연팀으로 나왔다. 흰색 상의와 회색 혹은 검정색 하의를 맞춰 입고 나와 크리스마스 캐럴을 중심으로 세 곡을 불렀다. 모두 은우 또래의 프라이머리 스쿨 3,4학년(우리나라의 초등학교 1,2학년) 아이들이다. 사실 아이들의 노래 실력이 그리 좋다고는 할 수 없었다. 아이들은 종종 가사나 음정을 틀리기도 하고, 박자를 놓치기도 했다. 노래에 맞추는 율동도 순서를 잊어버려서 옆 출연자 눈치를 보는 아이들이 눈에 띄었다. 아무리 아이들이라 해도 이 정도 무대에 오르려면 좀더 잘해야 할 것 같은데, 몇 팀을 제외하고는 대부분 실수가 나왔다.

하지만 객석 분위기는 웬만한 프로 음악가의 리사이틀을 보는 듯했다. 노래가 끝나면 따뜻한 박수를 보내고, 노래가 시작되면 진지하게 경청했다. 공연의 '완성도' 보다는, 무대에 선 아이들을 격려하고 함께 즐기는 데 의의를 두기 때문인 것 같았다. 자기 아이가 나온다고 플래시 터트리며 사진 찍는 사람은 없었다. 가끔 사진을 찍더라도 그냥 앉은 자리에서 플래시 없이 몇 장 찍는 정도이다. 자기 아이 출연하는 순서 끝났다고 나가버리는 사람도 없었다. 공연이 끝나고 출연자석에 앉아 있는 은우를 찾아가니 상기된 표정으로 '우리 팀이 제일 잘했지?' 하며 웃었다.

은우는 며칠 뒤, 뮤직센터에서 크리스마스 자선 콘서트 초청장을 또 받아왔다. 'Dear Singer' 라고 쓰인 초청장에는 워릭셔 주의회 주최로 열리는 자선 콘서트에 출연해달라고 써 있었다. 'Chairman's Charity Concert' 라는 이름이 붙은 이 공연에는 관악 밴드와 은우가 소속된 합창단이 출연하는 것으로 돼 있었다. 티켓 가격도 7파운드로 더 비싸고, 공연 장소가 타운홀인 것을 보니 비중이 큰 무대인 듯했다. 일정이 안 맞아 은우는 출연하지 못했는데, 은우뿐 아니라 나도 많이 안타까웠다.

은우가 다녔던 뮤직센터는 노래뿐 아니라 다양한 교습 프로그램을 운영하고 있었다. 합창 프로그램은 무료이고, 악기 개인 교습도 수강료가 굉장히 저렴하다. 뮤직센터에서는 수강생들이 개인 교습 외에 앙상블이나 오케스트라, 합창단에 참여할 것을 권장한다. 그래서 뮤직센터에서 음악을 배우는 아이들은 대부분 '여럿이 함께 음악을 만드는' 활동에 참여하고 어떤 식으로든 무대에 설 기회를 갖게 된다.

크리스마스 즈음해서 이런 공연들이 특히 많은 것 같다. 한번은 친하게 지내는 집 아이가 출연하는 플루트 콘서트에 갔다. 플루트를 배운 지 한 달밖에 안 된 아이들부터 몇 년씩 배워서 꽤 수준 높은 연주를 들려주는 아이들까지 모두 차례로 무대에 섰다. 역시 객석 분위기는 진지했다. 중간 휴식 시간까지 합치면 2시간 가까이 열린 공연을 끝까지 경청했다. 이 공연도 2파운드씩 입장료를 받아 자선기금으로 낸다고 했다.

우리나라의 어린이집과 비슷한 '너서리Nursery'에 다녔던 둘째 은형이도 무대에 섰다. 너서리와 같은 건물에 있는 프라이머리 스쿨 강당을 빌려서 개최한 '첫 번째 크리스마스' 공연이었다. 너서리 선생님들이 해설하고, 어린이들이 각각 역을 맡아서 아기 예수 탄생 이야기를 연극으로 공연했다. 두 살에서 네 살까지의 아이들이니 사실 제대로 된 연극을 보여줄 리는 없다. 그래도 아이들은 선생님들이 가르쳐주는 대로 무대에 나와서 율동도 하고 노래도 불렀다. 은형이는 동방박사가 타고 온 낙타 역을 맡았다. 낙타 옷을 입고 동방박사 역을 맡은 남자 어린이와 손을 잡고 나와 무대를 한 바퀴 돈 게 연기의 전부였지만.

이 공연은 아침 11시에 열렸는데도 엄마, 아빠가 다 온 경우가 많았다. 다들 직장에 양해를 구하고 아침부터 공연을 보러 온 것 같았다. 그만큼 영국 사회가 아이들이 출연하는 공연을 중요한 행사로 여긴다는 증거일 것이다. 이 공연 역시 입장료를 받았다. 정해진 가격은 없었지만, 관객이 조금씩 낸 돈을 모아서 근처 어린이 보호시설에 기부한다고 했다.

그러고 보니 아무리 아이들이 출연하는 공연이라도 공짜는 거의 없었다. 대부분 조금씩이라도 입장료를 받고, 수익금은 자선기금으로 기부하는 경우가 많다. 적은 돈이라도 이렇게 입장료를 내고 나면, 아무래도 좀더 진지한 태도로 공연을 보게 되지 않을까. 이건 은우가 출연한 콘서트를 돈 내고 보면서 내가 실감한 것이기도 하다.

물론 이런 무대에 선 어린이들이 커서 모두 예술가가 되는 건 아니다. 하지만 아이들은 오랜 추억이 될 '예술적 체험'을 하게 되고, 또 관객들은 친근하고 자연스럽게 공연을 즐길 기회를 갖게 된다. 은우의 영국 무대 '데뷔'를 보면서 이런 공연들이 어쩌면 '문화선진국'으로 여겨지는 영국 문화의 밑바탕인지도 모르겠다고 생각했다면 지나친 비약일까.

영국의 이런 공연들은 '지역 사회' 차원에서도 중요한 역할을 하는 것 같다. 한국에도 이런 '풀뿌리' 공연이 많아지면 좋겠다. 거창한 무대가 아니더라도, 높은 수준은 아니더라도, 아이들이 평소 갈고 닦은 실력을 자랑스럽게 선보일 수 있는 공연 말이다. '우리 아이가 얼마나 잘하나'에만 신경 쓰는 학예회 말고, 우리 아이뿐 아니라 다른 아이들은 뭘 하는지, 모두 함께 어울려 어떤 무대를 만들어내는지, 진지하게 봐주고 격려하는 공연 말이다.

'Bad Hair Day'의 선생님들 모습.

왼쪽부터 '분수 머리'의 은우, 멀리사, 올리비아, 은형.

Bad Hair Day!

2007년 가을, 우리 가족이 영국에 정착한 지 몇 달 지났을 즈음, 'Bad Hair Day'라는 게 있다는 걸 처음 알았다. 은우가 학교에서 11월 16일 금요일이 'Bad Hair Day'라는 것을 알리는 통신문을 받아왔기 때문이다. 이날은 머리 모양을 마음대로 하고 가는 대신 자선기금을 1파운드씩 내는 날이라고 한다. 통신문에는 '학교 선생님들도 참여할 예정이니 기대해 달라'며, 각자 창의성을 발휘해달라고 써 있었다.

참 별난 이벤트구나 생각하며, 당일 아침 은우 머리를 묶어 정수리에 분수처럼 솟아오르게 만들어주었다. 은우를 학교에 데려다주는 길에 보니 아이들 머리 모양이 정말 각양각색이었다. 대머리 가발을 쓰고 온 아이도 있고, 빨간색 스프레이를 잔뜩 뿌리고 온 아이, 머리카락을 수십 가닥으로 땋아서 온 아이도 있다.

더 재미있는 건 선생님들이다. 교장선생님도 총천연색 가발을 쓰고 왔고, 한 남자 선생님은 '지킬 박사와 하이드'의 하이드처럼 산발을 하고 있었다. 이런 선생님들이 학교 입구에서 모금함을 들고 서 있으면 'Bad Hair'의 아이들이 1파운드 동전 하나씩을 넣고 들어간다. 정말 재미있는 풍경이라 사진을 찍으려고 선생님 허락을 받았는데, 정작 은우는 창피하다며 머리를 가리고 교실로 뛰어들어가 버렸다.

은우는 학교에서 돌아와 '우리 반에서 내 머리가 제일 웃겼어. 선생님이 나 보고 계속 웃었어' 하더니 약간의 불만을 덧붙였다. 다른 여자아이들은 대부분 말 그대로 'Bad Hair'라기보다는 평소 못하던 화려하고 예쁜 스타일로 머리를 꾸미고 왔다는 것이다. 마침 이날 은우 친구 멀리사와 올리비아 둘이 학교 끝나고 집에 놀러 왔는데, 이 아이들이 예쁘게 머리를 꾸민 걸 보니 은우 말이 맞긴 맞는 것 같았다. 멀리사와 올리비아가 은우 머리가 아기 같아 보인다며 계속 놀려대는 바람에 은우는 뾰로통해져서 머리를 다 풀어버렸다.

그런데 멀리사가 'Children in Need 쇼 보실 거죠? 7시부터 하는데' 하고 물었다. 학교에서 자선기금 모금한 것이 'Children in Need'를 위한 것이라는 얘기를 얼핏 듣긴 했는데, 멀리사 얘기를 들으니 이 행사가 매년 BBC에서 하는 캠페인 이름인가 보았다. 올리비아도 역시 이 쇼를 손꼽아 기다리는 눈치였다.

멀리사 아빠가 멀리사를 데리러 왔을 때 부녀 간의 대화를 들었다.

"나 오늘은 늦게 자도 되지, 아빠?"

"그래, 오늘은 봐줄게. 'Children in Need' 봐야 되니까."

멀리사가 먼저 가고 난 뒤에 올리비아를 데리러 온 올리비아 엄마, 아빠도 '집에 빨리 가서 'Children in Need' 봐야지' 하고 말했다. 올리비아 아빠는 '오늘 학교에서 'Bad Hair Day' 한 게 'Children in Need' 때문이었다'며 지난해 전체 모금 액수까지 친절하게 얘기해주었다. 'Children in Need'가 온 영국민의 관심사인 모양이었다.

도대체 뭔가 싶어서 텔레비전을 틀었더니 한국에서도 가끔 하는 모금 방송과 크게 다를 바가 없었다. 'Children in Need' 캠페인의 상징인 'Pudsey Bear안대를 한 노란색 곰돌이'가 등장하고, 중간중간에 불우어린이들의 스토리를 담은 제작물을 방송하고, 스파이스 걸스 같은 유명 가수나 배우들이 등장해 노래도 하고, 모금 방법도 안내하고, 기금 접수처를 연결해 현장 상황을 전달하는 식이었다.

은우는 'Children in Need' 얘기를 종일 들어서 그런지 밤늦게까지 쇼를 열심히 봤다. 프로그램을 보다 보니, 영국 전역의 학생들이 머리 모양을 자유롭게 꾸미거나, 교복 대신 다른 옷을 입거나, 집에 있는 곰돌이 인형을 학교에 가져오거나 하는 특별한 행사에 참여하면서 자선 기금을 낸 모양이었다. 은우에게 '네가 오늘 아침에 낸 1파운드도 지금 텔레비전에 나오는 총 모금액에 포함돼 있을 거야' 했더니 만족스러워하는 표정이다.

은우가 한국에서 학교 다닐 때도 가끔씩 불우이웃돕기 성금을 내긴 했지만, 'Bad Hair Day' 같은 행사가 없었던 것은 물론이고, 이렇게까지 크게 관심을 표명한 적도 없었던 것 같다. 'Children in Need' 캠페인의 성공은 BBC의 대대적인 홍보 덕분이기도 하겠지만, 한편으로는 영국인들, 뭐라고 해야 할까, 참 재미있다는 생각이 든다. 방송국의 모금 캠페인과 방송에 이렇게 전국적인 관심이 쏠리고, 각종 '창의적인' 이벤트를 동원하는 건 그만큼 이 사람들의 삶이 단순하고 소박하다는 뜻이 아닐까. 세상살이가 복잡하고 피곤하면 이런 행사에 큰 관심을 쏟기 어려운 법이니까.

'Children in Need' 캠페인에 이렇게 큰 관심이 쏠리는 것은 영국인이 평소 자선과 기부 문화에 익숙하기 때문이기도 한 것 같다. 곳곳에 널린 'Charity Shop'들을 보면서도 그런 생각을 하던 참이었다. 이런 'Charity Shop'에서는 자원봉사자들이 기증받은 중고물품들을 아주 싸게 팔고 그 수익금을 자선기금으로 내놓는다. 내가 살았던 워릭대학교 주변만 해도 작은 마을이지만 '옥스팜' 같은 'Charity Shop'이 세 곳이나 있다. 한국에도 '아름다운 가게' 같은 곳들이 있지만, 영국에 비하면 아직 초보단계인 듯하다.

다음 'Bad Hair Day'에는 은우의 머리 모양을 좀더 특별하고 예쁘게 해주고 싶었는데, 이듬해 가을에 우리 가족은 한국에 돌아왔으니 '만회'의 기회는 사라진 셈이다. 그래도 은우가 영국에서의 'Bad Hair Day'를 소중한 추억으로 간직하면 좋겠다. 그저 재미있는 이벤트로서만이 아니라, 이 이벤트에 담긴 특별한 의미까지 기억한다면 금상첨화겠다.

수영 꼴찌 은우가 받은 상장

2007년 여름, 1년간의 연수를 위해 가족과 함께 영국에 도착했을 때 가장 걱정스러웠던 것은 당시 만 여덟 살, 세 살이던 은우와 은형, 두 딸의 현지 적응 문제였다. 한 나라 안에서도 이사하거나 학교를 옮기는 것은 아이들한테 큰 스트레스라고 하는데, 하물며 말도 안 통하는 낯선 나라, 낯선 학교에 갑자기 다니게 됐으니 그 스트레스가 오죽할까.

한국에서 2학년 1학기를 마치고 간 은우는 영국의 초등학교 4학년에 들어갔다. 영국 초등학교인 프라이머리 스쿨은 한국보다 한 살 어린 나이에 들어가는데다, 학사 일정이 가을에 시작하기 때문이다. 언어도 낯선데 학년을 올려 들어갔으니 공부는 제대로 따라갈 수 있을까, 친구는 제대로 사귈 수 있을까 걱정이 될 수밖에 없었다.

새 학기 첫날, 낯선 학교로 등교하는 은우의 표정에는 긴장과 걱정

세리-제이, 아샤, 멜리사, 은우.

이 뒤섞여 있었다. 은우를 학교에 보내는 나 역시 긴장하고 있었다. 그런데 이날 은우는 환하게 웃으며 집에 돌아왔다. '말은 잘 안 통해도 재미있다'고 했다. 'Play Time'이라 불리는 노는 시간이 날마다 있고, 공부하다가 좀 틀려도 혼내는 선생님이나 놀리는 친구도 없다는 것이다. 선생님도, 같은 반 아이들도 모두 친절하고, 아직 의사표현을 제대로 못하는 은우를 도와주려고 애쓴다는 것이다. 다행이었다.

그런데 몇 주 만에 은우에게 새로운 걱정이 생겼다. 은우네 반 아이들이 학교에서 수영을 배우기 시작했기 때문이다. 은우는 아주 어릴 때부터 물을 무서워했다. 목욕하다가 얼굴에 물이 조금 튀어도 질겁을 했다. 은우 데리고 수영장에 갔다가 금세 나온 적도 여러 번이다. 한국에서 초등학교 다닐 때 수영강습을 받은 적이 있지만, 물을 무서워하는 것은 전혀 고쳐지지 않았다. 게다가 다른 아이들이 수영을 못한다고 놀려대서 더더욱 의욕을 잃은 상황이었다. 그러니 수영강습을 두려워할 수밖에.

은우네 반 아이들은 매주 화요일 학교 근처 스포츠센터까지 걸어가서 강습을 받고 온다고 했다. 은우는 수영강습을 다녀온 첫날, '엄마, 역시 내가 꼴찌야'라고 풀 죽은 표정으로 말했다. 영국 친구들 중에는 자유형은 물론이고 배영에 접영까지 하는 아이들이 숱하다고 했다. 은우는 수영 배우기 싫다며 얼굴을 찡그렸다.

다음날 은우 하굣길에 담임선생님과 마주쳤는데, 내게 '은우가 수영을 배운 적이 없느냐'고 물었다. '한국에서 강습을 받은 적은 있는데, 워낙 물을 무서워해서 물에 아예 안 들어가려고 한다'고 말했더니, 알았다는 표정으로 고개를 끄덕였다.

수영 강습을 시작한 지 몇 주가 지났다. 학교에 다녀온 은우가 의기양양한 표정으로 상장을 내밀었다. '성취 증명서 Certificate of Achievement'라고 적혀 있다. 상장에는 은우가 '수영 레슨 시간에 용감했기 때문에 being so brave in swimming lessons' 상을 준다고 써 있었다. 결과뿐 아니라 과정도 중시하고 아이들을 격려해준다는 느낌이 들어 흐뭇했다. 수영 실력으로만 보면 은우는 아직도 반에서 꼴찌이지만 많이 발전한 것은 사실이었다. 그렇게 물을 무서워하던 아이가 이제 팔다리에 조그만 튜브를 끼고 물에 풍덩 들어간다고 했다. 심지어 휴일에는 수영장에 같이 가자고 조르기에 이르렀다.

수영 꼴찌면서도 뜻하지 않게 상장을 받은 은우는 이를 계기로 자신감을 얻었다. 친구들을 많이 사귀고 친한 친구들과 함께 교내 연극반에 가입했다. 연극반 아이들은 매주 수요일 점심시간에 모여서 연습했다. 일주일에 한 번 모여서 뭘 하려나 했는데, 몇 달을 그렇게 연습하더니 학부모를 초청해 연극 <피노키오>를 공연했다. 은우는 맨 처음 무대에 올라 연극을 소개하는 인사말을 했고, 극중에선 여러 단역들을 맡았다. 엉성한 구석도 있지만, 아이들이 함께 아이디어를 짜내 열심히 만든 공연이었고, 학부모와 선생님들의 관람 분위기도 진지했다.

학기말에는 모든 학생들이 참여하는 발표회가 열렸다. 지난 학기에 무슨 공부를 했는지, 어떤 활동을 했는지, 학급별로 어린이들이 나와 발표하는 자리였다. 은우를 비롯해 필리핀에서 온 줄리안, 남아프리카 공화국에서 온 키아나, 이렇게 외국에서 온 친구들을 소개하는 순서도 있었다. 여러 나라에서 온 친구들 덕분에 다양한 문화를 접할 수 있었다는 설명과 함께 각 나라 말을 따라 해보는 순서가 이어졌다.

한국어로 숫자 1부터 10까지, 은우가 먼저 읽으면 반 아이들이 따라 읽는 소리가 학교 강당에 메아리쳤다. 일, 이, 삼, 사, 오, 육, 칠, 팔, 구, 십. 은우네 반 아이들은 은우가 가르쳐주는 대로 한국어로 숫자 읽기 연습을 했다고 한다. 간단한 말이긴 하지만, 그동안 낯선 곳에서 영어를 배우느라 고생한 은우가 거꾸로 한국말을 친구들에게 가르쳐준 셈이다. 선생님의 세심한 배려가 느껴졌고, 덕분에 은우가 비교적 쉽게 영국 학교에 적응할 수 있었구나 싶었다.

영국 학교에서의 1년을 마칠 무렵 은우는 교장상을 받았다. 상장에는 은우가 새로 전학 온 친구에게 학교를 잘 안내해주었기 때문에 수여한

줄리아나 선생님과 은우, 은형.

다는 내용이 적혀 있었다. 마침 은우와 또래인 한국 여자아이가 같은 학교로 전학을 오게 됐는데, 은우가 전학 수속할 때 통역을 해주고, 이 친구에게 학교 투어도 시켜줬다는 것이다. 은우도 영국 학교에 처음 전학 수속하러 갔을 때 학교 투어를 했다. 당시 말도 통하지 않고 낯선 학교에서 잔뜩 긴장하고 얼어 있었던 은우의 모습을 생각하면 정말 많이 발전한 셈이다. 은우가 마지막으로 영국 학교에 등교한 날, 교장선생님께 인사드리러 갔더니, 은우가 전학 온 친구에게 학교를 안내해준 이야기를 다시 꺼내시며 '은우가 자랑스럽다'고 칭찬해주었다.

영국의 학교 시스템이 최고라는 얘기를 하려는 건 아니다. 영국에서도 교육 문제는 항상 논쟁과 비판을 부르는 이슈였다. 다른 영국 학교는 어떤지 잘 모른다. 하지만 은우가 영국 학교에 다니면서 한국 학교에서보다 칭찬을 많이 받았다는 것은 확실하다. 은우는 1년 동안 'Excellent !' 'Good girl !' 'Lovely !' 같은 말을 참 많이 들었다. 영국 선생님들은 은우의 영어가 서투를 때도 조급해하지 않고 차근차근 가르쳤다. 개인마다 다른 소질과 성향을 존중하고, 남과 비교하지 않고, 어떤 결과에 이르는 과정을 중요하게 생각하고, 칭찬을 많이 해서 잘하는 것을 더욱 북돋워 주는 사람들이었다.

칭찬은 고래도 춤추게 한다는 말이 있다. 지금 생각하니 은우는 영국에서 보낸 1년 동안 기가 펄펄 살아 있었던 것 같다. 영국에 비하면 한국은 전반적인 사회 분위기 자체가 끊임없이 자신을 남과 비교하고, 내가 남보다 못하는 것을 의식하게 만드는 곳이라는 생각이 든다. 은우는 한국에 돌아와 스트레스를 많이 받는다. 짜증이 늘었다. 자기가 잘 못하는 것을 의식하고 자주 주변 친구와 자기를 비교한다. 끊임없이 해야 할 일에 쫓기며 지낸다. 아무래도 영국에 있을 때보다 덜 행복한 것 같다. 그래서 아쉽고 안타깝다.

영국인 선생님의 '아, 예쁘다'

영국에 도착한 지 얼마 지나지 않아 둘째 은형이를 '너서리'로 불리는 영국 어린이집에 보내기 시작했다. 만 세 살이 되기도 전이었으니, 아직 한국말도 서투른 아이를 영어만 쓰는 곳에 혼자 던져놓은 셈이다. 걱정스럽긴 했지만 나와 남편 둘 다 대학원 수업이 있기 때문에 아이를 맡기는 수밖에 다른 방법이 없었다. 어린이집은 은우가 다니는 초등학교와 같은 건물에 있었다. 두 아이를 날마다 차로 등하교시켜야 하는 상황이라 동선이 같아야 했다. 그래서 일부러 초등학교와 어린이집이 한 건물에 있는 학교를 고른 것이다.

그나마 은우가 다닌 학교에는 비록 다른 학년이긴 해도 한국 아이가 한 명 있었고, 같은 반에 검은색 눈동자, 검은색 머리카락의 필리핀 아이도 한 명 있었다. 그런데 어린이집에는 동양 아이라고는 은형이가 유일했

조 선생님 품에 안긴 은형.

다. 말도 안 통하고 자기와는 영 다르게 생긴 서양 아이들밖에 없는 어린이집에서 얼마나 답답할까 걱정도 됐지만 할 수 없었다.

처음 몇 주는 아침마다 은형이를 어린이집에 데려다주고 나오는 것 자체가 힘들었다. 그야말로 '가슴 아픈 이별'이었다. 은형이는 겁에 질린 표정으로 "엄마, 가지 마! 가지 마!" 하고 서럽게 울어댔다. 차마 발걸음이 떨어지지 않았지만, 어린이집 선생님은 '엄마가 남아 있으면 아이가 적응하지 못한다'면서 어서 가라고 재촉했다. 내가 돌아서서 나올 때면 은형이 울음은 더 커져서 어린이집 바깥 길에서도 들릴 정도였다.

갑자기 바뀐 환경에 은형이는 극심한 스트레스를 받는 모양이었다. 한국에서 대소변을 가렸던 아이가 영국에 와서 다시 기저귀를 차게 되었다. 이른바 '퇴행현상'이었다. 몇 번 실수를 하더니 은형이가 먼저 기저귀를 차겠다고 고집을 부렸다. 은형이는 날마다 기저귀 가방을 메고 어린이집으로 향했다.

다행히 어린이집에는 은형이를 날마다 꼭 안아서 달래주는 선생님이 있었다. 바로 '조Jo'라는 이름의, 넉넉한 인상의 영국인 아줌마 선생님이었다. 은형이는 아침마다 조 선생님 품에 안긴 채 울면서 나와 이별했다. 오후에 은형이를 데리러 갈 때도 은형이는 조 선생님 품에 안겨 있을 때가 많았다. 또래에 비해 많이 통통한 은형이를 안고 있는 게 쉽지 않을 텐데, 거의 종일 은형이를 안아주고 달래주는 모양이었다.

조 선생님은 '한국말을 못해서 미안하다'면서 은형이와 소통할 수 있게 'Good Girl!'과 'Toilet'에 해당하는 한국말을 알려달라고 했다. 'Hwajangshil화장실' 'Ah, yeppeuda아, 예쁘다' 'Ah, Chackada아, 착하다', 이렇게 몇 마디를 소리 나는 대로 알파벳으로 적어드렸다. 선생님은 나에게 한국어 발음을 다시 확인하고는, 열심히 연습해야겠다며 웃었다.

몇 주 뒤 은형이를 데리러 어린이집에 갔다가 조 선생님이 은형이에게 "아, 예쁘다!"라고 또렷하게 말하는 걸 들었다. 약간 어색한 발음이긴 했지만 '아, 예쁘다'라는 말이 어쩌면 저렇게 예쁘게 들리는지. 은형이가 배시시 웃는 걸 보고는 마음이 푹 놓였다. 조 선생님은 '은형이가 내 한국어 선생님'이라면서 '제대로 발음을 못하면 은형이가 빙긋 웃으면서 고개를 젓는다'고 했다.

이때쯤부터 은형이는 아침에 나와 헤어질 때 조 선생님에게 안겨서 '바이!' 하고 인사를 할 수 있을 정도가 되었다. 조금 더 지나자 은형이는 휴일에도 조 선생님 보러 학교에 가고 싶다고 할 만큼 정을 붙였다. 간혹 아침에 늦잠 자고 가기 싫다고 꾀를 부리는 날에는 '조 선생님 보러 가자' 하면 간단히 해결되었다.

은형이가 영국에 와서 다시 찬 기저귀를 졸업하게 된 것도 조 선생님 덕분이었다. 조 선생님은 '은형이를 믿어보자'면서 기저귀 말고 팬티를 입혀 보내라고 했다. 오줌 몇 번 싸도 괜찮다면서. 다시 시작한 배변 훈련은 성공적이었다. 처음엔 이틀 건너 한 번씩 팬티를 적시고 왔지만, 점점 실수하는 횟수가 줄어들었다. 조 선생님은 '은형이가 자랑스럽다'며 흐뭇해했다. '아, 예쁘다!' 칭찬이 늘었음은 물론이다.

이렇게 몇 달이 지나면서 은형이는 완전히 어린이집에 적응한 듯했다. 영어도 제법 느는 것 같았다. 잠꼬대를 영어로 하기도 하고, 은우가 영국 친구들을 집에 데려올 때마다 대화에 제법 끼어들며 같이 잘 놀았다. 그러던 어느 날, 어린이집에 은형이를 데리러 갔더니 남자 아이 한 명이 나를 졸졸 따라오면서 말을 걸었다.

"은형이 엄마예요?"

"그래. 너 은형이랑 같은 반이니?"

"네! 그런데 은형이는 원래 말을 못 해요?"

"아니야."

"그런데 왜 은형이는 말을 하나도 안 해요?"

뭐라고? 침착하게 '은형이는 영국에 온 지 얼마 안 돼서 영어를 배우는 중이라 말수가 적은 것'이라고 설명해주었지만, 덜컥 걱정이 앞섰다. 내가 너무 안심하고 있었나. 그저 은형이가 어린이집에서 좀 얌전하다고만 생각했지, 이런 얘기를 들을 정도로 전혀 소통을 하지 않고 있다고는 생각하지 못했는데.

조 선생님은 걱정할 필요가 없다면서, 은형이는 영어로 하는 얘기를 다 알아듣고, 얘기도 잘한다는 것이다. 그런데 왜 친구들하고 있을 때는 한 마디도 안 하는지 모르겠다고 했더니, 아마도 은형이는 충분히 준비가 됐다고 여길 때 또래 친구들과 말문을 틀 것 같다고 했다. 처음에 또래 친구들이 하는 말을 알아듣지 못해서 자존심에 상처를 받았던 모양이라면서, 시간이 해결해 줄 거라고 말했다. 그리고 은형이는 똑똑한 아이라며 나를 안심시켰다.

학기가 바뀌면서 은형이는 조금 더 나이 많은 아이들이 다니는 반으로 옮겼다. 은형이가 다녔던 어린이집에서는 한 학기에 한두 번씩 엄마들이 수업진행 보조로 자원봉사하는 제도가 있었다. 첫 학기 때는 일정이 맞지 않아 못 갔고, 다음 학기에는 참여해서 은형이가 어떻게 지내는지 지켜볼 수 있었다. 과연 시간이 해결해준다는 조 선생님 말이 맞았다. 은형이는 여전히 아주 과묵한 아이였지만, 노는 시간에는 몇몇 마음 맞는 친구들과 얘기를 나누며 잘 놀았다.

반이 바뀌면서 조 선생님은 더 이상 은형이를 가르치지 못하게 되었다. 하지만 은형이는 자주 조 선생님이 있는 교실로 찾아갔다고 한다. 조 선생님은 '은형이와 나는 서로 그리워하는 사이'라고 했다. 이제 은형이는 'Good Girl!'이나 'Toilet' 같은 말을 다 알아듣게 됐지만, 그래도 조 선생님은 여전히 은형이에게 '아, 예쁘다!'라고 칭찬해주었다. 조 선생님은 은형이와 또래인 자신의 아들에게도 '아, 예쁘다!'라는 말을 가르쳐줬다며 웃었다.

1년이 훌쩍 지났다. 은형이는 여름방학을 하던 날 영국 어린이집을 그만두었다. 방학이 끝난 뒤 한국에 돌아가게 된다고 하니, 조 선생님은 깜짝 놀라며 무척이나 섭섭해했다.

"다음 학기에는 다시 은형이 반을 맡을 수 있게 될 줄 알았는데……. 은형이 없으면 이제 누구한테 '아, 예쁘다!' 해줄까요?"

영국을 떠나온 지도 꽤 됐다. 은형이는 한국의 유치원에서 잘 지내고 있다. '은형아, 영국 어린이집에 다시 갈까?' 하면 '한국이 더 좋아!' 하고 웃는다. 하지만 조 선생님은 보고 싶다고 한다. 얼마 전 조 선생님은 '은형이가 없어서 어린이집이 예전 같지 않다'는 소식을 전해왔다. 은형이는 아직 많이 어려서 영국 어린이집에 다녔던 일을 곧 잊게 될지도 모른다. 하지만 나는 잊을 수 없을 것이다. 나보다 더 자주 은형이에게 '아, 예쁘다!'라고 칭찬해준 영국 선생님을. 앞으로는 내가 은형이한테 '아, 예쁘다!'를 더 많이 해줘야겠다.

아마추어의 즐거움

한국에서 공연담당 기자로 일하면서 거의 매일 공연장을 들락거렸지만, 영국에서 나의 공연 관람 목록은 빈약하기 그지없었다. 아이들을 남편한테 맡기고 공연 보는 것도 한두 번이지 매번 그럴 수는 없다 보니, 좋은 공연은 많지만 그야말로 '그림의 떡'이었다. 하지만 내 문화생활의 질이 낮아졌다는 생각은 들지 않았다. 영국에서 20여 년 만에 피아노 레슨을 다시 시작했기 때문이다.

피아노를 다시 쳐야겠다는 생각은 사실 오래전부터 막연하게나마 품고 있었다. 그러나 항상 바쁘고 피곤한 일과에 치어 살다 보니 마음처럼 실행에 옮기지 못했다. 딸 덕분에 집에 피아노를 다시 들여놓기는 했지만, 진득하게 앉아서 연습할 엄두가 나지 않았다. 그러다 피아노 레슨을 제대로 받아야겠다고 생각한 것은 길버트 카플란을 인터뷰하면서였다.

성공한 사업가이기도 한 길버트 카플란은 학교에서 음악을 전공한 것은 아니지만, 말러 교향곡 제2번에 대한 사랑이 지극했던 나머지 나이 마흔에 개인 지휘 레슨을 받기 시작했다. 그리고 지휘자로 데뷔한 이후 세계 유수의 오케스트라들과 말러 교향곡 제2번만을 연주하면서 이 곡에 관한 한 정상급의 지휘자로 인정받았다.

카플란은 '지휘를 해서 자신이 웃음거리가 되는 것은 참을 수 있지만, 지휘를 하지 않고 평생 내가 왜 그때 시도해보지 않았나 후회하게 되는 것은 참을 수 없었다'고 말했다. 나는 그의 말을 들으면서 '나도 마흔이 되기 전에 피아노 레슨을 다시 받기 시작해야겠다'고 생각했다. 하지만 결심은 그때뿐이었다. '사는 게 바빠서' 혹은 '엄두를 내지 못해' 피아노를 그냥 집안 구석에 방치한 채로 몇 년을 보내버렸다.

이 결심을 다시 떠올린 건 영국에 도착한 다음날이었다. 영국으로 이사할 때 피아노는 처분해버렸지만, 내가 공부할 워릭대학교 아트센터 내에 있는 뮤직 센터에서 피아노를 연습할 수 있고, 레슨도 받을 수 있다는 사실을 알고 바로 등록을 해버렸다. 공부하랴 살림하랴 아이들 챙기랴 여유가 있을까 잠깐 망설였지만, 지금 못하면 영영 못할 것 같아 용기를 냈다. 길버트 카플란의 말대로 일생 후회하며 사는 것은 참을 수 없을 것 같았다.

20여 년 만에 받는 피아노 레슨. 나이 들어 피아노를 배우니 확실히 어릴 때와는 달랐다. 어릴 때는 피아노 연습하는 것이 일종의 '의무'였다. 엄마가 시키니까, 선생님이 숙제를 내니까 하기 싫어도 해야만 하는 것이었다. 하지만 이제 내가 좋아서 내가 즐기기 위해 피아노를 치는 것이다.

워릭 아트센터 '런치 타임 콘서트'에서의 연주 모습.

물론 오랫동안 안 쓰던 손가락이 제대로 돌아갈 리 없지만, 연습하면서 발전하는 걸 스스로 실감하는 것도 신나는 일이었다.

내가 공부했던 워릭대학교에는 음대가 없지만, 학생들의 음악 활동을 적극적으로 지원하고 있었다. 오케스트라와 재즈 밴드, 윈드 오케스트라, 실내악 앙상블 등 다양한 그룹이 결성돼 있는데, 이들은 종종 워릭 아트센터에서 공연을 열기도 한다. 워릭 아트센터 프로그램 책자에 '스튜던트 뮤직' 섹션이 따로 있을 정도이다. 덕분에 두 번째 학기 중반에 접어들 무렵 나도 워릭 아트센터 앙상블룸에서 매주 열리는 런치타임 콘서트에 출연할 기회를 얻었다.

어릴 때 콩쿠르에 몇 번 나간 이후로는 한 번도 이렇게 청중 앞에서 연주한 적이 없어 무척이나 떨렸다. 피아노 선생님 멜빈은 '사람들은 음악을 즐기러 오는 거지, 흉보러 오는 게 아니야. 네 편이라니까' 라는 말로 격려해주었다. 많이 긴장했고 실수도 여러 번 했지만, 청중은 '아마추어'의 연주라는 것을 감안해 너그럽고 따뜻한 반응을 보내주었다. 프로페셔널의 공연이었다면 아마 혹독한 비판의 대상이 됐을 테지만.

영국에서 접했던 음악잡지 「MUSO」에 '아마추어 피아니스트의 세계'에 관한 기사가 실렸던 게 기억난다. 이 기사에 따르면 아마추어 피아니스트들만을 위한 국제 콩쿠르가 1989년 파리에서 처음 열린 이후로 전 세계 곳곳에서 비슷한 아마추어 콩쿠르가 열리고 있다고 한다. 밴 클라이번 재단이 텍사스에서 아마추어를 대상으로 한 국제 피아노 콩쿠르를 따로 열고 있고, 2005년부터는 야마하 피아노가 영국에서 아마추어 대상의 콩쿠르를 열고 있다.

여기서 '아마추어'는 '직업 연주가가 아닌 사람'을 가리키는데, 예를 들어 야마하 대회의 경우 '연주가 중요한 취미이되 밥벌이와는 관련 없을 것Playing must be a serious hobby but not an occupation'을 자격으로 내세우고 있다. 밴 클라이번 아마추어 콩쿠르는 출전 자격을 35세 이상으로 제한한 게 재미있다. 파리의 콩쿠르는 '때로 다른 직업과 연주가로서의 가능성 사이에서, 생계 유지와 음악 사랑 사이에서 어려운 선택을 해야 했던 음악가들Musicians who, at some time in their lives, have had to make a choice, often a difficult one, between their profession and their potential career as a concert performer, the choice between making a living and their love of music'을 언급하고 있으니, 순수한 애호가로서의 아마추어에서 한 발 더 나아간 셈이다.

사실 직업 연주가의 삶은 끊임없는 여행과 치열한 경쟁, 스트레스로 점철돼 있다. 성공하는 소수를 제외하고는 그저 그런 음악가로 경력을 마치게 되니, 음악 전공자라 해도 다른 진로를 택하는 경우가 많다. 2007년 밴 클라이번 아마추어 콩쿠르의 우승자는 네 아이를 키우는 40대의 안과 의사 드루 메이스이다. 그는 대학에서 피아노를 전공했지만, 가족을 부양하기 위해 연주가의 길을 포기하고 의학을 다시 공부했다. 야마하 아마추어 콩쿠르의 첫 우승자인 사비네 빈크 역시 음악을 전공했지만 다른 진로를 택한 경우이다. 이들이 꼽는 아마추어의 좋은 점은 '압박감 없이 연주할 수 있는 자유'. 연주가 직업이 아니기 때문에 부담 없이 즐기면서 연주할 수 있다는 것이다.

"혼자 피아노를 연습하면서도 정말 큰 즐거움을 얻을 수 있어요. 피아노가 1인 오케스트라 같은 악기인데다 레퍼토리도 아주 다양하기 때문이죠. 연습에 깊이 몰입하는 것은 일종의 명상 효과와 함께 최상의 행복감을 선사합니다. 게다가 항상 위대한 음악이 당신의 동반자가 됩니다! 다른 악기도 좋지만, 피아노에는 정말 특별한 게 있어요."

야마하 콩쿠르 청중 인기상 수상자인 46세의 대학교수 팀 모리스의 이 말에 고개를 끄덕거린 것은 나도 실제로 이걸 경험했기 때문일 것이다. 물론 이런 아마추어 콩쿠르 입상자의 실력은 대부분 프로페셔널 못지않기 때문에 내 실력을 이들과 비교한다는 것은 어불성설이다. 하지만 아마추어의 즐거움을 느꼈다는 점에서는 나도 다르지 않았다. 과제물 제출 기한에 쫓기고, 수업 준비에 바쁜 와중에도 피아노 레슨을 거르지 않았던 것은 피아노 연주가 큰 성취감과 행복감을 안겨줬기 때문이다. 피아노를 연습하는 순간만큼은 순수한 즐거움을 위한 나만의 시간으로 느껴져 더욱 소중했다고 할까.

영국 음악산업협회가 실시한 여론조사에 따르면, 예전에 악기를 연주하다 그만둔 1,800만 명 중에 절반 이상이 다시 연주하고 싶어 하고, 연주 경험이 없는 700만 명의 성인이 지금이라도 배우고 싶다고 대답했다고 한다. 우리나라에서도 이런 여론 조사를 한다면 비슷한 결과가 나오지 않을까.

한국으로 돌아오기 전 마지막 레슨 시간, 나의 피아노 선생님 멜빈은 '한국 가서 아무리 바빠도 계속 피아노를 치겠다고 약속해줄 거지? 지금 그만두기엔 너무 아까워' 하고 말했다. 하지만 나는 아직 이 약속을 지키지 못하고 있다. 가장 큰 이유는 한국 생활이 '너무 바쁘다'는 것이고, 또 다른 이유는 이제 집에 피아노가 없다는 것. 하지만 영국까지 가서 느껐던 아마추어의 즐거움을 이대로 잊고 살기에는 아깝다. 글을 쓰면서 다짐한다. 빨리 중고 피아노라도 한 대 사야겠다. 멜빈과 했던 약속을 지켜야겠다.

프로밍이 뭐냐고요?

2007년 여름, 1년간의 연수 기회를 얻어 영국에 가게 됐을 때, 처음에는 좋은 공연을 많이 볼 수 있겠다고 내심 기대했던 것이 사실이다. 이 '좋은 공연' 중에는 말로만 듣던 영국 최대의 음악축제 '프롬스Proms'도 포함되어 있었다. 그러나 막상 영국에 도착하고 나니 이런저런 '정착 작업'에 바쁜데다 아이들을 봐줄 사람도 없어, 공연 보러 갈 생각은 아예 하지도 못하고 지냈다.

그런데 영국에서 맞이한 세 번째 주말 저녁, 식사를 마치고 별 생각 없이 켠 텔레비전에서 눈이 번쩍 띄는 공연을 방영하고 있었다.

"어, 안나 네트렙코 아냐? 저 지휘자는 지난번 BBC 심포니 내한 공연 때 봤던 얼굴이네? 아하, 프롬스구나!"

내가 영국에 와 있다는 것을 새삼 실감하는 순간이었다. 로열 앨버트홀에서 열린 2007년 프롬스의 폐막 공연The Last Night of The Proms이 BBC TV를 통해 생중계되고 있었던 것이다. 프롬스 시즌에 영국에 도착했다는 걸 잊고 있었다는 사실을 뒤늦게 깨닫고는 텔레비전 화면에 눈길을 고정시켰다.

확실히 여타 음악회와는 달랐다. 물론 연주가 진행될 때는 모두 조용히 경청하는 분위기이지만, 연주가 끝날 때마다 열광하는 관객들의 모습은 무슨 스포츠 경기나 록 콘서트에 온 듯했다. 턱시도에 나비넥타이, 청바지에 티셔츠, 형형색색의 분장과 의상이 공존했다.

화면에 비치는 무대 바로 앞 객석은 한 곡 한 곡이 끝날 때마다 말 그대로 들썩거렸다. 수많은 사람들이 일어서 있다. 흥이 나면 호흡을 맞춰 몸을 숙였다 일어났다 하면서 춤의 물결을 만들어내기도 한다. 영국 국기인 유니언 잭을 비롯해 색색의 깃발들이 객석에서 일렁이고 있었다. 한 마디로 '축제'였다.

바이올리니스트 조슈아 벨까지 등장하는 걸 보고 있었는데, 어느새 화면은 '공원의 프롬스Proms in The Park' 공연이 열리고 있는 런던 하이드파크로 바뀌었다. 이번에는 후안 디에고 플로레스가 나와 노래했다. '포스트 파바로티' 후보로 지목되고 있는 페루 출신의 테너. 더 이상 화려하기 어려운 출연진이다.

방송은 로열 앨버트홀과 하이드파크뿐 아니라 카릭퍼거스, 글래스고, 스완지, 티즈밸리 등 영국 전역을 다원 연결했다. 각 지역마다 로열 앨버트홀의 메인 공연실황을 보여주는 대형 스크린이 설치돼 있고, 지역 대표 오케스트라와 유명 솔리스트들이 출연하는 공연이 진행되고 있었다.

구름처럼 모여든 관객들 자체가 장관이었다.

로열 앨버트홀에서는 바이올리니스트 조슈아 벨이 등장해 관객들의 열광적인 환호성을 이끌어냈지만, 역시 이날의 여왕은 안나 네트렙코였다. 레하르의 <주디타Giuditta> 중 '너무나 뜨겁게 입맞춤하는 내 입술 Meine Lippen, sie kussen so heiss'을 부른 네트렙코는 정열적인 춤까지 선보이면서 붉은색 장미꽃 한 송이 한 송이를 청중을 향해 던졌다. 객석의 열기는 절정으로 치달았다.

공연 후반부에 엘가의 '위풍당당 행진곡' 제1번에 노랫말을 붙인 <영광과 희망의 땅Land of Glory and Hope>이나, 영국 국가가 연주될 때는 객석이 마치 축구 국가대표 대항전 응원석 같았다. 함께 노래 부르고, 색색의 깃발을 흔들며 즐거워하는 관객들을 보면서 지극히 영국적인 축제의 피날레라는 생각이 들었다. 공연실황을 끝까지 본 딸이 '이렇게 재미있는 음악회는 처음 봤어!' 하고 웃었다.

폐막 공연만 본 아쉬움을 안고, 프롬스 프로그램을 공식 웹사이트에서 확인했다. 두 달간 70여 차례의 오케스트라 공연이 열렸다. 이리 벨로흘라베크가 이끄는 BBC 심포니 외에도 런던 심포니와 발레리 게르기예프, 보스턴 심포니와 제임스 레바인, 샌프란시스코 심포니와 마이클 틸슨 토머스, 빈 필하모닉과 다니엘 바렌보임 등 쟁쟁한 이름들이 즐비했다. 연주곡도 헨델의 바로크 음악에서 토머스 아데의 현대음악까지 망라하고 있었다. 메인 콘서트 외에도 공원의 프롬스, 프리 콘서트 토크, 포럼, 실내악 페스티벌 등 다채로운 행사가 열렸고, 대부분 BBC 텔레비전과 라디오, 인터넷을 통해 중계됐다.

그런데 인터넷을 뒤지다 보니 '프로밍Promming' '프로머Prommer'라는 단어가 자꾸 튀어나왔다. '프롬스Proms'를 즐기는 것, 즐기는 사람. 사전에는 나오지 않지만 프롬스 팬들에게는 익숙한 단어다. 'Promenade Concert'에서 유래된 'Prom'은 관객 일부가 서서 즐기는 음악회다. 그러니 제대로 프로밍을 하려면 매년 프롬스가 열리는 런던 로열 앨버트홀의 프로밍석에서 음악회를 관람해야 한다.

프로밍석은 오케스트라 바로 앞쪽에 1,000명 이상이 서서 음악회를 볼 수 있도록 만든 자리다. 이 프로밍 티켓의 가격은 불과 5파운드. 1만 원이면 세계적인 수준의 음악회를 감상할 수 있다. 내가 방송으로 봤던 그 열광적인 청중이 모두 프로밍석의 프로머들이었던 것이다. 영국인은 당일 판매하는 프로밍 티켓을 사기 위해 줄을 서는 것 또한 프롬스의 오랜 전통이요, 프로밍의 일부라고 여긴다.

관객 리뷰를 보니, 시즌 티켓을 사서 올해 프롬스 공연을 모두 섭렵했다는 이, 50년 동안 프롬스를 방송으로만 보다가 올해 처음으로 로열 앨버트홀에 가서 생애 최고의 날을 보냈다는 이, 독일에서 프롬스를 26년째 보고 있다는 이 등등 수많은 사람이 이런저런 공연 평들을 쓰고 있었다. 매서운 비판도 있었지만, 이들이 모두 프롬스의 팬이요, 프로머들이라는 것만은 확실해 보였다.

1895년 프롬스가 처음 시작됐을 때 내건 목표는 '가장 다양한 음악을, 가장 뛰어난 연주로, 대규모 청중에게 들려주는 것widest possible range of music, performed to the highest standards, to large audiences'였다. 또 BBC는 80년 전 프롬스 주최사로 참여하기 시작하면서 '음악의 메시지를 민주화하고, 그 혜택이 모든 사람에게 돌아가도록 한다truly democratizing the message of music, and making it's beneficent effect universal'는 취지를 밝혔다.

후에 문화정책을 공부하면서 알았지만 BBC가 언급한 '민주화 Democratizing'는 문화정책을 논하는 데 있어서 아주 기본적인 개념이다. 고급문화를 보다 많은 사람들이 향유할 수 있도록 하자는 '문화의 민주화 Democratization of Culture'는 오랜 세월 유럽 문화정책의 기조가 되어왔다. 현장 관객뿐 아니라 방송 시청자들까지, 수많은 사람들이 부담 없이 즐기는 BBC 프롬스는 과연 이 '문화의 민주화' 프로젝트의 대표격이라 할 만했다.

나는 2007년 프롬스 폐막 공연을 텔레비전으로 접하고 나서, 2008년 프롬스는 반드시 놓치지 않으리라 다짐했다. 2008년 프롬스도 화려한 프로그램을 자랑했지만, 졸업 논문 쓰랴, 귀국 준비하랴, 한창 정신없는 와중에 결국 프롬스 관람은 이루지 못한 소망이 되고 말았다. 막상 한국에 돌아오고 나니 영국에 있을 때 못 했던 일들이 왜 이렇게 아쉽게만 느껴지는지. 언제 나는 로열 앨버트홀 앞에 늘어선 긴 줄에 동참할 수 있을까. 언제 나는 진정한 '프로머'가 돼볼 수 있을까.

학생의 특권
'Student Standby'

영국에 사는 1년 동안, 문화부에서 공연담당 기자로 일하면서 잊고 있던 재미를 다시 찾았다. 바로 '내 돈 내고 티켓 사서 보는 재미'다. 취재기자의 업무로 공연 볼 때보다, 순수한 관객으로 공연을 보는 재미가 쏠쏠했다. 물가 비싸다는 영국에 가족들까지 다 끌고 갔으니 사실 형편이 그리 넉넉하진 못했다. 한국에선 그렇게 자주 하던 외식도 한 번 안 하고, 세 끼 꼬박꼬박 집에서 해먹고 살았다. 가계부도 썼다. 중고품 사서 쓰는 것도 익숙해졌다. 이런 형편이라면 공연관람은 사치였을지도 모른다. 하지만 영국에서 돈 때문에 공연을 못 본 적은 별로 없다. 학생이라는 신분 덕분이었다.

내가 공부한 워릭대학교에는 영국 중부에서는 가장 규모가 큰 아트센터가 있다. 콘서트홀과 다목적 공연장 두 곳, 갤러리와 영화관까지

갖추고 있어 거의 매일 저녁 다양한 장르의 공연이 열렸다. 내가 워릭 아트센터에서 처음 본 공연은 필하모니아 오케스트라의 콘서트였다. 블라디미르 아시케나지와 바딤 레핀이 브루흐의 바이올린 협주곡을 협연했다.

오케스트라 공연은 비싼 티켓도 보통 30파운드 정도면 살 수 있었으니 영국의 살인적인 물가를 생각하면 싼 편이다. 한국과 비교해도 저렴하다. 그런데 이 학교 학생이면 파격적인 할인을 받을 수 있었다. 가격은 불과 5파운드! 당시 환율로 1만 원도 안 되는 돈으로 훌륭한 음악회를 보면서 어찌나 흐뭇했던지.

내가 이렇게 싼 표를 살 수 있었던 것은 '스튜던트 스탠드바이 Student Standby'라는 특별한 학생 할인제도 덕분이다. 'Concession'으로 불리는 통상적인 할인과는 다르다. 'Concession'으로는 많아야 20~30% 정도의 할인을 받을 수 있지만, '스튜던트 스탠드바이'는 그야말로 파격가다. 공연이 임박해서 팔리지 않고 남아 있는 자리를 학생들에게 아주 싼 가격으로 제공하는 것이다. 알고 보니 이런 제도를 운영하는 공연장이 아주 많았다.

시티 오브 버밍엄 심포니 오케스트라도 역시 이런 '스튜던트 스탠드바이' 제도를 운영한다. 처음 한 번은 이런 제도가 있는 줄 몰라서 그냥 제값 주고 공연을 봤다. 버밍엄 심포니는 공연 당일 오후 1시부터 그때까지 안 팔리고 남아 있는 좌석을 학생에 한해 4파운드에 판매한다. 그래서 피아니스트 레이프 오베 안스네스가 버밍엄 심포니와 협연한 크리스마스 시즌 공연을 4파운드에 관람할 수 있었다.

시티 오브 버밍엄 심포니 오케스트라

워릭 아트센터와 버밍엄 심포니홀에 이어 나의 다음 목표는 런던 코벤트가든 로열 오페라하우스였다. 로열 오페라하우스는 'TRAVELEX'라는 기업의 후원을 받아 '스튜던트 스탠드바이' 제도를 운영하는데, 로열 발레나 로열 오페라 공연을 단돈 10파운드에 볼 수 있다. 온라인으로 학생 등록을 해놓고, 공연 당일 며칠 전까지 매진되지 않은 공연을 이메일이나 휴대폰 문자메시지로 통보받아 온라인으로 티켓을 구매하는 방식이다.

런던으로 가는 일이 번거롭긴 하지만, 나는 로열 오페라하우스에 학생등록을 해놓고 기다렸다. 몇 차례 통보받은 공연을 학교 일정 때문에 놓치고 나서, 마침내 리하르트 슈트라우스의 오페라 <낙소스 섬의 아리아드네>를 10파운드에 볼 수 있었다. 정상가라면 120파운드 이상인 R석에서 이 공연을 보는 내내 나는 행복했다.

영국의 공연장들은 이렇게 학생들에게 다양한 혜택을 제공한다. 학생 신분이 곧 할인쿠폰인 셈이다. 내셔널 시어터도 'TRAVELEX' 후원으로 공연 시작 45분 전부터 10파운드짜리 티켓을 학생들에게 판매한다. 학생들은 5파운드에 공연을 볼 수 있는 '스튜던트 나이트Student Night'도 있다.

내셔널 시어터는 '스튜던트 렙스Student Reps'라는 제도도 운영하고 있는데, 내셔널 시어터 홍보 활동에 참여하는 학생들에게 공연 티켓을 무료로 제공하는 것이다. 학생들은 공연 홍보 유인물이나 포스터를 정기적으로 대학 구내에 비치하고, 지역, 대학 신문에 공연 관련 소식을 기고하는 등의 방식으로 홍보 활동에 참여한다.

웨스트엔드 뮤지컬 공연장 대부분이 회원인 런던공연장협회Society of London Theatre도 '스튜던트 스탠드바이' 제도를 운영한다. 16~25세의 학생들은 당일 공연 시작 30분에서 1시간 전에 15파운드에 티켓을 살 수 있다. 협회에서 발행하는 런던 공연장 공식 가이드The Official London Theatre Guide에 [S]로 표시된 공연들만 해당된다. 15파운드 티켓은 아니더라도 대부분의 뮤지컬 공연은 티켓이 남아 있으면 학생들에게 절반 정도의 할인율을 적용한다. 나는 뮤지컬 <위키드>를 그렇게 해서 봤다.

'C145'도 있다. 'See One Show for Five Pounds'에서 따온 말이다. '쥐덫 극장 프로젝트Mousetrap Theatre Project'가 운영하는 청소년 할인제도다. 15세에서 18세의 학생들이 온라인으로 가입하면 할인 공연이 있을 때마다 안내받을 수 있다. 런던 시내의 공립학교들이 단체로 가입한 경우가 많다고 한다. 당시 <렌트> <애비뉴 Q> 같은 인기 뮤지컬뿐 아니라, 로열 오페라하우스의 <토스카>도 5파운드 관람 공연 목록에 끼어 있었다('쥐덫 극장 프로젝트'는 웨스트엔드 최장기 공연인 애거서 크리스티의 <쥐덫> 공연의 프로듀서가 '런던 공연 관객들에게 보답하고 싶어' 설립한 비영리단체이다).

영국에서 십수 년 만에 다시 얻은 학생 신분 덕분에 나는 부담 없이 공연장 나들이를 계속할 수 있었다. 한국에 돌아온 지금, 영국에서 학생 신분의 혜택을 좀더 많이 누리지 못하고 온 게 아쉬울 뿐이다. 한국에도 다양한 공연 할인제도가 있지만, 영국의 '스튜던트 스탠드바이' 같은 할인제도는 아직 제대로 정착되지 못한 것 같다. 100퍼센트 매진되는 공연이 그리 많지 않은 만큼, 어차피 빈 좌석은 공연을 보고 싶어 하는 학생들에게 싼값에 팔아도 괜찮을 듯하다. 이건 학생들을 위한 '서비스'이기도 하지만, 미래의 유망 고객을 상대로 한 훌륭한 '마케팅'이기도 하니까.

폴리니 보러 상경하다

서울 공연을 보기 위해 '상경'하는 지방 관객들 얘기를 많이 들었는데, 영국에 살 때는 내가 바로 그 '지방 관객'이었다. 런던에서 열리는 수많은 공연들을 그림의 떡으로 지나쳐버리기 일쑤였지만, 아주 가끔은 큰맘 먹고 공연 보러 상경하곤 했다. '큰맘 먹는다'는 건 공연 관람료에 숙박비, 교통비까지 만만치 않은 지출을 감수해야 하는데다, 내가 없는 동안 아이들을 돌봐야 하는 남편과의 '협상'이 필요한 일이기 때문이다. 그렇게 원정 관람한 공연 중 하나가 바로 마우리치오 폴리니의 피아노 리사이틀이다.

거의 반세기 전인 1960년, 18세에 쇼팽 콩쿠르에서 우승하면서 폴리니는 국제적인 명성을 얻었다. 내가 처음 폴리니의 음반(DG)을 접한 것은 어린 시절 쇼팽 <에튀드>를 몇 곡 배우면서 어려운 기교와 감정 처리

에 쩔쩔맬 때였다. 당시 어린 내 귀에도 그는 정말 무시무시하게 잘 쳤다! 오랜 세월이 흘렀지만 그는 여전히 왕성하게 연주 활동을 하고 있다. 그리고 아직도 한국에서는 한 번도 공연한 적이 없다. 이것이 내가 별 망설임 없이 런던행을 결정한 이유였다.

공연장인 런던 사우스뱅크센터 로열 페스티벌홀. 빈 자리가 거의 없었다. 내가 구입한 티켓은 23파운드짜리 중간 등급 좌석이었는데 조금 멀기는 해도 연주자가 잘 보이는 가운데 줄이었다. 자리에 앉으면서 나는 기대감에 가슴이 두근거렸다. 그런데 피아노 바로 뒤편, 무대 위에 사람들이 앉아 있는 게 보였다. 티켓 살 때 본 좌석 배치도에는 안 나와 있던데, 저 자리는 뭘까. 관계자들을 위한 특별석?

폴리니가 성큼성큼 무대로 걸어 나왔다. 등이 약간 구부정한 모습이 60대 후반이라는 그의 나이를 말해주고 있었다. 그는 피아노 앞에 앉자마자 숨 돌릴 틈 없이 바로 연주에 들어갔다. 첫 곡은 슈만이 작가 호프만의 소설에 등장하는 음악가 '크라이슬러'에서 영감을 얻어 작곡한 <크라이슬레리아나>. 낭만주의 예술가의 표상이라 할 크라이슬러의 내면을 때로는 섬세한 서정으로, 때로는 뜨거운 격정으로 그려낸 이 곡을 폴리니는 대가다운 노련함으로 연주했다.

하지만 나는 처음부터 100퍼센트 몰입하지는 못했는데, 그의 연주에서 미묘하게 서두르는 듯한 기색과 긴장감이 전해지는 것 같았기 때문이다. 컨디션이 안 좋은 건가. 마음에 걸리는 일이 있나. 어쩌면 이제야 폴리니를 처음 보는 내가 지나치게 긴장해서 더 그렇게 느꼈는지도 모른다. 사실 나는 긴장하고 있었다. 혹시 폴리니가 노쇠한 건 아닐까 걱정하고 있었다. 오랫동안 좋아한 연주자를 노쇠한 뒤에야 무대에서 만났을 때, 기대가 큰 만큼 실망도 컸던 경험이 있기 때문이었다. 그러나 연주가 진행될수록 나는 긴장을 풀고 음악에 푹 빠져들 수 있었다. <크라이슬레리아나>에 이어진 쇼팽의 <마주르카> 네 곡과 <스케르초> 제1번은 마치 '이게 진짜 쇼팽이라니까' 하는 듯했다. 폴리니는 전혀 노쇠하지 않았다.

휴식 시간에 '무대 위 좌석'에 대해 공연장 안내직원에게 물어봤다. 관계자를 위한 '특별석'이 아니라 일반 관객에게 판매하는 자리였다. 'Young Person's Platform'이라고 불리는 이 자리는 피아노 독주나 실내악 연주 때 아티스트가 동의하면 무대 위에 100석 정도를 설치해서 예매 막바지에 판매를 시작한다고 한다. 원래는 16~25세까지의 젊은 사람들을 위한 자리이지만, 공연 직전에는 나이 제한 없이 누구나 살 수 있다고 한다. 무대 정면에 배치된 일반 좌석보다 음향이 떨어지긴 하지만, 연주자의 숨결까지 생생하게 느낄 수 있는 자리다. 가격도 가장 저렴하다. 꼭 한 번 저 자리에 앉아보고 싶었다.

2부 프로그램은 드뷔시 <전주곡> 제1권. 이날 공연의 하이라이트였다. 드뷔시 음악 특유의 몽환적이고 섬세한 감성이 폴리니의 손가락 끝에서 생생하게 피어올랐다. 나는 잔물결이 찰랑거리는 호수에 떠 있는 조각배를 상상했다. 이 조각배는 잔잔한 물결을 리듬감 있게 타고 넘어 은은한 달빛을 받으며 호숫가 저편으로 유유히 나아갔다. 첫 곡인 '델피의 무희들'부터 제12번째 곡 '음유시인'까지 이 '여행'에 푹 빠진 나는 배에서 내리기가 싫었다.

관객들의 반응은 내가 영국에 와서 몇 차례 본 공연 중에 가장 열광적이었다. 사실 나는 영국에서, 아무리 연주가 좋아도 커튼콜 두세 차례만 하고 나면 마치 미리 약속이나 한 듯이 박수가 그치고 앙코르도 없는 음악회를 여러 차례 보았다. 하지만 이날은 여러 차례 커튼콜이 이어진 뒤에도 관객들의 박수가 수그러들기는커녕 더욱더 뜨거워졌고, 갈채에 답례하던 폴리니는 고개를 끄덕이며 다시 피아노에 앉았다.

어쩌면 이때부터가 진정한 이 공연의 하이라이트였는지도 모른다. 연주자도 관객도 신이 났다. 앙코르 첫 곡인 리스트의 <초절기교 연습곡> 제10번이 끝나자 관객 대부분이 기립했다. 두 번째 앙코르곡은 쇼팽의 <혁명 에튀드>. 흠 잡을 데가 없는 게 흠일 정도로 깔끔하고 명쾌한 연주를 듣고 있자니, 어릴 때 이 곡으로 쩔쩔매다가 폴리니의 음반을 처음 들었을 때 그랬던 것처럼 저절로 한숨이 나왔다. 세 번째 앙코르 곡인 쇼팽의 <발라드> 제1번에 이르렀을 때 나는 문자 그대로 '좋아 죽을 지경'이었다.

앙코르를 세 곡이나 듣고도 아쉬움을 느끼며 공연장을 나서는데, 로비에서 사인회를 한단다. 공연이 시작되기 전에 산 폴리니의 슈만 음반에 사인을 받을 작정으로 줄에 합류했다. 줄은 꽤 길었다. 눈대중으로도 300명 이상은 되는 것 같았다. 모두 나처럼 상기된 표정이었다.

줄이 점점 줄어들더니 폴리니가 가까이 보였다. 얼굴을 보니 확실히 나이가 들긴 들었다. 날카로움이 엿보이지만 그래도 전체적으로 부드러운 할아버지의 인상이었다. 사인을 받기 위해 CD를 내밀고는 이 '찰나'를 이용해 궁금했던 걸 직접 물어보기로 했다. 여기서 나는 기자가 아니라 일반 관객의 입장이었지만, 이런 기회를 놓칠 수는 없었다.

"공연 정말 좋았어요. 감사합니다. 저는 한국에서 왔는데요, 혹시 한국에서 공연하실 계획은 없으세요?"

"없습니다. 중국과 일본 공연은 일정에 잡혀 있습니다만."

"(흑흑, 너무하세요. 그러면 한국 관객들은 중국이나 일본에 가서 보란 말씀이신가요?) 혹시 한국에서 공연하지 않는 특별한 이유라도 있으세요?"

"그런 건 없어요."

"하나 더 여쭤봐도 될까요? 한국에는 이런 소문까지 있었거든요. 당신이 정치적인 신념 때문에 한국에 오지 않는 거라고요. 사실인가요?

(폴리니가 한국에 오지 않는 이유는 그가 공산당원이기 때문이라는 얘기가 국내 음악계에 돌기도

했다.)"

"아니에요, 그건 전혀 아닙니다."

"아, 그럼 한국에서 당신의 연주를 보고 싶어 하는 수많은 팬들이 있다는 걸 꼭 기억해주세요. 다음에는 한국에서 꼭 다시 뵙게 되길 기대하겠습니다."

폴리니는 내 마지막 말에 웃음으로 답했다. 사실 그에게서 인사치레일망정 '한국에 가겠다'는 말을 꼭 끌어내고 싶었지만, 더 이상의 대화를 할 수 없는 상황이었다. 내 뒤에도 사인을 받기 위해 기다리는 사람들이 있었으니까. 그래도 폴리니와 함께 사진 한 장 찍을 여유는 있었다. 폴리니 사인도 받고, 대화도 나누고, 사진도 찍었으니, 대만족이다!

뿌듯한 기분으로 사우스뱅크센터를 나서니 눈앞에 템스 강의 야경이 펼쳐지고 선선한 바람이 불었다. 행복했다. 사우스뱅크센터는 벌써 다음해 폴리니의 연주 일정을 홍보하고 있었다. 내가 한국에 돌아간 이후라 폴리니를 다시 만날 수 없을 거라고 생각하니, 아쉬움이 밀려왔다. 하지만 최소한 폴리니가 한국에 오지 않는 특별한 이유는 없다는 걸 직접 확인했으니 언젠가 그를 한국에서 볼 수 있으리라는 희망을 가졌다. 만약 폴리니의 서울 공연이 성사된다면 아마 나는 '숨은 공로자'라고 생각하며 혼자 의기양양해할 것이다.

'안마에' 와 우리 동네 오케스트라

영국에 있는 1년 동안 내가 가장 많이 갔던 공연장은 워릭 아트센터와 버밍엄 심포니홀이다. 워릭 아트센터가 학교 강의실과 기숙사를 잇는 길목 위에 있어서 공연이 아니더라도 하루에도 몇 번씩 드나들 수밖에 없었다. 버밍엄 심포니홀은 내가 살던 곳에서 가까운 버밍엄 도심에 있다. 버밍엄 심포니홀은 시티 오브 버밍엄 심포니 오케스트라(City of Birmingham Symphony Orchestra. 이하 '버밍엄 심포니' 로 표기)의 본거지로, 연중 버밍엄 심포니의 정기 공연과 함께 다른 유명 연주자들의 초청 공연도 많이 열린다.

나는 버밍엄 심포니를 '우리 동네 오케스트라' 로 부르곤 했다. 원래 공연 관람료가 그리 비싸지 않은데다(가장 비싼 등급이 40파운드 조금 넘는 수준이다), 나는 대개 학생할인까지 받았기 때문에 티켓 구매가 그리 부담스럽지 않았다. 내가 사는 곳 근처에서 이렇게 훌륭한 오케스트라 공연을 쉽게 볼

사카리 오라모

수 있다는 게 뿌듯했다. 영국 최고의 음향을 자랑한다는 버밍엄 심포니홀은 어느새 나에게 아늑하고 친근한 공간이 되었다.

내가 영국에 도착했을 때 버밍엄 심포니는 사이먼 래틀로부터 음악감독 자리를 넘겨받은 핀란드 출신의 지휘자 사카리 오라모가 이끌고 있었다. 그리고 내가 영국을 떠날 때쯤 버밍엄 심포니의 음악감독은 라트비아 출신의 지휘자 안드리스 넬슨스로 바뀌었다. 나는 사카리 오라모가 버밍엄 심포니의 음악감독으로 지휘한 마지막 공연과 안드리스 넬슨스

안드리스 넬슨스

가 버밍엄 심포니의 새 음악감독으로 지휘한 첫 번째 공연을 모두 볼 수 있었다.

사카리 오라모는 마지막 공연에서 베토벤의 '합창' 교향곡을 연주했다. 'FAREWELL NOT GOODBYE'라는 제목으로 열린 이 공연으로 사카리 오라모는 버밍엄 심포니와 함께 했던 10년을 마감했다. 커튼콜 때 관객들이 기립박수를 보내고(버밍엄 관객들, 엄청 까다롭다. 기립, 웬만해선 안 한다), 사카리 오라모의 모국인 핀란드 국기를 흔들며 환호하는 광경을 보면서 내가 다 흐뭇해졌다.

　　새 음악감독으로 부임한 안드리스 넬슨스의 공연은 내가 한국에 돌아오기 며칠 전에 열렸다. 논문 마무리하랴, 귀국 준비하랴, 바쁜 와중에도 이 공연만은 가리라 생각하고 일찌감치 예약을 했다. 안드리스 넬슨스는 1978년 11월 18일생, 그야말로 '젊은 피'다. 지휘를 하기 전에는 트럼펫을 연주했다고 한다. 2007년까지 5년 동안 라트비아 국립오페라의 지휘자로 재직했고, 독일에서도 활발한 활동을 해왔다. 같은 라트비아 출신의 지휘자 마리스 얀손스가 그의 '멘토'다.

　　진작부터 기대했던 공연이건만, 막상 당일 공연장에 도착했을 때 나는 무척이나 우울하고 지쳐 있었다. 그즈음 개인적으로 여러 가지 힘든 일들이 겹쳤던 탓이다. 하지만 무대로 걸어 나오는 안드리스 넬슨스의 모습을 보는 순간 공연 보러 오길 잘했다는 생각을 했다. 그는 정말 젊었고, 서글서글한 인상에 활기가 넘쳤다.

　　그는 내가 본 지휘자 가운데 지휘 동작이 가장 컸다. 그는 자신의 얼굴과 몸 근육 구석구석을 모두 사용해서 지휘했다. 그의 표정과 몸짓만 봐도 지금 음악이 어떤 분위기로 흘러가고 있는지, 어느 악기가 주로 연주되고 있는지 정확히 알 수 있을 정도였다. 영국 「더 타임스」가 "the concert was just 12 minutes old when both his feet left the podium for the first time(연주 시작 12분 만에 그의 두 발은 지휘대를 떴다)"라고 쓴 것처럼, 그는 펄펄 뛰고, 춤추고, 땀방울을 사방에 뿌리면서 오케스트라를 이끌었다.

　　하지만 이런 몸짓이 전혀 과장되거나 부자연스럽다고 느껴지지는 않았다. '사람을 감전시키는 듯한' 지휘로 자신이 원하는 음악을 끌어내는 능력이 탁월했다. 오페라 지휘자로 성가를 높인 만큼 극적인 표현력이 일품이었다. 오케스트라도 이에 100퍼센트 부응해서 펄펄 날아주었다. 바그너의 <리엔치> 서곡, 버르토크의 <이상한 중국관리> 모음곡, 그리고 베를리오즈의 <환상 교향곡>으로 이어진 프로그램은 그의 진가를 선보이기에 안성맞춤이었다.

아! 젊음이 좋긴 좋구나. 나는 우울과 피로 따위는 깨끗이 잊고 공연에 몰입했다. 지루할 틈이라고는 전혀 없었다. 오죽하면 「더 타임스」의 리뷰가 "Damn ! No chance of snatching a snooze at City of Birmingham Symphony Orchestra concerts in the future(이런! 앞으로 버밍엄 심포니 공연에서는 졸긴 글렀네)"로 시작했을까.

내 주변의 많은 관객들 역시 흐뭇한 표정으로 지휘대 위에서 펄쩍펄쩍 뛰는 이 젊은 지휘자를 주시하고 있었다. 아마도 이 사람들은 '새로 온 음악감독이 아주 젊다는데, 제대로 할까?' 하는 어느 정도의 우려를 안고 공연장을 찾았을 터이다. 그러니 관객의 아낌없는 박수는 안드리스 넬슨스를 버밍엄 심포니의 새 음악감독으로 '추인' 한다는 의미도 담고 있었을 것이다.

사실 버밍엄 심포니홀은 버밍엄 시민이 나름의 '지분'을 갖고 있는 공연장이기도 하다. 버밍엄 심포니홀은 지난 2001년 개관 10주년을 맞아 파이프 오르간을 설치했는데, 이는 2년간 버밍엄 시민을 대상으로 벌인 모금운동의 성과였다고 한다. 그래서 이 파이프 오르간은 파이프 6,000개마다 각기 다른 주인이 있다. 모금운동에 참여한 사람은 자신의 파이프를 증명하는 '증서'를 받았단다. 심각한 표정으로 공연을 보기 시작한 내 주변 관객들의 얼굴에 점차 흐뭇한 미소가 퍼져가는 걸 보면서 이들 중 상당수가 이때 모금운동에 참여한 사람들이 아닐까 혼자 짐작했다.

안드리스 넬슨스는 여러 차례 이어진 커튼콜마다 지휘대에 올라서지 않고 다른 단원들과 같은 위치에 서서 손잡고 관객의 환호성에 답례했다. 지휘자는 오케스트라 위에 군림하는 것이 아니라, '팀원'으로 함께 공연을 만든다는 뜻을 전하고 싶었던 것 같다. 어쩌면 이런 '민주적 리더십'이 아버지 어머니뻘 되는 단원들과 함께 일하는 '젊은 마에스트로'의 당연한 선택일지도 모르겠다. <베토벤 바이러스>의 '강마에'의 매서운 카리스마는 없을지 몰라도, '안마에'는 멋졌다.

나는 영국에 있는 1년 동안 버밍엄 심포니가 옛 음악감독 사카리 오라모를 떠나보내고, 새 음악감독 안드리스 넬슨스를 맞이하는 과정을 지켜본 셈이다. 나는 버밍엄 시민은 아니지만, 버밍엄 심포니에 특별한 애착과 친근감을 느꼈다. 사카리 오라모가 지휘하는 공연을 여러 차례 봐서 그랬는지, 그의 마지막 공연 때는 마치 내가 아는 사람을 떠나보내는 듯한 기분이었다. 그리고 안드리스 넬슨스의 첫 공연에서는 무척 흐뭇했고, 그의 공연을 단 한 번만 보고 한국에 돌아가야 한다는 생각에 섭섭해하기도 했다.

한국에 돌아온 지금도 나는 가끔씩 버밍엄 심포니의 홈페이지에 들어가서 공연 일정을 확인하곤 한다. 버밍엄 심포니가 안드리스 넬슨스의 후원회로 결성한 'Music Director's Circle'도 주의 깊게 살펴본다. 이

제 더 이상 버밍엄 심포니는 '우리 동네 오케스트라'가 아닌데도 말이다. 아, 버밍엄 심포니홀이 그립다. 안드리스 넬슨스의 젊음과 패기, 그 열정적인 지휘를 또 보고 싶다. 사카리 오라모도 다시 본다면 정말 반가울 것 같다(안드리스 넬슨스와 버밍엄 심포니는 2010년 10월 한국을 찾는다.).

한국에도 오케스트라가 많지만 나에게 '우리 동네 오케스트라'로 느껴지는 단체는 아직 없다. 내가 살고 있는 지역에 이런 오케스트라가 있다는 게 기분 좋고 흐뭇하고, 음악감독이 바뀌면 어떤 사람일까 궁금해하고, 언제든 어렵지 않게 찾아가서 연주를 즐길 수 있는 그런 오케스트라 말이다.

파란만장
안스네스 만나기

영국에서 공부를 시작한 지 몇 달. 1학기 종강 일주일 만에 내야 하는 에세이를 일단 마무리 한 뒤, 몇 달 전부터 별러 왔던 공연을 가기로 했다. 버밍엄 심포니의 2007년 송년음악회였다. 버밍엄 심포니도 좋지만, 내가 이 음악회를 오래전부터 기다려온 건 이 공연에서 협연할 피아니스트 때문이었다. 노르웨이의 피아니스트 레이프 오베 안스네스. 2007년 2월 서울 예술의전당에서 열린 독주회에 갔다가 완전 반해버린 그 안스네스다.

    공연은 2007년 12월 15일 오후 3시. 미리 예매하지 않고 현장에서 티켓을 사기로 했다. 인터넷으로 매표 상황을 확인해보니 매진은 아니어서, 공연 당일 남은 표를 학생들에게 파격가로 제공하는 '스튜던트 스탠드바이' 티켓을 사기로 한 것이다. 에세이 제출 기한이 사흘 남은 남편은 집에서 둘째딸 은형이를 데리고 에세이를 마무리하기로 했고, 나는 은우를 데리고 길을 나섰다.

　　기차로 버밍엄 뉴스트리트 역까지 가서 혼잡한 길을 한참을 걸어 심포니홀에 도착하니 2시 반. 티켓을 사고 나서 요기를 할 생각이었는데 시간이 급했다. 매표소 앞에 늘어선 줄이 길다. 기다리는 사람들은 대부분 나이 지긋한 중년층 이상의 관객이다. 은우 또래의 어린이는 거의 보이지 않았다. 드디어 내 차례. 매표소 직원에게 물으니 티켓은 아직 여유가 있었다. '스튜던트 스탠드바이' 티켓을 살 수 있느냐고 물으니 있단다. 후유, 다행이다! 학생증을 제시하니 R석 중 남은 자리를 4파운드에 살 수 있단다. 그럼 은우는?

　　매표소 직원은 은우는 R석 정상가인 31.5파운드를 내야 한다고 했다. 어린이 할인은 없느냐고 했더니 없다고 한다. 사실 한국의 음악회 가격에 비해 이 정도면 저렴한 편이다. 내가 많이 할인 받았으니 그냥 살까 하다가 다시 한번 '아이도 프라이머리 스쿨(우리나라의 초등학교) 학생인데 '스튜던트 스탠드바이' 가격을 적용해야 되는 거 아니냐'고 물었다. 직원은 난감한 표정을 짓더니 매니저에게 물어보러 갔다. 아마 이렇게 어린이가 오는 경우가 별로 없었나 보다.

　　잠시 뒤 돌아온 직원이 은우도 4파운드만 내란다. 야호! 횡재한 기분이다. 정상가라면 63파운드를 내야 하는 R석 두 장을 단돈 8파운드에 산 것이다. 당시 1파운드가 1,900원쯤 했으니까 두 사람이 1만5천 원 정도를 낸 셈이다.

　　티켓을 받고 돌아서니 공연 시작 15분 전. 배가 고프다는 은우를 데리고 구내매점으로 갔다. 이번에도 줄이 있어서 기다려야 했다. 샌드

위치와 음료수를 사고 나니 공연 시작 10분 전. 대충 먹고 화장실에 가니까 3분 전. 사실 한국에서는 회사 일 끝내고 더 급하게 공연장으로 허겁지겁 뛰어들어간 적이 많았기 때문에, 이 정도면 시간을 맞출 수 있다고 생각했다.

그런데 생각지도 않은 변수가 생겼다. 화장실에 들어간 은우가 아무리 기다려도 나오지 않는 것이다. 기다리다 못해 은우가 있는 화장실 칸을 두드렸더니 은우가 난감한 목소리로 '엄마, 벨트 때문에 바지를 못 내렸어' 한다. 아뿔싸! 가슴이 철렁 내려앉았다. 은우는 며칠 전에 새로 사준 벨트가 익숙하지 않아 풀지 못하고 있었던 것이다. '화장실은 있다가 쉬는 시간에 가고 지금은 일단 공연장에 들어가면 안 되냐'고 했더니 소변이 급하단다. 결국 내가 들어가서 도와줬는데, 겨울이라 옷을 겹겹이 입은 데다 벨트를 꼭 끼게 해놓아서 풀기가 어려웠던 것이다.

겨우 벨트 문제를 해결하고, 급하게 화장실을 나와 로비를 가로질러 뛰었다. 우리가 들어가야 할 출입문은 1번. 공연장 안내를 맡은 직원이 다급하게 뛰어와 티켓을 꺼내는 우리를 보더니 '진정하라'면서 제지했다. 그리고 보니 막 첫 곡인 <호두까기 인형> 모음곡이 연주되기 시작하는 게 들렸다. 으악, 이를 어쩌나.

"지금은 안 되겠어요. 첫 곡이 20분쯤 걸리니까 그 이후에 들어가세요."

어찌나 허탈한지. 나도 모르게 은우에게 '그까짓 벨트 하나 못 풀어서 이게 뭐냐'고 화를 내고 말았다. 은우가 풀이 죽어 '엄마, 미안해' 하는데, 순간 은우에게 화를 낸 게 미안해졌다. 할 수 없다. 첫 곡 끝날 때까지 기다리는 수밖에. 그런데 안내 직원이 우리가 안돼 보였는지 따라오라고 한다. 라디오 룸으로 안내해 주겠다며.

직원을 따라서 어두운 계단을 올라가니 공연장 객석 뒤쪽에 설치된 스튜디오가 나왔다. 와, 앞쪽이 넓은 유리창으로 되어 있어 무대가 훤히 잘 보였다. 아마도 라디오로 공연실황 중계를 하거나 녹화할 때 쓰는 스튜디오인 것 같다. 소리도 아주 잘 들렸다. 여기서 공연을 보는 것도 새로운 경험이었다. 객석에 있을 때와는 달리 자유롭게 얘기를 나눌 수 있었다. 풀이 죽었던 은우는 다시 기분이 좋아져서 이건 무슨 장면에서 나오는 음악이었지, 하고 연주를 들으면서 조잘거렸다.

<호두까기 인형> 모음곡이 끝나자마자 스튜디오를 나와 출입문 앞으로 갔다. 직원이 웃으면서 우리를 객석으로 안내해주었다. 객석은 1층 중앙. 더 이상 좋을 수가 없었다. 이 자리에 8파운드를 낸 걸 떠올리니 기분이 더 좋아졌다. 피아노를 무대로 가져오고, 자리 배치를 다시 하는 시간이라 여유가 좀 있었다.

드디어 안스네스가 무대에 등장했다. 불과 10개월 만에 다시 보게 된 것이다. 그것도 다른 나라에 와서. 그리그의 피아노 협주곡은 그가 노르웨이 출신인 만큼 자연스럽게 '장기' 처럼 된 레퍼토리이다. 음반은 있지만, 안스네스의 그리그를 현장에서 듣는 건 처음이다.

그리그의 협주곡을 안스네스의 연주로 들으니 새로웠다. 안스네스의 연주에서는 '북구의 서정' 이 느껴진다고들 한다. 나는 안스네스의 연주를 들으면 노르웨이에 가고 싶어진다. 그의 음악에 녹아 있는 듯한 노르웨이의 대자연을 직접 보고 싶어진다. 안 그래도 내가 공부한 과에는 노르웨이 출신의 강사가 한 명 있었는데, 개인적인 얘기를 나누다가 '안스네스 때문에 노르웨이의 자연을 보고 싶어졌다'고 말한 적이 있다. '노르웨이의 자연'을 얘기할 때, 영국 생활 10년이 다 돼가는 그의 표정은 정말 꿈을 꾸고 있는 듯했다. 그러고 보니 안스네스와 그가 좀 닮은 것도 같았다.

왜 이렇게 시간이 빨리 흐르는지, 때로는 뜨거운 격정으로, 때로는 투명한 서정으로 관객을 사로잡은 안스네스의 연주는 어느새 끝나버렸다. 몇 번의 커튼콜 끝에 안스네스는 퇴장했고, 이로써 공연 전반부가 끝났다. 은우에게 '좋지?' 했더니 고개를 끄덕였다.

인터미션이 끝나고 다시 공연이 시작됐다. 엘가의 <수수께끼 변주곡>이다. 이 공연은 엘가의 탄생 150주년 기념공연이기도 했다. 그러고 보니 공연장 로비에는 엘가를 '웨스트 미들랜드(버밍엄을 포함한 영국 중서부 지방)가 낳은, 가장 유명한 사람'으로 묘사한 배너가 놓여 있었다.

이번 곡에서는 핀란드 출신의 지휘자 사카리 오라모를 자세히 볼 수 있었다. 그는 사이먼 래틀 이후 10년 동안 버밍엄 심포니의 음악감독을 맡아 좋은 평가를 받아왔다. 10년간 단원들과 호흡을 맞춰온 만큼 여유 있게 오케스트라를 리드하는 것 같다. 오케스트라의 기본기도 탄탄하다. 사카리 오라모의 지휘는 굉장히 역동적이고 강약 대비가 뚜렷했다.

연주가 끝나고 박수가 터져 나왔다. 은우는 발을 굴러가며 박수를 쳤다. 몇 차례 커튼콜이 이어졌지만 앙코르는 없었다. 그러고 보니 영국에서 본 연주회들은 대부분 앙코르가 없었다. 오케스트라 단원들은 지휘자가 퇴장한 뒤 한동안 앉아 있다가 객석의 박수가 잦아들면 바로 일어나서 퇴장했다. 관객들도 앙코르를 별로 기대하지 않는 것 같았다. 공연이 안 좋아서가 아니라, 으레 그러려니 하는 것 같았다.

공연장을 나오니 로비에서 안스네스와 오라모의 사인회가 열리고 있었다. 이럴 줄 알았으면 영국까지 들고 온 안스네스 음반을 좀 가져올 걸. 그래도 음반에 사인을 받고 싶어서 공연장 구내 음반숍에 음반을 사러 갔다. 집에 없는 걸 고르다가 <The Long, Long Winter Night>라는 타이틀의 음반을 샀다. '긴긴 겨울밤' 이라는 제목이 굉장히 매력적이기도 했다. 그리그를 비롯한 노르웨이 작곡가들의 작품들을 연주한 음반이다.

음반숍에서 나왔는데 앗, 어느새 사인을 받으려고 서 있던 사람들의 줄이 없어졌다. 사인을 받는 관객들이 그리 많지 않은 탓이었다. 확실히 한국의 클래식 음악 관객들이 이곳 관객들보다 훨씬 젊고 적극적이긴 한 것 같다. 사인회가 벌써 끝났나, 안스네스가 가버렸으면 어떡하지? 조바심을 내며 달려갔는데 다행히 안스네스는 아직 가지 않고 테이블에 앉아 있었다. 급히 음반 포장을 뜯어내고 안스네스에게 다가갔다.

음반에 사인을 받고 나서, 2007년 초 한국 예술의전당에서 공연했을 때도 만났다고, 방송국 기자인데 그때도 사인회 끝나고 잠깐 얘기를 나누었다고, 지금은 1년 예정으로 영국에서 공부하고 있다고 했더니, 안스네스는 기억을 하는지는 모르겠지만 웃으면서 '다시 만나서 반갑다' 고 말했다. 내친 김에 지난번 공연 때 그랬던 것처럼 사진도 찍었다. 이번에는 은우도 함께.

그리고 나니 바로 옆에 앉아 있던 지휘자 사카리 오라모한테 미안해

졌다. 사실 안스네스가 사인회를 끝내고 금방 가버릴까 걱정하느라 바로 옆에 앉아 있는 지휘자는 생각하지도 못했던 것이다. 사인 받을 음반이 없어서 급한 김에 이번 시즌 전체 공연이 나와 있는 프로그램 북을 내밀고 나서는 어디다 사인을 받아야 하나 난감해하고 있는데, 친절하게도 오늘 공연이 나와 있는 페이지를 찾아서 사인을 하고는 '20페이지!' 하며 웃었다.

은우는 집에 돌아와서 내가 남편에게 '안스네스랑 사진도 찍었어'라고 자랑하는 걸 가만히 듣고 있더니, 갑자기 "엄마, 엄마는 안스네슨가 뭔가 그 피아노 치는 아저씨가 그렇게 좋으면 결혼하지 그랬어?" 해서 나를 웃겼다. 내가 "말도 안 되는 소리! 엄마는 안스네스 음악이 좋아서 팬이 된 거야. 그건 누굴 좋아해서 결혼하는 것과는 전혀 다른 얘기라니까" 하고 핀잔을 줬더니, 남편은 옆에서 한술 더 떴다.

"야, 그게 엄마만 좋아한다고 되는 일이냐? 엄마만 좋아하지, 그 아저씨는 엄마 안 좋아해!"

서울에서 처음 안스네스 독주회를 보고 나서 썼던 글의 제목이 '김 기자, 주책없는 아줌마 되다'였다. 나는 다시 '주책없는 아줌마'가 되고 말았나 보다. 먼 나라 영국까지 가서 말이다. 게다가 그걸 딸한테까지 들켜버리고 말았다.

오페라,
버려진 공장으로 가다

오페라 관객이 아닌 사람들의 오페라에 대한 인식은 아마 대개 비슷할 것이다. 좀 거칠게 말하자면, '호화로운 오페라하우스에, 잘 차려 입은 관객들이 모여 즐기는, 도무지 알아들을 수 없는 노래로 가득 찬 그들만의 장르' 정도가 아닐까. 하지만 나는 영국에서 이런 고정관념을 단숨에 깨버린 오페라 공연을 만났다.

    2008년 8월 12일. 영국 버밍엄 시내 외곽 공장지대. 지금은 버려진 옛 고무공장 건물에서 모차르트의 오페라 <이도메네오>가 개막되었다. <이도메네오>는 모차르트의 대표적인 오페라 세리아로 꼽히지만, 한국에서 자주 공연되는 작품은 아니다. 줄거리를 간략하게 소개하고 넘어가자.

    오페라 제목인 이도메네오는 그리스 크레타 섬의 이도메네오 왕을 가리킨다. 트로이 전쟁에서 승리한 뒤 전쟁포로들을 싣고 귀환하던 이도메네오 왕은 도중에 풍랑을 만나 바다의 신 넵튠에게 '뭍에 도착해 처음 만나는 사람을 제물로 바치겠다' 는 맹세를 하고서야 목숨을 건진다. 전쟁포로인 트로이의 일리아 공주는 이도메네오 왕의 아들인 이다만테에 의해 구조되고, 곧 두 사람은 사랑에 빠지는데, 이다만테를 사모해온 아가멤논의 딸 엘렉트라 공주는 강한 증오와 질투를 느낀다. 천신만고 끝에 뭍에 오른 이도메네오 왕은 한 젊은이를 만나는데, 공교롭게도 이다만테 왕자였다. 오페라 <이도메네오>는 자신이 한 맹세 때문에 아들을 죽여야 하는 비극의 주인공인 아버지를 중심으로 사랑과 질투, 운명의 힘을 이야기한다.

<이도메네오>의 공연 단체는 버밍엄 오페라 컴퍼니. 영국 출신의 오페라 연출의 거장 그레이엄 빅Graham Vick이 1987년에 창립한 단체이다. 그레이엄 빅의 연출작은 로열 오페라, 메트로폴리탄, 라 스칼라 등 전세계 유명 오페라 극장에서 공연되고 있지만, 버밍엄 오페라 컴퍼니는 'Birmingham opera company is not what you expect from opera !' 라는 모토가 보여주듯이 조금 다른 오페라 공연을 지향하고 있다.

과연 <이도메네오>의 공연장을 찾아가는 것부터 달랐다. 번듯한 오페라하우스였다면 시내 곳곳에 안내 표지판이라도 있으련만, 버려진 공장이니 표지판 같은 게 있을 리가 없다. 버밍엄 도심에서 멀지 않은 공장 지대, 인적도 별로 없고 쇠락한 느낌이 물씬 풍기는 골목을 한참이나 헤매고 다녀야 했다. 주최 측이 버밍엄 시청 앞에서 운행하는 셔틀 버스를 타고 올 걸 그랬나 후회하다가, 이러다간 공연장을 영영 못 찾을지 모르겠

모차르트의 <이도메네오>가 공연된 버밍엄 공장 건물.

다는 불안감에 휩싸일 즈음, 관객인 듯한 사람들이 삼삼오오 모여드는 건물을 발견했다.

뒤쪽 저편으로는 화물열차가 지나는 선로가 보이고, 한눈에도 오랫동안 방치된 듯한 붉은색 벽돌 건물. 오페라와는 거리가 멀어도 한참 먼 동네다. 관객들은 대부분 수수하고 간편한 옷차림이었다. 공연 안내문에 '이동하기에 편한 캐주얼 복장과 신발'을 권한다고 써 있었기 때문이다. 나는 청바지에 운동화를 신고 갔다. 중국 인민복 비슷한 복장을 한 사람들이 많이 오가는 게 이채로웠다.

줄을 서서 건물 안으로 들어가는데, 건물의 냉기가 확 밀려와 정신이 번쩍 들었다. 건물 입구에 선 컴퍼니 직원이 관객 한 명 한 명의 웃옷에 노란색 접착식 메모지를 한 장씩 붙여주었는데, 티켓을 소지한 관객임을 표시하기 위한 것으로 짐작했다. 조금 작은 방을 지나 본 공연이 열리는 옆방으로 들어서자 넓은 공간이 펼쳐졌다. 곳곳에 무대가 설치돼 있었는데, 한쪽은 모래흙을 높이 쌓아 만든 언덕이었다. 오케스트라 피트도 없고 관객석도 없다. 한쪽에 윌리엄 레이시가 지휘하는 오케스트라가 자리 잡고 있었고, 오페라의 각 장면은 곳곳에 배치된 무대들을 옮겨 다니며 진행되었다. 관객들은 이 공간을 옮겨 다니며 연기하는 성악가들을 따라 이동하면서 관람했다.

무대 장치나 의상은 굉장히 현대적인 느낌이었는데, 이도메네오 왕은 중국의 마오쩌둥을 연상시키는 지도자로 설정됐다. 아까 밖에서 본 인민복 차림의 사람들은 모두 코러스였다. 170명의 코러스는 프로페셔널 성악가가 아니라 버밍엄 지역사회 구성원이다. 다양한 세대와 인종, 직업을 아우르는 집단이다. 그레이엄 빅의 프로덕션은 이렇게 지역사회 구성원을 오페라에 참여시키는 것으로 유명하단다. 아마추어 코러스는 노래하고, 춤추고, 연기하고, 때로는 대사까지 하면서 극의 진행에 중요한 역할을 맡았다. 이들은 때로는 트로이의 전쟁 포로였고, 크레타 섬의 시민이었고, 환희에 들뜬 대중이었고, 바다괴물에 습격당한 희생자들이었다.

이미 관객석과 무대의 구분이 무의미한 상황. 오페라는 끊임없이 관객을 극 속으로 끌어들였다. 이를 테면 이런 식이었다. 오페라 초반, 전쟁 포로로 잡혀온 트로이의 일리아 공주에게 이다만테 왕자가 사랑을 고백하는 장면에서 일리아 공주는 가슴에 포로의 표지를 달고 있다. 이다만테 왕자는 일리아 공주에게 '당신은 이제 자유의 몸'이라며 이 표지를 떼어 자신의 가슴에 달고는 '이제 내가 사랑의 포로'라고 노래한다. 하지만 적국의 왕자와 사랑에 빠지는 것이 죄스러운 일리아 공주는 이를 거부하며 표지를 되돌려 받는다.

이 포로의 '표지'가 내가 건물 입구에서 붙이고 들어온 노란색 접착식 메모지와 똑같다는 사실을 깨닫는 데는 얼마 걸리지 않았다. 조금 뒤 이어진 트로이 포로의 석방 장면에서 코러스는 관객 사이를 이리저리 누비면서 옷에 달린 노란색 메모지를 하나하나 떼어주었다. 이들은 활짝 웃으며 '당신은 이제 자유예요!'라고 속삭이고 화합의 악수를 청했다. 나 또한 크레타 섬으로 잡혀온 트로이의 전쟁 포로였던 것이다!

이도메네오 역의 테너 폴 닐론Paul Nilon, 일리아 공주 역의 소프라노 애나 데니스Anna Dennis, 이다만테 왕자 역의 마크 와일드Mark Wilde, 엘렉트라 역의 도나 베이트맨Donna Bateman 등 주역은 대부분 영국 출신의 성악가들이 맡았다. 가창력도 대체로 훌륭했지만(모든 노래는 영어로 불렸다), 손 내밀면 잡힐 듯한 가까운 거리에서 생생한 연기를 지켜보는 느낌은 정말 강력한 것이었다.

이다만테 왕자가 일리아 공주와 맺어지는 걸 보고 미쳐버린 엘렉트라 공주가 부르는 광란의 아리아. 엘렉트라 공주가 구덩이를 파고 들어가 차가운 흙 위에 몸을 누이고, 그 몸 위로 흙이 뿌려지는 광경에 소름이 돋았다. 나는 또 일리아 공주의 우아한 음성과 비련에 가득 찬 자태에 반했고, 이도메네오 왕의 슬픔을 함께 느꼈다. 마치 도살장 장면처럼 연출된 피날레, 이도메네오 왕은 피 묻은 앞치마에 도살용 큰 칼을 들고, 아들을 제 손으로 죽여야 하는 아버지의 격정 어린 슬픔을 온몸으로 뿜어냈다. 아무리 최고 시설을 자랑하는 오페라 극장의 좋은 좌석에 앉는다 해도 이렇게 가까이에서 실감나게 이 모든 광경을 지켜볼 수 있을까.

관객들은 공연이 벌어지는 상황에 따라 계속 옮겨 다녀야 했기 때문에 가끔 동선이 혼란스러울 때는 코러스들이 안내해 주었다. 때로는 연출가인 그레이엄 빅 자신이 앞장서서 관객을 가수들 가까이 데려다주기도 했다(나는 공연이 끝난 뒤에야 비로소 나를 안내해준 아저씨가 연출가였다는 사실을 알았다).

공연이 끝난 뒤 모든 출연자들에게 아낌없는 박수가 쏟아졌지만, 특히 아마추어로 참여해 땀 흘린 코러스에게 쏟아진 박수는 더욱 의미 있는 것이었다. 3시간이 넘는 공연, 대부분의 시간을 서 있어야 하는 불편함에도 불구하고 이 오페라 관람은 매우 보람 있는 경험이었다. 딸 은우를 데려가면서 과연 끝까지 잘 볼 수 있을까 약간 걱정했는데, 은우도 딴 짓하지 않고 공연에 몰입했으니, 이 색다른 오페라의 흡인력이 그만큼 강했

버밍엄 오페라 컴퍼니의 연출가 그레이엄 빅

던 셈이다.

버밍엄 오페라 컴퍼니는 '오페라가 정부 지원금으로 유지되는 부자들의 오락 a subsidized plaything for the rich 이상의 것이 되기 위해서는 근본적인 변화가 필요하다'고 역설한 그레이엄 빅의 신념을 잘 보여주는 단체이다. 내가 버밍엄 오페라 컴퍼니에 대해 알게 되고, 공연을 보러 가게 된 것은 <이도메네오> 프로젝트에서 파트타임으로 일하며 마케팅을 담당했던 과 친구 퀴린 덕분이었다. 퀴린은 마케팅 업무를 맡았지만 공연 중에는 건물 밖에 설치된 간이 바에서 바텐더까지 겸하며 이리 뛰고 저리 뛰었다.

버밍엄 오페라 컴퍼니의 상근 직원은 단 세 명. 프로젝트별로 성악가를 섭외하고, 직원들을 채용한다.

버밍엄 오페라 컴퍼니가 이렇게 구성된 데에는 '작고, 유연하고, 민첩한' 조직이 사회 변화에 빨리 적응할 수 있다는 그레이엄 빅의 신념이 바탕을 이루고 있다. 그레이엄 빅은 '사회 전체를 끌어안고, 사회가 변화하는 만큼 빨리 변화할 준비가 돼 있어야' 오페라가 진정한 발전을 이룰 수 있다고 생각했다. 그는 또 현대의 오페라하우스가 너무 크고, 관객과 무대의 상호작용이 결여돼 있다고 지적한다. 그의 이야기를 좀더 들어보자.

바그너 이전까지 오페라는 항상 조명이 켜진 채로 공연돼 왔다. 즉 공연자는 관객과 같은 공간과 조명을 사용했다는 뜻이다. 예술의 역사는 생동하는 관객 참여의 역사였다. 관객이 어둠 속으로 물러나고, 오케스트라가 무대와 관객을 이어주는 역할에서 벗어나 시야에서 사라지기 시작한 것은 바이로이트에서 시작되었다. 바그너는 자신의 '성스러운 축제'를 설계하면서, 유감스럽게도 관객을 함께 즐기는 사람들에서 단순한 관찰자로 격하시켜버렸다. 지금은 표준이 된 바그너의 공연 방식에는 관객과 무대 간에 생동하는 상호작용이 결여돼 있다.

「가디언(Guardian)」 2003년 10월 20일

그래서 버밍엄 오페라 컴퍼니는 일반적인 오페라 극장에서 벗어나, 레저센터나 불타버린 옛 무도회장 같은 평범하지 않은 장소를 찾아 공연을 열기 시작했다. 공연은 성공적이었고, 관객들도 꾸준히 늘어났다. 그러나 어느 날 그레이엄 빅은 공연이 열린 레저센터 주차장에 비싼 독일산 자동차가 즐비하게 주차돼 있는 걸 발견하고 실망한다. 아무리 오페라하우스가 아닌 곳에서 공연을 열더라도 관객은 여전히 공연이 열린 그 지역 대다수의 생활인들과는 별 관계없는 사람들이라는 사실을 깨달은 것이다.

2000년부터 그레이엄 빅은 새로운 실험을 시작했다. 서로 다른 연령과 직업, 인종적 배경을 가진, 버밍엄에 뿌리내리고 살고 있는 지역민들을 공연에 참여시키기 시작한 것이다. 그리고 첫 실험이었던 알반 베르크의 <보체크>는 '관객과 출연진이 한데 섞여 누가 보체크 세계에 속해 있고, 누가 속해 있지 않은지 구별할 수 없는' 공연으로 창조했다. 내가 본 <이도메네오> 역시 이 실험의 연장선상에 있는 작품이다.

그레이엄 빅은 말한다. "오페라의 미래가 단지 일반인과 격리된 부자들의 손에만 달려 있다면 그 얼마나 실망스러운 일인가! 단순히 명맥을 유지하는 것만으로는 부족하다." 오페라는 돈이 많이 드는 장르이다. 표만 팔아서는 수익을 내기 어렵고, 정부의 보조금이든 기업의 협찬이든 대개가 외부 지원이 있어야 하는 구조다. 이 지원이 정당성을 확보하기 위해서는 오페라가 더 이상 '그들만의 장르'로 남아 있어서는 안 된다는 게 그의 주장이다.

버려진 공장 건물에서 공연된 오페라 <이도메네오>. 때로는 시행착오를 겪더라도 그레이엄 빅의 오페라 실험은 계속될 것이다. 한국에서도 이런 실험을 자주 볼 수 있었으면 좋겠다.

차 트렁크에서 보물 찾기

영국에서 사는 동안 남이 쓰던 중고 물품을 쓰는 데 재미를 붙였다. 가족 기숙사에는 기본적인 가구와 부엌살림이 비치돼 있긴 하지만, 부족한 게 많아 모두 새로 장만해야 했다. 이걸 모두 새 것으로 샀으면 아마 돈이 적지 않게 들었을 것이다. 그래서 대부분 남이 쓰던 물건을 얻어 쓰거나 싸게 인수했다.

오래되고 부품이 부러져 강력접착제로 다시 붙이기는 했지만 밥 짓는 데는 아무 이상 없는 전기밥통은 귀국하는 한국인 가정에서 얻었고, 국그릇과 냄비, 프라이팬, 국자와 뒤집개 등의 부엌살림도 역시 귀국하는 학생에게서 15파운드에 넘겨받았다. 플라스틱 음식 보관 용기와 설거지 그릇 보관대, 정수기 등도 남이 쓰던 것을 얻어 왔다.

새 물건으로 산 것은 밥그릇과 머그잔 네 개밖에 없다. 그러나 영국

FRESH FEET

에 와서 처음 맞이한 일요일, '카붓Car Boot 세일'에 갔다가, '좀 기다렸다 살 걸' 하고 후회했다. '카붓Car Boot'은 자동차의 트렁크를 말한다. 사람들이 집에서 쓰던 물건을 자동차에 싣고 와서 트렁크를 열고 간이 테이블 같은 것을 설치해 물건을 늘어놓고 파는 것이다. 우리 식으로는 '벼룩시장'이나 '아나바다' 정도와 비슷한 개념이라고나 할까.

영국의 카붓은 일요일 아침 온 동네가 다 모이는 장터 같다. 물건을 팔 사람은 자릿세 명목으로 5파운드에서 8파운드 정도를 내고, 살 사람은 주차비 50p만 내고 들어가면 된다. 물론 차가 없으면 주차비도 낼 필요가 없다.

구경만 하는 것도 재미있어서 처음 갔을 때 세 시간이나 머물렀다. 옷, 신발, 가방, 액세서리, 책, 음반, 비디오테이프, DVD, 게임기, 텔레비전, 그릇, 가구, 자전거, 유모차, 골동품, 집에서 기른 채소와 과일, 직접 만든 잼까지 온갖 종류의 물건들이 나와 있다. 은우는 그림책과 장난감을 많게는 1파운드, 적게는 10p만 주고 사서 입이 벌어졌다.

내가 건진 물건은 찻잔 세트. 고운 인상의 영국 할머니가 갖고 나온 것이다. 찻잔과 받침 6조, 개인 다과접시 6개, 큰 접시 1개, 그리고 설탕과 우유 그릇까지 포함되어 있다. 흰색 바탕에 금색 무늬가 화려하게 들어가 있는데, 오래 써서 무늬가 약간 희미해진 부분도 있지만 전체적으로 상태가 좋다. 가격은 2파운드! 한국 돈으로 4천 원 정도다. 나도 들어본 유명 상표인 '앤슬리' 접시와 크리스털 와인 잔도 싸게 샀다. 집에 돌아와 새로 산 그릇들을 장에 넣으면서 어찌나 흐뭇하던지.

이후에도 나는 카붓을 자주 찾았다. 막연히 구경만 하러 가기도 했

고, 카붓에 가보고 싶어 하는 친구들을 데리고 가기도 했고, 필요한 물건이 있어서 갈 때도 있었다. 두 번째 카붓 방문 때는 확실한 '구매 목표'가 있었다. 둘째 은형이를 위한 간이 유모차와 은우 자전거, 그리고 찻주전자.

은형이 유모차는 금방 찾았다. 3파운드. 은형이는 바로 유모차에 앉더니, 일요일 아침 일찍 일어나 졸렸는지 금세 잠들어버렸다. 유모차를 먼저 사지 않았더라면 카붓 구경도 못할 뻔했다. 은우 자전거는 4파운드에 샀다. 분홍색 자전거 헬멧은 1파운드. 찻주전자는 한 영국 할아버지가 갖고 나온 것을 샀다. 흰색에 금색 줄이 들어가 있어 먼저 산 찻잔 세트와 잘 어울릴 것 같았다. 4파운드 부르는 것을 3파운드로 깎아 샀다. 카붓은 정가제가 아니어서 가격 흥정하는 재미도 쏠쏠하다.

'목표'를 채우고 나서 돌아다니다가 건진 또 하나의 물건. 바로 「피터 래빗 이야기」로 유명한 영국의 작가 베아트릭스 포터의 작품 전집이었다. 학교 개강하기 전에 우리는 영국 북부의 관광지 레이크 디스트릭트로 여행을 갔다가 베아트릭스 포터의 집과 기념관을 방문하면서 포터의 작품집 '오리지널 에디션'을 한 권 사온 적이 있다. '오리지널 에디션'은 초판의 크기와 모습을 그대로 살려 출판한 것이다. 요즘은 그림을 새로 그려 넣은 에디션도 많이 나오지만, 이 오리지널 에디션은 포터가 직접 그린 그림이 실려 있고, 판형도 손바닥만한 게 아주 앙증맞다.

그런데 포터의 작품집 23권 전권이 오리지널 에디션으로 나와 있었던 것이다. 10대 후반쯤으로 보이는 남학생이 형과 함께 이 물건을 팔러 나왔다. 은우가 먼저 이 매물을 발견하고는 '엄마 엄마, 저것 좀 봐' 하고는 나를 끌고 갔다. 표지가 약간 찢어진 한 권을 빼고는 상태도 아주 좋았다.

"이거 얼마예요?"

"다 합쳐서요?"

"네, 다 합쳐서."

"4파운드요."

내가 사왔던 책 한 권이 5파운드 조금 안 되는 가격이었다. 흥분을 억누르고 가격을 좀더 깎을 수 없나 한 번 더 물어봤다.

"3파운드에 안 돼요?"

이 학생, 잠깐 망설이다 형한테 물어보더니 "3파운드 50p" 한다. Deal! 값을 치르고 책을 받아들고 오는데 왜 이렇게 좋은지. 횡재한 기분이었다. 은우는 '엄마가 나보다 더 좋아해!' 하면서 웃었다.

그날 나는 카붓의 보물들을 소중하게 안고 집에 돌아와, 차를 끓여 새로 산 찻주전자와 지난번에 산 찻잔에 차를 따라 마시고, 아이들에게 베아트릭스 포터의 「다람쥐 너킨 이야기」를 읽어줬다. 차는 향기로웠고, 책은 생생한 재미가 넘쳤다.

그리고 보면 사람들이 쓰는 물건에는 이야기가 담겨 있다. 카붓에 나온 물건들을 보면 그 물건을 쓰던 사람들이 어떤 사람들인지, 어떤 삶을 살아왔는지 상상할 수 있다. 주인이 아끼고 사랑했을 것 같은 물건에는 나도 눈길이 가고, 주인이 별 생각 없이 그냥 '안 쓰니까' 갖고 나온 듯한 물건에는 관심이 가지 않았다.

오래됐지만 정갈한 찻잔 세트에는 할머니의 젊은 시절 추억이 배어 있을 것이다. 때로는 기쁘고, 때로는 슬프고, 때로는 즐겁고, 때로는 힘든 세상살이, 춥고 쓸쓸한 날 몸과 마음을 함께 녹여주는 따뜻한 차 한 잔, 친구들과 정담을 나누며 함께 하는 향기로운 차 한 잔, 그런 이야기들이 이 찻잔에 담겨 있을 것이다. 베아트릭스 포터의 동화책에도 책갈피마다, 이 책을 읽으며 무럭무럭 자란 한 소년의 동심이 담겨 있을 것이다.

영국 텔레비전에도 한국의 <진품 명품>과 비슷한 프로그램이 있는데, 카붓에서 헐값에 산 물건이 알고 보니 진기한 골동품이었다는 사연이 가끔 나온다. 나야 그런 진기한 물건을 알아볼 안목은 없었지만, 그러면 어떠랴. 내가 산 물건들에는 내 삶의 이야기가 차곡차곡 새롭게 담겨 더욱 풍요로운 이야기로 가득 찬 '보물'이 되고 있었으니.

　나는 영국에서 쓰던 물건들을 대부분 유학생 가족들에게 넘기고, 카붓이나 중고 가게에서 건진 그릇들 일부만 한국에 가져왔다. 지금도 밥 먹을 때, 차 마실 때 이 그릇을 쓰면서 영국 생활의 추억을 떠올린다. 오래된 물건일수록 더 많은 이야기가 담겨 있는 법. 그러니 쓰던 물건이라고 해서 새 물건보다 소홀하게 대할 일이 아니다. 영국에서 새롭게 배우고 온 삶의 교훈이다.

밥 해먹기의 즐거움

영국에서 이룬 '진정한 성취'는 공부가 아니라 요리의 즐거움을 알게 된 것이라고 지금도 농담 반 진담 반으로 말하곤 한다. 솔직하게 말하자면, 영국 가기 전에 나는 일주일에 한 차례도 밥을 해먹지 않을 때가 많았다. 평일에는 거의 밖에서 저녁을 먹고 들어갔고, 주말에는 친정 신세를 질 때가 많았기 때문이다. 하지만 영국에 가니 외식할 곳도 마땅치 않은데다 너무 비쌌고, 밥을 해줄 친정어머니가 계신 것도 아니고, 어쩔 수 없이 내가 삼시 세끼를 다 책임질 수밖에 없었다.

영국에서 가장 먼저 배운 음식은 김치였다. 원래 김치를 직접 담글 생각은 없었다. 하지만 아시안 식료품점에서 김치 한 봉지를 사서 먹어보고는 마음을 고쳐먹었다. 시어빠져 촛국이 된 김치에 큰 돈을 쓸 이유가 없었다. 며칠 뒤 한국인 이웃을 '초빙'해 김치 담그는 법을 배웠다. 배추

나 다른 재료들이 한국산과는 차이가 있지만, 그런 대로 먹을 만했다. 처음에는 곧이곧대로 배운 대로 했지만, 점차 이것저것 새로운 재료도 넣어 보고, 양념 배합을 달리 해보며 만들었다. 배추는 주로 슈퍼마켓 테스코에서 한 포기에 1파운드짜리 '영국산 배추British Chinese Cabbage'를 사서 썼다. 한국산보다 훨씬 작고 감칠맛이 덜하지만 그래도 이거라도 있는 게 어딘가. 영국 배추는 웬만큼 절여도 뻣뻣함이 잘 가시지 않는다. 처음 담갔던 김치는 그래서 김치라기보다는 '배추와 무를 고춧가루 드레싱에 버무린 샐러드' 같았다.

한 번 시행착오를 겪은 뒤에는 배추를 충분히 절이려고 노력했는데, 그러다 보면 배추가 절여지기를 기다리다가 새벽에 졸린 눈을 비비며 김치를 담게 되기 일쑤였다. 배추가 절여지기를 기다리다가 그대로 잠들어 버린 적도 있다. 아침에 눈 뜨자마자 '앗! 배추!' 하고는 부엌으로 달려갔다. 너무 오래 절여서 배추가 흐물흐물해질까봐 걱정했는데, 이 배추는 밤새 소금물에 목욕하고도 뻣뻣함을 그대로 유지하고 있었다.

처음 김치를 담글 때는 무만 채 썰어 같이 버무렸는데, 무 말고도 이것저것 많이 썰어 넣으니 더 맛있었다. 특히 부추! 아시안 식료품점에서 중국산 호부추를 구할 수 있으면 다행이고, 아니면 테스코 허브 코너에서 파는 이스라엘산 부추('Chive'라고 써 있는)를 사서 넣었다. 무척 비싸긴 하지만, 부추가 들어갈 때와 안 들어갈 때의 맛이 영 달랐다. 당근도 썰어 넣으면 맛도 맛이려니와 김치 때깔이 예뻤다.

처음에는 밀가루로 풀을 쑤어 양념을 만들었는데, 한국에 돌아가는 이웃에게서 얻은 찹쌀가루로 풀을 쑤니 맛이 훨씬 좋았다. 풀 쑬 때 멸치

다시마를 우려낸 국물을 사용하는 게 낫다는 얘기를 듣고 그렇게 해봤더니 맛이 더욱 좋아졌다. 역시 음식은 정성이 들어가는 만큼 맛이 좋다. 젓갈 대용으로는 아시안 식료품점에서 태국산 생선 소스를 사서 썼다. 처음부터 김치 담글 생각이 없어 한국에서 고춧가루를 많이 가져가지 않았기 때문에 묵은 고춧가루를 이웃집에서 얻어 썼다.

냉장고 용량이 너무 작아서 김치를 한 번에 많이 담글 수가 없었다. 많이 해보았자 예닐곱 포기였다. 냉장고에 김치통을 넣고 나면 다른 음식 용기들은 남은 자리에 퍼즐 맞추기 하듯이 머리를 써서 넣어야 했다. 매일 세 끼 모두 집에서 먹다 보니 김치는 금세 바닥났다. 아이들도 김치를 한국에서보다 많이 먹었다. 하루가 다르게 김치통이 비어 가는데, 마치 지갑 비어 가는 걸 지켜보는 기분이었다. 김치 담가서 냉장고에 넣고 나면 부자가 된 기분이라던 어머니 말씀을 그제야 이해할 수 있었다. 2~3주에 한 번씩 김치를 담그다 보니 저절로 세월이 갔다.

얻어 쓰던 고춧가루와 찹쌀가루가 다 떨어졌을 때 친정어머니에게 전화했다. 어머니는 "참 별일이다. 네가 찹쌀가루 같은 걸 다 찾게" 하시면서도 흐뭇하신 모양이었다. 얼마 후 한국에서 공수한 고춧가루와 찹쌀가루, 멸치젓으로 김치를 담갔더니, 세상에! 새로운 세계가 펼쳐졌다. 재료가 조금 바뀐 것뿐인데 맛이 영 다르다. 음식 만드는 데 신선하고 좋은 재료가 얼마나 중요한지 실감했다. 좋은 식재료를 얻은 김에 오이김치도 담그고, 깍두기도 담갔다. 조금씩 자신감이 붙었다.

한국에서 가져온 요리책 두 권을 심심하면 뒤져보게 되었다. 요리책을 뒤지고, 인터넷에서 레시피를 찾아서 따라 하면 그럭저럭 맛이 났다.

한국 카레를 좋아하는 멀리사.

김치를 시작으로, 불고기, 잡채, 낙지볶음, 나물, 돼지갈비, 해물파전, 생선찜, 잡탕, 짬뽕, 태국식 볶음국수 등등 내가 만드는 음식 가짓수가 점점 늘어났다. 가끔은 밤에 공부하다가도 생각나면 부엌에서 꼬물거리며 음식을 만들면서 머리를 식히곤 했다. 새로 시도한 음식이 맛있으면 그렇게 기분이 좋을 수가 없었다.

하지만 음식을 만들어 나 혼자만 먹고 마는 것이었다면 별로 재미가 없었을 것이다. 가족이 내가 만든 음식을 잘 먹어주니까 그게 그렇게 신기하고 재미있었다. 어느새 나는 가족뿐 아니라 다른 한국인 유학생들까지 집에 불러 같이 밥 먹기를 즐기게 되었다. 한국에서였다면 쉽게 사먹을 수 있는 음식도 영국에서는 귀한 음식이었다. 우리는 떡볶이나 어묵 전골, 골뱅이 소면 같은 음식을 함께 해먹으면서 마냥 행복해했다.

우리 집에서 밥 같이 먹은 외국인도 숱하다. 가장 먼저 내가 차려준 밥을 먹은 외국인은 은우의 영국 학교 단짝친구 멀리사였다. 멀리사가 처음으로 우리 집에 놀러오기 전, 멀리사 엄마가 전화를 걸어와 '우리 아이를 티tea에 초대해줘서 고맙다'고 하기에, 영국인들이 워낙 차를 좋아해서 아이들도 차를 마시는 줄로만 알았다. 그런데 아이 키우는 집에 물었더니 이때의 '티'는 식사를 말하는 것이란다. 은우 이전에 한국인 친구를 사귄 경험이 있다는 멀리사는 우리 집에 오기만 하면 한국 카레를 먹고 싶다고 했다. 영국에서는 인도식 카레가 주류인데, 특유의 향이 덜하고 달콤한 한국식 카레가 입맛에 맞은 모양이다. 멀리사는 한국 카레뿐 아니라 내가 해주는 음식은 뭐든 잘 먹었다.

나와 남편의 학교 친구들도 우리 집을 자주 드나들었다. 김치는 중국이나 일본, 대만 등 아시아계 학생들에게는 이미 인기 음식이다. 서양 친구들도 너무 맵지만 않으면 대부분 김치를 잘 먹었다. 불고기나 잡채, 갈비, 잡탕, 해물파전도 인기 요리다. 우리 집에서 밥 먹은 사람들의 국적을 따져봤더니, 중국, 일본, 대만, 태국, 영국, 미국, 프랑스, 독일, 멕시코, 러시아, 보스니아, 자메이카, 칠레 등 10개 나라가 훌쩍 넘는다. 친구들을 저녁식사에 초대해 식사를 대접하고 나면, 답례로 온 가족이 다시 초대를 받았다. 아이들이 있어서 외출을 잘 못하는 대신 이런 식으로 많은 사람들을 사귈 수 있었다. 밥 해먹기를 즐긴 덕분이었다. 한국에 돌아오기 직전에는 내 김치를 잘 먹었던 독일 친구 퀴린에게 김치 네 포기를 담가주고 왔다. 이 친구는 내가 담가준 김치를 몇 달 동안 아껴 먹었다고 한다.

한국에 돌아온 뒤에는 영국에 있을 때처럼 밥을 자주 해먹지 못한다. 하지만 영국 가기 전과 비교하면 정말 많이 달라졌다. 장 보러 가면 식재료 코너에서 많은 시간을 보낸다. 영국에서 구하기 힘들었던 싱싱한 부추, 나물을 보면 괜히 기분이 좋아진다. 주말이나 휴일에는 되도록이면 외식을 하지 않고 집에서 밥을 해먹는다. 영국과는 다른 조리 환경에서, 조리 용기와 불의 차이가 음식에 얼마나 큰 차이를 낳는지도 알게 됐다.

아직도 나의 '요리'는 거창한 것이 아니라 일상적인 반찬 만들기와 국 끓이기에 머물러 있지만, 이 정도면 대단한 발전이다. 영국 생활이 내게 준 큰 변화이다. 초보 요리사가 하기에는 좀 민망한 말이지만, 요리는 예술 못지않은 창조의 과정이라는 생각이 슬슬 든다. 어머니는 '이것도 평생 해봐라, 얼마나 지겨운가' 하시지만, 나는 아직 지겨울 정도가 되려면 한참 멀었다.

산타가 우리 집에 온 이유

은우는 영국에서 살 때인 2007년 겨울, 태어나서 처음으로 산타클로스 할아버지에게서 크리스마스 선물을 받았다. 예전에도 크리스마스 선물을 받지 않은 것은 아니지만, 산타할아버지 대신 엄마, 아빠의 선물을 받았다. 유치원에 온 산타할아버지에게 선물을 받은 적도 있지만, 은우는 이 산타할아버지가 분장한 티가 역력한 가짜라고 했다. 다른 친구들도 이 할아버지가 가짜라고 했다면서.

은우가 영국 학교에 다니기 시작한 지 석 달. 크리스마스가 가까워지자 은우는 '학교에서 매일 크리스마스 얘기만 한다'고 말했다. 학교 수업도 크리스마스 위주로 돌아갔다. 크리스마스에 대한 이야기를 듣고, 영화를 보고, 카드를 만들고, 트리를 꾸미고……. 은우의 영국 친구들은 올해는 산타할아버지에게 어떤 선물을 받을까 하는 주제로 이야기꽃을 피웠다. 처음에 은우는 '산타할아버지는 지어낸 이야기'라면서 영국 아이들이 유치하다고 했다. 그런데 점점 은우의 생각이 바뀌기 시작했다.

은우의 영국 친구들은 예외 없이 산타할아버지의 존재를 철석같이 믿고 있었다. 잘 알려진 산타할아버지의 모습은 서양 사람이다. 영국은 산타할아버지가 산다는 북극 추운 나라에서 가깝다. 한국이라면 몰라도 영국에는 진짜 산타할아버지가 있는 거 아닌가? 크리스마스이브, 아이들이 잠든 사이에 굴뚝을 통해 집에 들어와 살짝 선물을 놔두고 가는 진짜 산타할아버지 말이다. 은우는 어느새 진짜 산타할아버지가 한국은 멀어서 잘 오지 않지만, 영국에는 온다고 믿게 되었다. 그리고 걱정을 하기 시작했다.

"나는 영국 아이가 아닌데……. 산타할아버지가 안 오는 거 아닐까?"

나는 산타할아버지가 영국 아이들한테만 선물을 주는 것은 아니라고 얘기해주었다. 그리고 한국은 너무 멀어서 산타할아버지가 집집마다 찾아오지는 못하고 대신 엄마, 아빠를 통해 선물을 주었던 것이라고 덧붙였다.

"우리 집에는 굴뚝이 없는데 산타할아버지가 어떻게 들어오실까?"

은우의 굴뚝 걱정을 전해늘은 내 영국인 친구는 깔깔 웃어댔다.

"난 항상 굴뚝 있는 집에서 살았기 때문에 그런 걱정은 안 해봤는데? 딸한테 걱정하지 말라고 해. 파더 크리스마스(영국에서는 '산타클로스' 대신 '파더크리스마스'라는 말을 많이 쓴다)는 마법을 하니까."

은우가 갖고 싶어 한 선물은 닌텐도 게임기였다. 영국에서 이 게임기는 어린이들 사이에 엄청난 인기를 누리고 있었다. 영국 TV에서는 크리스마스를 앞두고 이 게임기 수요가 폭발적이어서 재고가 바닥났다고 연

2008년 크리스마스.

일 보도했다. 은우는 산타할아버지가 이 물건을 구하지 못해서 선물을 못 주면 어떻게 하냐고 또 걱정을 하기 시작했다.

크리스마스를 며칠 앞두고 은우는 산타할아버지에게 편지를 썼다. 그것도 산타할아버지가 한국어를 모를까봐 영어로! 편지는 영국으로 이사 왔으니 빠뜨리지 말고 선물을 달라고 부탁하는 내용이었다. 은우는 편지를 고이 접어 현관의 우편물함(우체통이 아니라)에 넣었다. 그리고 다음날 아침 이 편지가 없어진 것을 보고는 산타할아버지가 편지를 가져가신 것이라고 믿었다.

크리스마스 날, 과연 산타할아버지는 오셨다. 굴뚝 없는 학교 기숙사 아파트라서 그랬는지, 현관 우편물함에 선물을 넣어두고 가신 것이다. 설레는 마음으로 선물상자를 연 은우는 갖고 싶어 하던 게임기가 들어 있는 것을 보고는 뛸 듯이 기뻐했다. 게임기가 영어가 아니라 한국어로 작동되는 한국산인 걸 보고, 은우는 산타할아버지가 영국에서는 이 물건이 다 팔려서 한국에서 구해온 것 같다고 추측했다.

산타할아버지가 오셔서 정말 다행이었다. 안 그랬다면 은우는 아마 산타할아버지로부터 선물을 받았다는 영국 친구들의 자랑을 들으면서 큰 슬픔에 빠졌을 것이다. 산타할아버지가 나만 한국 애라서 차별 대우한다고……. 은형이도 산타할아버지의 선물을 받고는 입이 헤 벌어졌다. 이전까지는 크리스마스가 무슨 날인지 전혀 개념이 없었던 은형이도 산타할아버지의 존재를 확실히 인지하게 된 것이다.

다음해 여름, 은형이는 때 아닌 산타할아버지 타령을 시작했다. 언니가 산타할아버지한테 선물 받은 게임기로 노는 걸 부러워하더니, 급기야 산타할아버지에게 편지를 썼다. 아니, 정확히 말하면 은우가 은형이 부탁을 받고 편지를 '대필' 했다. 이번에도 영어로. 은형이는 '착한 아이가 될 테니 올해는 크리스마스 선물을 일찍 달라'고 산타할아버지에게 부탁하는 편지를 크리스마스 때 그랬듯이 현관 우편물함에 넣었다.

나는 마침 외출하고 돌아오다가 이걸 우리 집에 온 편지인 줄 알고 꺼내왔다. 읽어보니 은형이의 편지인데, 재미있어서 남편에게 보여주려고 따로 놔두었다가 잊고 있었다. 다음날 아침, 은형이는 일어나자마자 눈곱도 떼지 않은 채로 밖으로 뛰어나갔다. '은형아, 어디 가?' 부르는데, 금세 우는 소리가 들려왔다.

"산타할아버지 안 왔어! 으앙, 산타할아버지 왜 안 와? 왜 안 오냐고!"

은형이는 우편물함에 선물이 와 있을 것이라고 굳게 믿었던 것이다. 성질도 급하지. 산타할아버지한테 편지 보낸 게 바로 어젠데, 하루 만에 선물이 올 리가 있나. 게다가 크리스마스 시즌도 아닌 여름철인데. 자꾸 웃음이 나오는데, 눈물을 뚝뚝 흘리며 우는 은형이 얼굴을 보니 크게 웃을 수도 없었다.

"은형아, 산타할아버지는 크리스마스 때 오시는 거야. 여름에는 일 안 하신대!"

다음 크리스마스는 한국에서 보냈다. 예전에 다니던 초등학교를 다시 다니게 된 은우는 한국 친구들에게 '영국에는 진짜 산타가 있다'고 자랑했다. 그리고 다시 걱정을 하기 시작했다. 과연 이번 크리스마스에 산타할아버지가 한국까지 찾아올지, 자기가 영국에서 한국으로 이사한 것을 알고 있을지, 날마다 산타할아버지 타령이었다. 그러더니 크리스마스를 며칠 앞두고 카드를 하나 만들었다.

앞뒷면에 만화를 빼곡하게 그려 넣은 크리스마스카드였다. 산타할아버지가 원래는 '유럽 부분의 어린이들에게만' 선물을 주었지만, 간절하게 산타의 선물을 원하는 한국 어린이들을 위해 산타할머니가 '구경도 할 겸' 한국행을 자원했고, 그래서 올해부터는 한국 어린이들도 산타의 선물을 받게 됐다는 내용이었다. '지금까지는 유럽 부분의 어린이들에게만 선물을 줬지만' 이 대목에서 나는 터져 나오는 웃음을 참을 수 없었다.

며칠 뒤, 과연 산타할아버지는 영국에서 한국으로 다시 이사한 우리 집에도 다녀가셨다. 은우는 산타할아버지가 자기가 그린 카드 덕분에 한국까지 왔을 거라고 의기양양해했다. 은우가 그 카드를 산타할아버지 보라고 그린 것이었는지, 엄마, 아빠 보라고 그린 것이었는지는 아직도 확실치 않다.

한국의 은우네 집에 다녀가신 산타할아버지는 앞으로도 상당 기간 매년 오셔야 할 것 같다. 아직 한참 어린 은우 동생 은형이도 있으니 말이다. 그러고 보니 나도 산타할아버지의 선물을 받고 싶다. 은우의 카드를 모델로 삼아 크리스마스카드를 한번 만들어볼까 보다, 이렇게.

"지금까지는 어린이들한테만 선물을 줬지만, 어른들도 산타의 선물을 원해요!"

영국에서 김선욱 만나기

영국 연수 기간 중 처음으로 본 공연은 BBC 웨일스 국립 오케스트라의 연주회였다. 공연이 열린 곳은 내가 살던 워릭대학교에서 1시간 이상 고속도로를 타고 가야 하는 첼트넘이라는 작은 도시. 이름도 들어본 적이 없었던 생소한 이 도시까지 가서 공연을 보게 된 것은 옆동네 찻집에 갔다가 무심하게 집어든 홍보물 때문이었다.

'Cheltenham Concert Series'라는 제목의 홍보물. 표지를 넘기자마자 친숙한 얼굴이 웃고 있었다. 바로 피아니스트 김선욱이었다. BBC 웨일스 국립 오케스트라의 공연에 '2006 리즈 콩쿠르 위너'인 'Sunwook Kim'이 협연자로 나온다고 써 있었다. 반가웠다. 김선욱이라면 리즈 콩쿠르에서 우승하기 전부터 여러 차례 인터뷰했던 터이다. 처음 만났을 때부터, 피아노를 잘 치기도 하지만, 나이가 믿기지 않는 배포와 여유로움이 인상적이었던 연주자이다.

　9월 13일 저녁 7시 30분. 첼트넘 타운홀. 지휘자는 오타카 타다아키. 협연곡은 라흐마니노프의 <파가니니 주제에 의한 랩소디>. 가슴이 뛰었다. 영국에서 김선욱을 만날 수 있구나! 그런데 첼트넘이 도대체 어디지? 지도를 찾았다. 다행히 아주 먼 곳은 아닌 것 같았다. 그러나 이 공연을 보러 가기 위해서는 남편의 '승인'이 있어야 했다. 한국에서도 가끔 그랬지만, 나와 큰딸 은우는 음악회를 보러 들어가고, 남편은 세 살배기 둘째 은형이를 데리고 밖에서 기다려야 하는 상황이었으니까. 다행히 남편은 '김선욱이 여기까지 온대?' 하면서 선선히 보러 가라고 했다. 직장 후배로 영국에서 공부하고 있는 김경희 기자도 같이 가기로 했다.

　공연 날. 학교에서 아이들을 데리고 와서 5시쯤 첼트넘을 향해 출발했다. 첼트넘은 생각보다 멀었다. 고속도로에서 상당히 달렸는데도 1시간 반 가까이 걸렸다. 공연장 근처 주차장에 차를 세우고, 저녁 먹을 식당을 찾으니, 공연 시간 30분 전이었다. 결국 급하게 저녁을 먹고 공연장까지 뛰어야 했다. 김경희 기자도 남편에게 어린 딸을 맡겼다. 남자 둘이 아이 둘을 데리고 기다리게 된 셈이다.

　첼트넘 타운홀은 아담하고 예쁜 건물이다. 음악 전문공연장은 아니고, 다목적으로 사용되는 곳이다. 때로는 결혼식도 하고, 예배도 드리고, 공연도 열리는. 하지만 1년 공연 프로그램을 보니 꽤 알차 보였다. 객석은 거의 꽉 차 있었다. 서양의 음악회장이 으레 그렇듯이, 관객 대부분이 은발의 할머니와 할아버지들이었다. 은우는 최연소 관객이었다. 또 우리가 유일한 동양인 관객이었다.

김선욱, 김경희 기자 가족과 함께.

첫 곡은 브람스의 <대학축전 서곡>이었다. 오케스트라가 친숙한 선율을 연주하기 시작했다. 일본인 지휘자 오타카 타다아키는 현재 삿포로 교향악단의 음악감독이며, 내한 공연을 한 적도 있다. 1987년부터 1995년까지 BBC 웨일스 국립 오케스트라의 수석지휘자로 있었고, 계관지휘자 칭호와 영국제국 훈장까지 받았다고 한다. 오타카 타다아키의 섬세하고 빈틈없는 지휘에 오케스트라 단원들도 열과 성을 다한 연주. 김선욱 때문에 왔지만 오케스트라도 좋았다.

첫 곡 연주가 끝나고 드디어 협연자 김선욱이 등장했다. 한국에서도 여러 차례 봤지만, 영국에서 만나게 되니 감개무량했다. 옆자리의 은우가 '엄마, 맞지?' 하고 다시 확인하더니 눈을 동그랗게 뜨고 무대를 주시했다. <파가니니 주제에 의한 랩소디>. 화려한 오케스트라 연주와 눈부신 피아노의 기교가 어울리고, 감성적인 로맨티시즘이 서린 곡. 김선욱은 특유의 에너지와 파워를 실어 뜨거운 격정을 표현하고, 섬세한 터치로 짙은 서정을 드러냈다. 그 유명한 제18번 변주의 멜로디는 가슴 시리게 아름다웠다. 오케스트라와 약간 호흡이 안 맞는 듯한 때도 있었지만 흠 잡을 정도는 아니었다.

김선욱의 연주가 끝나자 큰 박수가 터져 나왔다. 영국에서는 공연이 좋았을 때 박수와 함께 발을 구르기도 하는 모양인지, 쿵쿵거리는 발소리가 진동과 함께 느껴졌다. 몇몇은 기립하기도 했다. 우리도 손이 아플 정도로 박수를 보냈다. 영국에서 음악회를 여러 차례 봤다는 김경희 기자는 '영국 청중이 원래 좀 냉담한 편인데, 이 정도면 아주 뜨거운 반응'이라고 했다. 볼이 발갛게 상기된 은우는 '엄마, 왜 이렇게 연주가 빨리 끝나는 거야? 좀더 했으면 좋을 텐데' 했다. 외국 무대에서 한국 연주자를 만나는 기분이 이런 거구나. 왠지 어깨가 으쓱하고 자랑스러운 기분.

여러 차례의 커튼콜 후 인터미션. 우리는 김선욱을 만나러 백스테이지로 갔다. 공연장 직원에게 '한국에서 왔는데 혹시 피아니스트를 만날 수 있겠느냐'고 물으려는 참인데, 내가 말을 꺼내기도 전에 '피아니스트?' 하더니 따라오라고 손짓을 했다. 말 안 해도 피부 노랗고 머리카락 까만

이 동양 관객들이 누구를 만나러 왔는지 척 보고 알았나 보다.

한국에서 연주할 때도 항상 그랬지만, 땀에 푹 젖은 김선욱이 함께 연주한 오케스트라 단원들의 인사를 받고 있었다. 모두 '연주 좋았다' '훌륭했다'고 칭찬했다. 잠깐 기다렸다 다가갔다. 김선욱이 '어? 정말 여기까지 오셨네요' 하며 반가워했다. 내가 영국 연수를 가게 되면 영국에서 김선욱이 연주할 때 보러 가겠다고 했던 말을 기억하고 있었다. 너무 반갑고 좋아서 내가 먼저 손을 덥석 잡고 흔들었다.

김선욱은 다음날인 14일에 카디프에서 똑같은 레퍼토리로 공연할 예정이었다. 카디프는 웨일스의 중심 도시이며 BBC 웨일스 국립 오케스트라의 본거지이다. 첼트넘에서는 매년 BBC 웨일스 국립 오케스트라를 네 차례 초청해 공연을 여는데, 이번 공연도 그 중의 하나란다. 그러니까 첼트넘 공연은 카디프 공연에 앞선 연습 공연 같은 느낌이랄까. 며칠 전에 카디프에 도착한 김선욱은 이미 오케스트라와 몇 차례의 리허설을 마쳤다고 했다.

한참 이런지런 얘기를 하고 있는데, 공연장 직원이 우리에게 다가오더니 '당신 남편들이 아이들 데리고 밖에 와 있는데, 알고 있나요?' 하고 물었다. 이 아저씨, 어떻게 알았을까. 아까 입장할 때 우리 일행을 봤던 걸까. 어쨌든 오지랖 넓은 아저씨다. 남자들끼리 아까 저녁 먹던 음식점에서 맥주 한 잔 하면서 기다리겠다고 했는데, 무슨 일이 있나 싶어 로비로 나가보니, 정말 '남편들'이 아이들을 데리고 밖에서 서성거리고 있었다. 아이들이 음식점에서 하도 시끄럽게 굴어서 나왔다고 했다. 공연장 안에 카페 같은 곳이라도 있으면 거기서 기다릴 텐데, 마땅히 기다릴 곳이 없어서 어딜 가야 하나 하는 참이었단다.

결국 우리는 본 윌리엄스와 엘가의 곡을 연주하는 2부를 포기하고 나왔다. 대신 공연장 근처 적당한 곳에서 맥주나 한 잔 하기로 했다. 연주가 끝나 옷을 갈아입고 나온 김선욱과 함께. 김선욱은 음악회가 끝나면 오케스트라와 함께 다시 카디프로 돌아간다고 했다. 1시간 정도 시간이 있는 셈이다. 다행히 오래 헤매지 않고 펍을 한 곳 찾았다.

시끌시끌한 펍에서 아이들은 주스, 어른들은 맥주를 한 잔씩 마시며 수다를 떨었다. 김선욱은 당시 유럽 연주 일정이 많아 한 달에 세 번이나 한국과 유럽을 오갔다고 한다. 혼자 연주 여행 다니는 게 힘들겠다고 했더니, 그래서 빨리 결혼하고 싶다고 농담 반 진담 반으로 얘기를 하며 웃었다.

"그래도 영국에서 열리는 리즈 콩쿠르에서 우승해서 그런지, 영국에 오면 마음이 편해요."

다른 연주자들도 비슷하단다. 독일 콩쿠르에서 상 타면 독일이, 프랑스 콩쿠르에서 상 타면 프랑스가 왠지 친근하고 연주할 때 마음이 편하다고 한단다. 자기를 인정해준 곳에서 연주한다고 생각하면 그럴 것도 같다. 짧은 만남을 뒤로 하고 김선욱은 카디프로, 우리는 워릭대학교로 길을 떠나기 위해 헤어지면서 뿌듯한 기분이 들었다.

두 달 뒤, 김선욱은 런던 사우스뱅크센터에서 같은 곡을 런던 필하모닉 오케스트라와 협연했다. 나는 이 공연도 보기 위해 가족들을 끌고 2박 3일간의 런던 나들이에 나섰다. 김선욱 덕분(혹은 핑계)에 런던에 간 셈이다. 일찌감치 표를 예매하고, 주차가 힘든 런던 시내에 차를 가져갈 수 없어 기차를 탔다. 기차 연착으로 하마터면 공연 시간에 맞춰 가지 못할 뻔했다. 헐레벌떡 뛰어 들어간 공연장, 나와 은우는 공연을 봤고, 남편은 은형이를 데리고, 숙박비를 아끼기 위해 예약한 한국인 민박집에 먼저 가서 공연이 끝나기를 기다렸다.

이 런던 공연은 김선욱이 유럽의 메이저 무대로 본격적으로 진출하는 발판이 되었다. 관객 반응도 좋았다. 김선욱 개인으로 보나, 한국 음악계 전체로 보나 뜻 깊은 무대였다. 김선욱을 후원해온 재계, 문화계 인사들이 런던까지 날아와 공연을 응원 관람한 것도, 한국에서 문화부 기자들이 동행취재에 나섰던 것도 아마 그래서였을 것이다. 나는 공연장에서 친분이 있는 음악담당 기자들을 만나 인사를 나누었다. '얼마 전까지도 저들과 같이 취재현장을 뛰어다녔는데'라고 생각하니 기분이 묘해졌다. 나는 영국에서 그야말로 '순수한 애호가'로 복귀한 것이다.

공연을 본 다음날, 뮤지컬 <빌리 엘리어트>가 공연되는 웨스트엔드의 극장을 찾았다. 이번에는 남편이 은우와 함께 뮤지컬을 관람하고, 내가 은형이를 맡아 볼 차례였다. 그런데 이 극장에서 우연히 김선욱을 만났다. 놀랍고 반가웠다. 그 역시 <빌리 엘리어트>를 보러 온 것이었다. 잠시 극장 앞에 서서 어제의 공연 이야기를 하고 인사를 나누고 헤어졌다. 김선욱은 이후 유명 아티스트 매니지먼트 회사인 아스코나스 홀트와 계약을 맺고 본격적으로 세계 무대 연주 활동을 시작했다. 나는 영국에서 김선욱의 공연을 꼭 더 보고 싶었건만, 결국 이 두 차례로 끝나고 말았다.

이미 유명한 대가의 반열에 오른 예술가를 취재하는 것도 좋지만, 한 예술가가 성장하는 과정을 지켜보는 것은 더욱 즐거운 일이다. 그래서 김선욱은 내게 조금은 특별한 취재원으로 느껴진다. '김선욱 군'에서 '김선욱 씨'로 기사 속 호칭이 바뀌는 동안, '유망 신예'에서 메이저 연주자로 성장해가는 동안, 여러 차례 취재와 인터뷰가 이뤄지는 동안, 기자로서 나도 성장하고 있는 것만 같았다. 거기에 영국에서 공연 보러 다닐 때의 추억까지 더해졌으니.

　김선욱은 지금 영국 런던에 살면서 연주 활동을 하고 있다. 한국에서도 여러 차례 대형 무대에서 연주했지만, 나는 영국 연수 후 문화부가 아닌 다른 부서에서 일하게 되면서 '백건우와 친구들' 7인의 음악인들'을 제외하고는 김선욱이 나온 공연을 놓쳐버렸다. 개인적으로 인사를 나눌 기회는 더욱 없었다. 김선욱을 다시 볼 기회가 있으면 좋겠다. 이왕이면 영국에서. 김선욱 공연을 보러 갔던 첼트넘과 런던. 세 번째는 어느 곳이 될까. 그는 그때 또 얼마만큼 변해 있을까. 나는 그때 어디쯤 서 있을까.

딸의 두 남자친구

영국에 처음 도착했을 때, 둘째 은형이는 만 세 살이 되기 전이었다. 남편과 내가 석사 과정에 등록해 학교에 나가야 했기 때문에, 안쓰럽지만 은형이를 어린이집에 보낼 수밖에 없었다. 힘들었던 처음 몇 달이 지나자 은형이는 어린이집에 그럭저럭 적응하는 것처럼 보이긴 했지만, 말은 별로 하지 않았다. 친구도 없었다. 좋아하는 선생님하고만 얘기를 한다고 했다. 그러던 은형이에게 남자친구가 둘이나 생겼다.

첫 번째 남자친구는 윤재. 유학생 아빠를 따라 온, 은형이보다 두 살 많은 한국 남자아이였다. 은형이보다 몇 달 늦게 영국에 온 윤재 역시 영어를 전혀 모르는 상태에서 영국 학교에 입학했다. 우리는 같은 학교 가족 기숙사에 사는 윤재네 가족과 친하게 지냈고, 부활절 방학 때 윤재네 가족과 함께 이탈리아에 여행을 가기도 했다. 이 여행에서 은형이와 윤재의

은형이와 블랙키.

이탈리아 여행에서 윤재와 은형이.

'특별한 관계'가 형성되었다.

은형이는 낯가림이 심한 편이라서 처음 만나는 친구와 쉽게 친해지지 못하는데, 신기하게도 윤재는 만나자마자 친해졌다. 아마도 낯선 영국 땅에서 언어 걱정 없이 마음 편하게 놀 수 있는 또래 친구라고 여겼던 것 같다. 장난기 많고 귀여운 윤재는 형제가 없어 낯선 나라에서 더욱 외로워했는지도 모르겠다. 둘은 이탈리아 여행 내내 손을 꼭 붙잡고 다녔다. 하도 붙어 다녀서 은우가 '윤재가 은형이를 빼앗아간다'며 심술을 낼 정도였다. 윤재는 은형이에게 "내가 좋아? 언니가 좋아?" 하며 귀여운 '이간질'을 하기도 했다.

여행에서 돌아와서도 윤재는 은형이와 자주 만나서 놀았다. 가끔 집으로 전화를 해오기도 했다.

"윤잰데요, 은형이 있어요?"

은형이는 전화를 받으면서 괜히 쑥스러워하며 '엄마는 저리 가!' 했고, 나는 웃음이 나는 걸 참으며 자리를 비켜주었다. 가만히 들어보면 별 얘기도 아닌데 은형이는 윤재와 통화하며 깔깔거리곤 했다.

그런데 윤재에게 강력한 '라이벌'이 생겼으니, 바로 은형이의 두 번째 남자친구 '블랙키'다. 블랙키는 내 친구 퀴린 부부가 키우는 개 이름이다. 퀴린은 나와 같은 과에서 공부한 독일인 친구인데, 베를린에서 미국인 여자친구 베스를 만났고, 둘은 함께 살며 블랙키를 키웠다. 박사과정을 마친 베스가 영국 대학교에서 일하게 되면서 퀴린과 블랙키는 함께 영국으로 건너왔다.

이름 그대로 까만색 털에 윤기가 흐르는 블랙키는 귀엽고 앙증맞은

애완견 스타일은 아니다. 하지만 주인의 사랑을 듬뿍 받고 자라, 똘똘하고 믿음직스럽고 에너지가 넘쳤다. 우리 가족은 이탈리아 여행에서 돌아온 지 얼마 지나지 않아, 퀴린 집에서 열린 바비큐 파티에 초대받아 갔는데, 이때 은형이가 블랙키에게 완전히 반해버렸다. 누가 자기를 좋아하는지 본능적으로 느낀다는 점에서 은형이와 블랙키는 통했던 것일까.

은형이가 얼마나 블랙키에 빠져 있었는지, 우리는 은형이가 이를 닦기 싫어하면 '블랙키도 이 닦는데, 너도 닦아야지!' 했고, 유치원에 가기 싫어하면, '블랙키도 강아지 학교에 가는데, 너도 가야지!'라고 말했다. 이렇게 블랙키를 내세우면 대개 효과가 있었다. 우리는 블랙키를 보고 싶다는 은형이 때문에라도 이 집에 자주 놀러 갔다.

우리 가족은 여름방학 때 퀴린과 베스의 결혼식에 참석하기 위해 차를 몰고 도버 해협을 건너(정확하게는 배에 싣고) 독일까지 다녀왔다. 독일 남부 알프스 자락의 산장 야외에서 열린 결혼식. 블랙키는 퀴린과 베스가 하객들 앞에서 결혼 서약을 하는 동안에도 함께 있었다. 그리고 은형이는 한순간도 블랙키에서 눈을 떼지 못했다.

은형이는 날마다 블랙키와 함께 살고 싶다고 했지만, 그건 안 될 일이었다. 그래서 은형이는 까만색 강아지 인형을 사달라고 해서는 날마다 데리고 놀았다. 블랙키 주니어로 불린 이 인형을 애지중지한 은형이는 인형을 앞에 놓고 "Roll Over!" "Sit!" 하면서, 진짜 블랙키에게 하듯이 훈련을 시켰고, 밥상 앞에서는 밥을 떠먹이는 시늉을 했다. 하지만 블랙키 주니어는 진짜 블랙키가 나타나면 금세 '찬밥'이 돼버렸다.

우리 가족은 학교 기숙사 계약이 만료돼, 한국에 돌아오기 전 퀴린

퀴린과 베스의 결혼식.

집에서 일주일 동안 머물렀다. 은형이는 맘껏 블랙키를 껴안고, 쓰다듬고, 산책시키고, 블랙키와 함께 잤다. 블랙키와 함께 살고 싶다는 은형이의 꿈이 짧은 기간 동안이나마 이뤄진 것이다.

귀국 며칠 전, 윤재네 가족이 인시치 우리 가족을 찾아왔다. 은형이의 두 남자친구가 한 자리에 모인 것이다. 은형이는 윤재와 함께 블랙키를 산책시키며 즐거운 시간을 보냈다. 헤어지면서 윤재가 은형이에게 살짝 묻는 걸 듣고는 슬그머니 웃음이 나왔다.

"은형아, 내가 좋아? 블랙키가 좋아?"

은형이는 아무 대답도 하지 않았다.

은형이는 영국을 떠나면서 윤재와 블랙키, 두 남자친구 모두에게 이별을 고했다. 우리가 영국을 떠나던 날, 블랙키는 공항까지 퀴린과 베스를 따라와 우리를 배웅했다. 내가 친구들과 헤어지는 게 섭섭해 눈물 흘리는 걸 보고 은형이는 '엄마, 왜 울어?' 했다. 이때까지만 해도 은형이는 '이별'이란 것을 실감하지 못했던 것 같다.

한국에 돌아온 지 얼마 안 돼 우리는 블랙키 집과 인터넷 화상전화를 했다. 블랙키를 보면 좋아할 줄 알았던 은형이는 컴퓨터 모니터에 비친 블랙키 모습에 눈을 동그랗게 뜨더니 이내 침울한 표정을 짓고는 고개를 숙였다.

"은형아, 왜 그래? 블랙키 여기 있잖아."

"싫어, 이런 건 싫어. 블랙키랑 놀고 싶어. 만지고 싶어. 진짜 블랙키랑 놀고 싶다고."

은형이가 자꾸 눈을 깜빡거리는데, 보니까 눈시울이 빨갰다. 아마도 은형이는 이때 이별을 실감했는지도 모른다. 태어나서 처음으로 가슴 아픈 '그리움'이란 것을 느꼈는지도 모른다.

영국을 떠나 온 지 1년. 퀴린과 베스가 한국을 다녀갔다. 블랙키는 물론 오지 못했다. 은형이는 블랙키는 왜 안 왔냐고 많이 섭섭해했고, 마치 영국에 살 때처럼 "오늘 블랙키네 집에 놀러 가면 안 돼?"라고 자주 물었다.

"엄마도 가고 싶어. 하지만 영국은 여기서 너무 멀거든."

나는 아직도 은형이가 말 안 들을 때 '윤재하고 블랙키한테 다 일러 줄 거다' 한다. 이건 아직도 효과가 있다. 얼마 전 윤재네가 한국으로 돌아왔다는 소식을 들었다. 은형이는 뛸 듯이 기뻐하며 윤재한테 전화해달라고 했다. 윤재는 은형이와 통화하면서 이번에도 '은형아, 내가 좋아?

언니가 좋아?' 하고 물었단다. 은형이는 이제 영국에서 사귄 두 남자친구 중 한 남자친구는 다시 만날 수 있게 된 셈이다. 블랙키는 언제 다시 만날 수 있을까. 만나고 헤어지고, 그리워하고, 또 만나고……. 아마도 은형이는 지금 사람 사는 이치가 이렇다는 걸 배우고 있는지도 모른다.